Räume im Wandel

Martin Junkernheinrich · Karl Ziegler (Hrsg.)

Räume im Wandel

Empirie und Politik

Herausgeber
Prof. Dr. Martin Junkernheinrich
Dr.-Ing. Karl Ziegler

TU Kaiserslautern, Deutschland

ISBN 978-3-531-19188-1 ISBN 978-3-531-19189-8 (eBook)
DOI 10.1007/978-3-531-19189-8

Die Deutsche Nationalbibliothek verzeichnet diese Publikation in der Deutschen Nationalbibliografie; detaillierte bibliografische Daten sind im Internet über http://dnb.d-nb.de abrufbar.

Springer VS

Gedruckt auf säurefreiem und chlorfrei gebleichtem Papier

Springer VS ist eine Marke von Springer DE. Springer DE ist Teil der Fachverlagsgruppe Springer Science+Business Media.
www.springer-vs.de

Inhalt

Vorwort

Die Welt ist in Bewegung. Demografischer Wandel, der Prozess der Globalisierung, die Diffusion neuer Techniken, die Entwicklungen der europäischen Finanz- und Staatsschuldenkrise halten uns vor Augen, dass die Veränderung – und derzeit wohl die Beschleunigung des Wandels – typisch für Gesellschaften im 21. Jahrhundert sind. Politisch-administrative Systeme mit ihrer machtpolitischen Funktionslogik können diese Prozesse immer schwerer steuern. Ihre Anpassungs- und Reaktionsfähigkeit fällt weit hinter die Geschwindigkeit der Generierung raumwirksamer Entwicklungen und Risiken im privaten Sektor zurück. Die Schwierigkeiten der Politik einen ordnungspolitischen Handlungsrahmen zu setzen - und sich gegebenenfalls selbst daran zu halten - sind deutlich sichtbar.

Auch der Wandel der Räume und der Raumstruktur hat sich beschleunigt. Im Wechselspiel von Persistenz und Pfadabhängigkeiten auf der einen Seite und technisch, ökonomisch, ökologisch und sozial induzierten Entwicklungsdynamiken auf der anderen Seite verschieben sich die räumlichen Gewichte und führen zu Disparitäten. Die regionale und internationale Arbeitsteilung und großräumige Mobilitätsprozesse sind - verstärkt durch die Raumrelevanz neuer Techniken und deren Diffusion - starken Veränderungen ausgesetzt. Die explizit räumlich orientierten Politiken wie Raumentwicklungspolitik und Stadtplanung versuchen diese Prozesse auf unterschiedlichen räumlichen Ebenen normativ zu steuern. Eingeschränkt durch Informationslücken, Zielkonflikte, Kooperationsschwäche, Träger- und Instrumentendefizite sowie unzureichende fiskalische Ressourcen hat ihre operative Wirkungskraft aber nachgelassen.

Der vorliegende Sammelband ist ein Gemeinschaftsprojekt von Professorinnen und Professoren am Fachbereich Raumplanung der Technischen Universität Kaiserslautern, die sich im Landesschwerpunkt „Region und Stadt“ zusammengeschlossen haben. Er ist bewußt fachübergreifend angelegt und lässt raumentwicklungspolitische, stadtplanerische, verwaltungsökonomische und philosophisch-historische Perspektiven zu. Die Autorinnen und Autoren sind Geographen, Planer, Soziologen, Ökonomen, Naturwissenschaftler und Philosophen.

Gabi Troeger-Weiß, Hans-Jörg Domhardt, Claudia Bolte, Micha Kronibus und Christoph Scheck analysieren Wachstumsfaktoren im ländlichen Raum. Sie werten die Erfahrungen aus Modellprojekten auf Bundesebene und im Land Rheinland-Pfalz aus und fragen nach den raumordnungspolitischen Implikationen. *Karina M. Pallagst* lenkt den Blick auf schrumpfende Städte in den USA und den Wandel von Planungsstrategien. Die Intensität und Geschwindigkeit des technischen Wandels ist der Hintergrund für den Beitrag von *Bernd Streich, Peter Zeile, Stefan Höffgen und Jan-Philipp Exner.* Die umfassende Vernetzung von mobilen Geräten und Sensornetzwerken ermöglicht die digitale Erfassung von urbanen Prozessen. Mit der weiten Verbreitung von Handys mit GPS-Funktion wird der Mensch selbst zum „smarten Sensor". Mit innerstädtischen Grünflächen greift *Sascha Henniger* ein umwelt- und gesundheitspolitisches Thema im Schnittfeld von Stadtklimatologie und Planung auf. Die These von der positiven lokalklimatischen Wirkung und dem Erholungswert von innerstädtischen Grünflächen ist danach zu differenzieren. So emittieren einzelne Baumarten unterschiedliche Mengen an biogenen Kohlenwasserstoffen. Da diese als Vorläufersubstanzen für die Bildung von bodennahem Ozon dienen, kann es während sommerlicher Strahlungswetterlagen zu einer problematischen Erhöhung der Ozonkonzentration kommen.

Die bauliche Entwicklung von Gemeinden steht im Mittelpunkt der Überlegungen von *Karl Ziegler.* Durch den demografischen Wandel ausgelöste Nachfrageverschiebungen verändern die Wohnbauentwicklung und erfordern neue Antworten. Insbesondere am Leerstandsproblem wird der planungsrelevante Handlungsbedarf deutlich. *Annette Spellerberg* und *Pia Gerhards* untersuchen die Lebensbedingungen und Wohnwünsche älterer Menschen in einem Methodenmix aus repräsentativer Befragung, Experteninterviews und Beteiligungsverfahren in der Stadt Pirmasens. Durch das Beteiligungsverfahren Zukunftswerkstatt konnten in ausgewählten Stadtgebieten spezifische Problemlagen identifiziert und ein Diskussions- und Kooperationsprozess angestoßen werden. Am Beispiel von Siedlergemeinschaften im demographischen Wandel gehen *Annette Spellerberg* und *Tobias Woll* der Frage nach der Intensität gemeinschaftlicher Aktivitäten und nachbarschaftlichen Engagements nach. In einer Fallstudie auf der Basis von fünf Siedlergemeinschaften zeigt sich, dass gemeinschaftliche Aktivitäten nach wie vor stark ausgeprägt sind und ein besonderes Potential für die Entwicklung von Städten und Gemeinden haben. Auch *Gerhard Steinebach* und *Cordula Uhlig* greifen ein Thema von hoher Planungsrelevanz auf. Die Gewährleistung von Sicherheit – der Schutz vor Kriminalität und Unfallgefahren – verändert sich mit dem Prozess der Alterung und Schrumpfung der Bevölkerung und erfordert eine Überprüfung der Standards der Sicherheitsvorsorge. Von ausgeprägter Stadt- und Raumrelevanz sind auch Sport und Bewegung in einer sich wandelnden Gesellschaft. *Gerhard Steinebach* und *Lukas Esper* fragen nach der Anpassung der Sportraumangebote an die sich wandelnden Bedürfnisse und deren Bündelung in einem Sportraum. *Martin Junkernheinrich* greift am Beispiel des - innerhalb der Bundesrepublik Deutschland besonders kleinteilig strukturierten - Landes Rheinland-Pfalz die Notwendigkeit des Wandels der politisch-administrativen Strukturen durch Gebietsreformen auf. Gerade um die kommunale Leistungsfähigkeit zu erhalten, ist der fortschreitenden Schrumpfung von Kommunen durch verwaltungs- und regionalökonomisch fundierte größere Gebietszuschnitte zu begegnen.

Abschließend greift *Wolfgang Neuser* die philosophische Dimension des räumlichen Wandels auf. Er erwartet in der funktionalen Verdichtung das grundlegende Merkmal für die zukünftige Epoche. Einer angemessenen Raumplanung kann eine zukunftsfähige Entwicklung der Wissensgesellschaft unterstützen.

Die Vielfalt der Perspektiven auf Räume im Wandel zeigt die Relevanz des gewählten Themas und die explorative Funktion der zusammengeführten Beiträge auf.

Kaiserslautern, im Januar 2013

Martin Junkernheinrich
Karl Ziegler

Wachstumsmotoren als Stützpfeiler des Wandels im ländlichen Raum – Erfahrungen aus Modellprojekten auf Bundes- und Landesebene

Gabi Troeger-Weiß, Hans-Jörg Domhardt, Claudia Bolte, Micha Kronibus und Christoph Scheck

Neben den aktuell im Blickpunkt der Bundesraumordnung stehenden, dynamischen Metropolregionen existieren in der Bundesrepublik Deutschland zahlreiche ländliche bzw. peripher gelegene Räume, die ausgesprochen positive Entwicklungstendenzen in demographischer wie auch ökonomischer Hinsicht aufweisen und damit dem verbreiteten Bild ländlicher „Schrumpfungs- und Entleerungsräume" widersprechen. Der Frage, wie solche Wachstumsmotoren entstehen, aber auch gefördert und ausgebaut sowie ähnliche Entwicklungen in anderen Regionen angestoßen werden können widmete sich der Lehrstuhl Regionalentwicklung und Raumordnung der Technischen Universität Kaiserslautern zwischen 2006 und 2011 im Rahmen zweier Forschungsprojekte auf Ebene des Bundes sowie des Landes Rheinland-Pfalz.

1. Einführung

Mit der Diskussion um die „Leitbilder und Handlungsstrategien für die Raumentwicklung in Deutschland" der Ministerkonferenz für Raumordnung wird die immer größer werdende Bedeutung von Wachstumsräumen und Metropolen als Wachstumsmotoren und dynamische Leistungsträger sehr deutlich. Neben diesen Regionen existieren in der Bundesrepublik Deutschland zahlreiche ländliche bzw. peripher gelegene Räume außerhalb des engeren metropolitanen Verflechtungsraumes, deren regionalökonomische und wirtschaftsgeographische Betrachtung eine positive und zukunftsfähige Entwicklung zeigt und die damit dem pauschalen Bild dieser Regionen als „Schrumpfungs- und Entleerungsräume" widerspricht (vgl. BBR 2005: 85ff.). In diesen Räumen zeigen sich erhebliche Wachstumspotenziale in Verbindung mit einer wachsenden Bevölkerungs- und Beschäftigtenzahl sowie einer hohen Bruttowertschöpfung. So sollte auch ihnen in Zukunft im Sinne der Gleichwertigkeit der Lebensverhältnisse Aufmerksamkeit und Förderung zuteil werden, um die vorhandenen, positiven Trends zu unterstützen.

Die Bundesraumordnung hat das Potenzial dieser Räume, einen gesamtwirtschaftlichen Wachstumsbeitrag zu liefern, erkannt. In den „Leitbildern und Handlungsstrategien für die Raumentwicklung in Deutschland“ beschreibt sie im – neben den anderen beiden Leitbildern „Daseinsvorsorge sichern“ und „Ressourcen bewahren, Kulturlandschaften gestalten“ gleichrangigen – Leitbild „Wachstum und Innovation“, dass es auch außerhalb der Metropolen Regionen und Standorträume mit erheblichen Wachstumsbeiträgen gibt, die in Ergänzung zu den Metropolregionen ein eigenständiges und zukunftsfähiges Entwicklungsprofil aufweisen (vgl. Abb. 1).

Abbildung 1: Leitbild Wachstum und Innovation

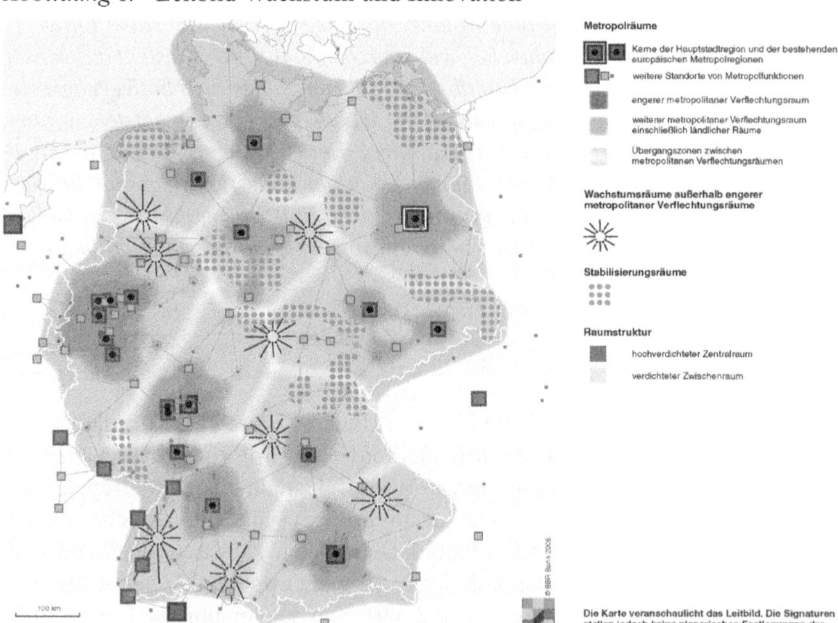

Quelle: Geschäftsstelle der Ministerkonferenz für Raumordnung im Bundesministerium für Verkehr, Bau und Stadtentwicklung (Hrsg., 2006): Leitbilder und Handlungsstrategien für die Raumentwicklung in Deutschland, Berlin, S. 13.

Die Bundesraumordnung erkennt darüber hinaus die Notwendigkeit an, diese Wachstumsräume gezielt zu unterstützen, da sie als Innovationszentren und spezialisierte Technologiestandorte durchaus von internationaler Bedeutung sein können (vgl. Geschäftsstelle der MKRO beim BMVBS 2006: 15). Zusätzlich sind in der zeichnerischen Darstellung zum Leitbild mögliche „Wachstumsräume außerhalb engerer metropolitaner Verflechtungsbereiche" dargestellt.

Wie können vorhandene Wachstumsmotoren unterstützt und ausgebaut sowie ähnliche Entwicklungen in anderen Regionen angestoßen werden? Mit dieser Fragestellung und der Konkretisierung von Handlungsansätzen zur Entwicklung und Förderung derartiger Räume im Sinne einer Neuthematisierung des Ansatzes der endogenen Regionalentwicklung beschäftigten sich Mitarbeiter des Lehrstuhls Regionalentwicklung und Raumordnung (Prof. Dr. Gabi Troeger-Weiß) an der Technischen Universität Kaiserslautern zwischen 2006 und 2011 im Rahmen zweier Forschungsprojekte.

In den Jahren 2006/07 wurde mit dem Projekt „Erfolgsbedingungen von Wachstumsmotoren außerhalb der Metropolen" eine Auftragsarbeit für das Bundesministerium für Verkehr, Bau und Wohnungswesen und des Bundesamts für Bauwesen und Raumordnung im Programm „Modellvorhaben der Raumordnung" durchgeführt.[1] Ziel des Projektes war es, Faktoren für die Herausbildung dynamischer Korridore, kleinerer Agglomerationen, Mittelstädte und wachstumsintensiver Standorträume außerhalb des engeren metropolitanen Verflechtungsraums zu identifizieren und herauszuarbeiten. Dazu wurden die Räume Bamberg, Bodenseekreis, Borken, Cham, Emsland, Ohre- bzw. Bördekreis, Ortenaukreis und Wartburgkreis/Eisenach näher untersucht, welche einen überproportionalen Beitrag zum gesamtwirtschaftlichen Wachstum leisten. In einem zweiten Schritt wurden Handlungsmöglichkeiten der Raumordnung und Regionalentwicklung zur nachhaltigen Unterstützung und Förderung der positiven Entwicklungen in diesen Wachstumsregionen aufgezeigt.

Aufbauend auf den Ergebnissen besagter Studie auf Bundesebene erfolgte in den Jahren 2009–2011 im Rahmen des von der Entwicklungsagentur Rheinland-Pfalz in Auftrag gegebenen Nachfolgeprojekts „Wachstumsmotoren in ländlichen Räumen in Rheinland-Pfalz" eine auf Landesebene bezogene Konkretisierung der

1 Das Projekt wurde von Oktober 2006 bis Oktober 2007 am Lehrstuhl Regionalentwicklung und Raumordnung der Technischen Universität Kaiserslautern von Prof. Dr. Gabi Troeger-Weiß, Prof. Dr. Hans-Jörg Domhardt, Christina Kaltenegger und Andreas Hemesath bearbeitet. Die Betreuung von Seiten des BMVBS erfolgte durch Jens-Uwe Staats, von Seiten des BBR von Dr. Rupert Kawka. Ausführliche Projektergebnisse wurden veröffentlicht unter: Bundesministerium für Verkehr, Bau und Wohnungswesen / Bundesamt für Bauwesen und Raumordnung (Hrsg., 2008): Erfolgsbedingungen von Wachstumsmotoren außerhalb der Metropolen, Werkstatt: Praxis, Heft 56, Berlin/Bonn.

Ergebnisse. Drei Beispielregionen, welche als dynamische Wachstumsräume in ländlichen Regionen von Rheinland-Pfalz durch positive Entwicklungen auf sich aufmerksam machen, wurden hinsichtlich der hierfür ausschlaggebenden Faktoren untersucht. Neben dem Rhein-Hunsrück-Kreis, der v. a. durch den Erfolg des Regionalflughafens Frankfurt-Hahn auf sich aufmerksam machen konnte, waren dies der Donnersbergkreis sowie der Landkreis Südliche Weinstraße einschließlich der kreisfreien Stadt Landau in der Pfalz. Hierbei sollte untersucht werden, ob und inwieweit hinsichtlich der Erfolgsfaktoren Gemeinsamkeiten vorhanden sind oder ob jede Region für sich genommen einen Spezialfall darstellt.

Methodisch stützen sich beide Studien neben einer Literatur- und Dokumentenanalyse sowie der Analyse quantitativer Daten der statistischen Landesämter insbesondere auf zahlreiche leitfadengestützte Expertengespräche mit Vertretern von Wirtschaft, Verwaltung und weiteren Institutionen in den Untersuchungsräumen, die der Eruierung von Determinanten und Erfolgsfaktoren für regionale Wachstumsmotoren dienten. Hinzu kommen die Ergebnisse teilräumlich durchgeführter Bevölkerungsbefragungen. Auf dieser Basis wurden die Erfolgsbedingungen von Wachstumsmotoren außerhalb der Metropolen abgeleitet und Handlungsempfehlungen für die Raumordnung gegeben.

Die nachfolgenden Darstellungen umfassen neben einer grundlegenden Betrachtung theoretischer Konzepte regionaler Entwicklung zunächst die Erläuterung der Untersuchungsregionen und der zentralen Erkenntnisse aus dem Forschungsprojekt auf Bundesebene. Daran anknüpfend werden erste Ergebnisse aus dem im Jahr 2011 abgeschlossenen Forschungsprojekt auf Landesebene in kurzer Form dargestellt. Das abschließende Fazit einschließlich der formulierten Handlungsempfehlungen fasst die zentralen Erkenntnisse beider Projekte zusammen.

2. Konzeptionelle Grundlagen

Um sich der Thematik der „Wachstumsregionen/-motoren" zunächst theoretisch zu nähern, sind verschiedene Ansätze zur Erklärung unterschiedlicher regionaler Entwicklungsdynamiken zu betrachten. An dieser Stelle sollen die theoretischen Konzepte regionaler bzw. regionalwirtschaftlicher Entwicklung zielgerichtet zusammengefasst werden, um die bereits bestehenden Ansätze, Programme und Projekte zur Förderung der Wachstumsregionen außerhalb der Metropolen zu bewerten. Mit Hilfe daraus abgeleiteter Kriterien kann im weiteren Verlauf untersucht werden, ob und wie die jeweiligen Förderansätze und Programme in den einzelnen Wachstumsregionen theoretisch geeignet sind, um das Wachstum der Region zu fördern.

Bezogen auf das Konzept der wissensorientierten Regionalentwicklung (vgl. Maier/Tödtling/Trippl 2006: 107ff.), können demnach insbesondere solche Programme und Projekte als positiv bewertet werden, die den Aufbau oder die Stärkung von regionalen Netzwerkstrukturen zum Ziel haben. Sei es im Rahmen eines innovativen Milieus (vgl. Fromhold-Eisebith 1999: 30f., Maier/Tödtling 2006: 89f.), eines regionalen Innovationssystems (vgl. Thomi/Werner 2001: 202ff.) oder einer Lernenden Region (vgl. Stahl/Schreiber 2003: 27, Hassink 2001: 222) sind solche Ansätze geeignet, um die Innovationstätigkeit und damit das Wachstum in einer Region zu fördern. Die Übertragbarkeit dieser drei Theorien wissensbasierter Regionalentwicklung und die Anwendung über Konzepte ist nicht nur auf städtische Agglomerationsszenarien sondern auch auf periphere, ländlichere Regionen möglich (vgl. Fraunhofer-Institut für experimentelles Software-Engineering (IESE) 2006: 35f.), so dass Elemente dieser Wachstumstheorien für die Förderung von Wachstumsmotoren außerhalb des engeren metropolitanen Verflechtungsraums ebenfalls geeignet sind. Statt der räumlichen Lage sind hierbei vielmehr das Humankapital, insbesondere in Form der Kooperationsbereitschaft und -fähigkeit der regionalen Akteure, von hoher Bedeutung für das Wachstum und die Innovationsfähigkeit einer Region. Auch andere weiche Faktoren wie das regionale Alltagsbewusstsein (vgl. Danielzyk/Wiegandt 1987: 441ff.) und die Identitätsbildung sind von Bedeutung, so dass bewusstseinsbildende und imagestärkende Maßnahmen (beispielsweise durch Traditionspflege) gute Ansätze für die Entwicklung einer Region sind. Einen wichtigen Faktor für die Regionalentwicklung stellt auch die politische Struktur dar, wo vor allem starke und engagierte Persönlichkeiten, die von einer breiten Mehrheit getragen und akzeptiert werden, oftmals für den entscheidenden Vorsprung im Vergleich zu anderen Regionen sorgen.

Auch in den polarisationstheoretischen Ansätzen (vgl. Maier/Tödtling/Trippl 2006: 77ff.) zur Erklärung räumlicher Entwicklung werden vielfach Imagewirkungen angeführt. So sind benachteiligte Regionen teilweise mit negativen Vorurteilen, Fehleinschätzungen und Falschinformationen behaftet, die positive Entwicklungen behindern (vgl. Hamm/Wienert 1990: 40). Deshalb sollten Förderansätze und Wachstumskonzepte auch an diesen Punkten ansetzen, was bedeutet, dass auch die Kommunikation der Region nach außen eine wichtige Rolle einnimmt. Imagekampagnen im Rahmen von Regionalmarketing können auf diese Weise entscheidend zur positiven Entwicklung von Regionen außerhalb des engeren metropolitanen Verflechtungsraums beitragen und sind somit als klar positiv zu bewerten. Gerade für Wachstumsregionen im ländlich-peripheren Raum, die früher über lange Zeit hinweg von extremer Rückständigkeit geprägt waren, sind Projekte und Programme zur Verbesserung der Öffentlichkeitsarbeit wichtige Instrumente.

Da in den Wachstumsregionen außerhalb des engeren metropolitanen Verflechtungsraums selten dominante städtische Zentren mit Agglomerationswirkungen vorzufinden sind, kann die mit einer räumlichen Dimension verbundene Wachstumspoltheorie, wonach ein Wachstumspol eine wachstumsfördernde Funktion für sein Umland übernimmt, nur begrenzt auf diese Regionen übertragen werden. Da sich zudem die, aufgrund der These des Branchenzyklus für das langfristige Wachstum einer Region wichtigen breit diversifizierten Branchenstrukturen, in räumlich großen Regionen besser herausbilden können (vgl. Hamm/ Wienert 1990: 37), erscheint es wahrscheinlich, dass in den Fällen der oft nur mit Mittelzentren ausgestatteten Wachstumsregionen fernab der Metropolen nur die Region als Ganzes einen Wachstumspol darstellen könnte.

Ferner sind auch Infrastrukturelemente wie Flughäfen oder Universitäten notwendige aber nicht hinreichende Impulse für das regionale Wachstum (vgl. Frey 2005: 471). Ebenso liefern oft einzelne starke Unternehmen, insbesondere exportorientierte, wichtige Impulse (vgl. Stiller 2005: 850). Insgesamt entscheidend ist dabei, dass die wachstumsfördernden Faktoren verbunden und zum Nutzen für die ganze Region aktiviert werden. Hier ergibt sich ein Bezug zu den Netzwerkstrukturen der wissensbasierten Regionalentwicklung, wodurch die Bedeutung dieses Konzepts noch einmal hervorgehoben wird.

Ebenfalls in diesem Zusammenhang sind auch regionale Strategien zur Entwicklung von Clustern zu betrachten (vgl. Zürker 2007: 54f.), so dass auch dahingehende Förderansätze positiv zu bewerten sind. Die Vernetzung von Wirtschaft und Wissenschaft, die Bündelung von Wissen und Kompetenzen sowie die gemeinsame Nutzung von Infrastrukturen machen Clusterinitiativen erfolgreich und treiben so die regionale Entwicklung voran. Die Folgeeffekte in Form der Ansiedlung neuer Unternehmen, der Schaffung neuer Arbeitsplätze und der sich für die Region daraus ergebenden positiven langfristigen Wirkungen steigern die Wettbewerbsfähigkeit der Region. Clusterstrukturen können deshalb bis zu einem gewissen Grad als starke Motoren regionalen Wachstums angesehen werden und damit für die Entwicklung der Wachstumsregionen außerhalb des engeren metropolitanen Verflechtungsraums eine wichtige Rolle einnehmen.

Aus den betrachteten Theorien resultierend lässt sich demnach im Hinblick auf die Bewertung der bestehenden Ansätze, Programme und Projekte zur Förderung der Wachstumsregionen außerhalb der Metropolen ableiten, dass insbesondere folgende Strukturmerkmale als Erfolgsfaktoren angesehen werden können und folglich für die folgende Untersuchung entscheidende Kriterien sind:

- regionale Netzwerkstrukturen,
- intensive Kooperationsbeziehungen zwischen den regionalen Akteuren,

- stark engagierte Persönlichkeiten aus Politik und Wirtschaft,
- imagestärkende Initiativen (z. B. Regionalmarketing),
- aktive Wirtschaftsförderungsgesellschaften (insb. hinsichtlich der Förderung klein- und mittelständischer Unternehmen),
- Infrastruktureinrichtungen oder Unternehmen, die „Leuchtturm-Effekte" auslösen,
- Netzwerk- und Kooperationsstrukturen sowie wissenstransferbezogene Beziehungen, die Clusteransätze entstehen lassen und
- eine hohe Exportorientierung der regionalen Wirtschaft.

3. Ergebnisse aus dem Projekt auf Bundesebene (2006–2007): „Erfolgsbedingungen von Wachstumsmotoren außerhalb der Metropolen"

3.1 Strukturanalytische Betrachtung der Untersuchungsräume

Um erste wachstumsfördernde sowie entwicklungshemmende Kennwerte und Faktoren herauszufiltern, wurde zunächst eine Strukturanalyse in den Bereichen Raum- und Siedlungsstruktur, Bevölkerung, Wirtschaft und Arbeitsmarkt sowie Infrastruktur durchgeführt. Als sich aus der Strukturanalyse ergebende wesentliche Erkenntnisse werden im Folgenden die zentralen Stärken und Schwächen sowie wachstumsfördernde und wachstumshemmende Strukturen dargestellt, so dass erkennbar wird, welche Faktoren für alle oder zumindest die meisten der acht Untersuchungsräume prägend beziehungsweise nur für wenige einzelne Räume spezifisch sind (vgl. BMVBS/BBR 2008:11ff.).

Raum- und Siedlungsstruktur

Aus dem Bereich der Raum- und Siedlungsstruktur ist die ausbaufähige Ausstattung mit oberzentralen Funktionen für alle Untersuchungsräume prägend, was somit als entwicklungshemmender Faktor angesehen werden muss. Sechs der acht Räume besitzen kein Oberzentrum, im Ortenaukreis sowie in der Kreisregion Bamberg haben die einzigen Oberzentren Offenburg und Bamberg nur etwa 60.000 bzw. 70.000 Einwohner. Des Weiteren für fünf der acht Räume prägend ist die periphere Lage, so dass einzig die Wartburg- und Ohreregion sowie die Region Bamberg nicht direkt an einer Grenze zum Ausland liegen. Die Grenzlage eines Raumes kann heute ein Vorteil sein, war in früheren Jahren in Zeiten wenig durchlässiger Grenzen oftmals ein Nachteil. Zudem lässt sich bezüglich der Einwohnerdichte festhalten, dass für sechs der acht Untersuchungsräume eine überaus dünne Besiedlung typisch ist und dies als ein weiterer entwicklungshemmender Faktor angesehen werden kann. Nur im Bodenseekreis sowie im Kreis Borken liegt die Bevölkerungsdichte über dem Bundeswert.

Bevölkerungsstruktur und -entwicklung

Im Bereich der Bevölkerungsentwicklung sind vor allem die weitgehend positiven Entwicklungsverläufe während der letzten 25 Jahre auffällig und können damit als tendenziell entwicklungs- und wachstumsfördernde Faktoren festgehalten werden. So nahm die Bevölkerung in diesem Zeitraum einzig in den beiden ostdeutschen Regionen ab, wobei sich nur in der Kreisregion Wartburgkreis/ Eisenach eine schon länger anhaltende kontinuierliche Schrumpfung vollzieht. Abgesehen vom Landkreis Cham, wo die Entwicklung der Bevölkerung insgesamt leicht schwächer ausfiel als im Land Bayern, können zudem alle Untersuchungsräume auf eine günstigere Bevölkerungsentwicklung als ihr jeweiliges Bundesland zurückblicken. Auch hinsichtlich der zu erwartenden Entwicklung für die Zukunft dürfen – abgesehen vom Landkreis Cham und der Wartburgregion – alle Untersuchungsräume mit einer im Vergleich zum Bundesdurchschnitt überdurchschnittlichen und damit auch wachsenden Bevölkerungsentwicklung bzw. Einwohnerzahl rechnen. Eine positive Bevölkerungsentwicklung ist damit auch zukünftig eine Stärke der Wachstumsregionen außerhalb des engeren metropolitanen Verflechtungsraums, da sich deshalb die mit dem demographischen Wandel einhergehenden Probleme zunächst nicht in der Schärfe und Dringlichkeit stellen werden.

Ein weiterer positiver Aspekt dieser Räume ist die Altersstruktur. In den Analyseregionen findet sich überwiegend eine relativ junge Bevölkerung, was ebenfalls als entwicklungsfördernder Faktor festgehalten werden kann. So zählt der prozentuale Anteil der Einwohner unter 20 Jahren nur in den beiden ostdeutschen Räumen einen geringeren Wert als auf Bundesebene. Bezüglich der Bevölkerungsstruktur und -entwicklung weisen demnach nur diese beiden Untersuchungsräume sowie teilweise auch der Landkreis Cham spezifische Negativmerkmale auf. Während in allen anderen Regionen die Bevölkerungszahl sowohl in der Vergangenheit kontinuierlich zunahm, als auch in der Zukunft weiter zunehmen soll und sich zudem relativ jung strukturiert darstellt, ist insbesondere die Wartburgregion mit einer deutlich abnehmenden und relativ alten Bevölkerung sehr schlecht positioniert.

Wirtschaftsstruktur und -entwicklung

Ausnahmslos für alle Untersuchungsräume prägend ist die hohe Bedeutung des produzierenden Gewerbes. Im Vergleich zum Bundesdurchschnitt besitzt dieser Sektor in allen Räumen einen deutlich höheren Beschäftigtenanteil, wodurch gleichzeitig die jeweils unterdurchschnittliche Bedeutung des Dienstleistungssektors ersichtlich wird. Im Gegensatz zu den jeweiligen Entwicklungen auf Landesebene nahm dementsprechend auch die Beschäftigtenzahl im produzierenden Gewerbe in den letzten 25 Jahren in vielen Untersuchungsräumen nur leicht oder gar nicht ab. Somit kann zusammenfassend eine starke Industriebasis als ein prägendes Merkmal aller analysierten Wachstumsräume festgehalten werden. Auch die Beschäftigtenentwicklung insgesamt verlief im Allgemeinen sehr positiv, so dass ab Mitte der 1990er Jahre nur die beiden ostdeutschen Kreise Verluste zu verzeichnen hatten. Prägend für die anderen sechs Kreise ist aber der insgesamt hohe Zuwachs der Beschäftigten seit 1980, der zudem überall höher als im jeweiligen Bundesland ausfiel. Diesbezüglich konnten auch die beiden ostdeutschen Regionen eine bessere Entwicklung als ihr Bundesland verzeichnen, weshalb auch die positive Beschäftigtenentwicklung als ein Kennzeichen der betrachteten Wachstumsregionen herangezogen werden und gleichfalls ein entwicklungsfördernder Faktor für die Zukunft sein kann.

Abgesehen von den beiden Gebieten in den neuen Bundesländern ist zudem das hohe Wachstum im Dienstleistungsbereich in allen Untersuchungsräumen ein weiteres zentrales Merkmal. Dabei muss aber auf das vergleichsweise niedrige Ausgangsniveau hingewiesen werden. Damit ist erkennbar, dass mittlerweile auch in den Regionen, wo der sekundäre Sektor ein immer noch hohes Gewicht besitzt, der sektorale Strukturwandel Spuren hinterlässt und somit auch der tertiäre Sektor mitentscheidend für die positive Entwicklung dieser Regionen ist.

Weiterhin ist in den meisten Untersuchungsräumen die Branchenstruktur als entwicklungsfördernde Struktur anzusehen. So besteht in den meisten Räumen eine sehr breit diversifizierte Branchenstruktur mit in erster Linie klein- und mittelständischen Betrieben. Ausnahmen hinsichtlich der Diversifizierung stellen jedoch die Wartburgregion mit einem sehr dominierenden Metall- und Fahrzeugbausektor sowie der Bodenseekreis mit einem starken Maschinenbaubereich und der Landkreis Cham mit sehr vielen Beschäftigten in der Elektronikbranche dar. Insbesondere in der Kreisregion Wartburgkreis/Eisenach ist die sehr starke Konzentration auf nur wenige Wirtschaftszweige als spezifischer Faktor, der die Entwicklung der Region langfristig hemmen könnte, zu betrachten. Somit muss auch im Bereich der Wirtschaftentwicklung und -struktur angemerkt werden, dass vor allem die Wartburgregion nur in wenigen Punkten in das typische Bild der anderen Wachstumsregionen passt, welches im allgemeinen durch eine sehr positive Beschäftigtenentwicklung, einen stabilen sekundären Sektor, einen florierenden tertiären Sektor sowie eine breit diversifizierte, klein- und mittelständisch geprägte Wirtschaftsstruktur gekennzeichnet ist. Auch bezüglich der Arbeitslosenquote ist die Wartburgregion neben der Ohreregion der einzige Untersuchungsraum mit einem im Vergleich zur Bundesebene überdurchschnittlich hohen Wert. Prägend für die anderen Regionen ist dagegen eine weit unterdurchschnittliche Arbeitslosenquote (hinsichtlich des jeweiligen Landesdurchschnitts), die ein wesentliches Merkmal der Wachstumsmotoren außerhalb der Metropolen darstellt.

Infrastruktur

Im Bereich der Infrastruktur ist insbesondere die in sechs der acht Untersuchungsregionen sehr gute Verkehrsinfrastruktur hinsichtlich des Straßennetzes prägend, was eindeutig eine zentrale Stärke sowie ein entwicklungsfördernder Faktor für diese Regionen ist. Nur der Landkreis Cham und der Bodenseekreis besitzen hier eine zentrale Schwäche. Abgesehen vom Ortenaukreis muss allerdings für alle Untersuchungsräume angemerkt werden, dass im Bereich des Flugverkehrs infrastrukturelle Schwachpunkte bestehen. Allgemein geltend gemacht werden muss ebenso die schwache Ausstattung mit höherwertigen Bildungseinrichtungen und Forschungsinstituten, was der auffälligste Schwachpunkt der analysierten Regionen ist. In diesem Bereich besitzt im engeren Sinne die Region Bamberg als Universitätsstandort eine spezifische Stärke.

3.2 Determinanten und Erfolgsfaktoren für regionale Wachstumsmotoren

Nachfolgend werden nun Determinanten und Erfolgsfaktoren für regionale Wachstumsmotoren beschrieben. Zunächst wird auf die gegebene historische Ausgangssituation eingegangen, bevor auf fachliche Determinanten eingegangen wird. Dem schließt sich die Betrachtung der Determinanten im Bereich der regionalen Anpassungsfähigkeit, der organisatorischen und institutionellen Determinanten sowie der personalen Determinanten (wie z. B. kreativer Milieus) an.

Historische Ausgangssituation und Pfadabhängigkeit

Als entscheidende Einflussfaktoren auf die positive Entwicklung der untersuchten Regionen sind in erster Linie die wirtschaftliche Grenzöffnung im Sinne des freien Binnenmarkts innerhalb der EU-15 im Jahr 1993 sowie der Fall des Eisernen Vorhanges 1989 bzw. die deutsche Wiedervereinigung 1990 zu nennen. Als weiterer Einflussfaktor der europäischen Integration kann die EU-Osterweiterung im Jahr 2004 genannt werden. Beispielsweise war die Kreisregion Bamberg bis zum Fall des Eisernen Vorhangs in einer relativen Grenzlage gelegen und ist durch die Wiedervereinigung in eine zentrale Lage auf der Achse München-Berlin gerückt. Nachdem die Landkreise Emsland, Borken, Ortenau- und Bodenseekreis lange Zeit erhebliche Nachteile durch ihre periphere Lage am Rande der Bundesrepublik in Kauf nehmen mussten, rückten sie durch die Öffnung des EU-Binnenmarkts in eine zentrale Lage innerhalb der EU.

Darüber hinaus erlebte der Landkreis Emsland vor allem in der Zeit nach dem Ende des Warschauer Pakts starke Bevölkerungszuwächse durch die Zuwanderung von Spätaussiedlern. Zwischen 1988 und 1996 sind über 20.000 Aussiedler, vor allem aus Russland und Kasachstan, in den Landkreis gewandert. Aufgrund der zudem in den 1950er Jahren erfolgten Ansiedlung Vertriebener in der Region sowie niederländischer Gebietsforderungen nach dem Zweiten Weltkrieg erhielt die Entwicklung des Emslandes entscheidende Impulse. Unter anderem aufgrund dieser europäischen Einflussfaktoren wurde der „Emslandplan" initiiert, der historisch gesehen das wichtigste Instrument der positiven Entwicklung im Landkreis Emsland war. Mit Hilfe dieses umfassenden Entwicklungsprogramms gelang es auch Phasen des Strukturwandels ohne größere Probleme zu überstehen.

Für die beiden ostdeutschen Untersuchungsräume war die deutsche Wiedervereinigung der entscheidende Einflussfaktor während der letzten Jahrzehnte. Insbesondere die Ohreregion konnte entscheidend von diesen veränderten nationalen Rahmenbedingungen profitieren. Aber auch der Wartburgkreis entwickelte sich unter anderem aufgrund seiner ehemaligen Grenz- und jetzigen zentralen Lage zu einer der prosperierendsten Regionen Thüringens. Für beide Gebiete war dabei von zentraler Bedeutung, dass sie an einer Hauptverkehrsachse zwischen Ost- und Westdeutschland liegen.

Durch die EU-Osterweiterung konnte im Jahr 2004 schließlich auch der Landkreis Cham von seiner Lage in unmittelbarer Nähe zum osteuropäischen Markt profitieren. Hinzu kommt, dass der Landkreis vor dem Wegfall des Eisernen Vorhangs in absoluter Randlage des westlichen Einflussbereichs gelegen war, nun ist er stärker in die Mitte der Europäischen Union gerückt. Seitdem werden die Wirtschaftsbeziehungen zu Tschechien verstärkt. Es existieren z. B. Kooperationsvereinbarungen zwischen den Wirtschaftsförderungsgesellschaften.

Als nationaler Einflussfaktor kann auch der Niedergang der Landwirtschaft gelten. So mussten insbesondere in ehemals landwirtschaftlich geprägten Gebieten wie der Ohreregion, dem Landkreis Cham und dem Landkreis Emsland Lösungen im Hinblick auf den Wegfall zahlreicher Arbeitsplätze gefunden werden.

Während im Landkreis Emsland die Industrie Ersatzarbeitsplätze schuf, ergaben sich in der Ohreregion größere Probleme aufgrund dieses Strukturwandels.

Zusätzlich zu europäischen und nationalen Einflussfaktoren wirkten sich in einzelnen Räumen auch regionale Strukturänderungen nachhaltig aus. So hatte im Kreis Borken und teilweise auch im Landkreis Emsland der Niedergang der Textilindustrie zunächst starke negative Auswirkungen, insbesondere in arbeitsmarktstruktureller Hinsicht. Gleiche Folgen hatte der Arbeitskräfteabbau in der emsländischen Erdölindustrie. So setzte in diesen Regionen sehr rasch eine weiterführende hochwertigere Industrialisierung ein und konnte damit auch den starken Beschäftigungsrückgang in der Landwirtschaft auffangen. In der Wartburgregion dagegen ist seit mehreren Jahrzehnten der Metallsektor der entscheidende Entwicklungsfaktor. Nachdem lange Zeit der Bergbau für Beschäftigung im Metallsektor sorgte, übernimmt heute der Fahrzeugbau diese Rolle. Der Niedergang dieses Wirtschaftszweigs könnte fatale Folgen für diese Region haben.

In einer ähnlichen Lage befindet sich der Untersuchungsraum Stadt und Landkreis Bamberg. Auch hier war die Wirtschaft lange Zeit von der Keramikindustrie geprägt, nach deren Einbruch sich die Automobil- und Automobilzulieferindustrie als Monostruktur etabliert hat. Die im Rahmen des Forschungsprojekts befragten Experten sehen hier eine Gefahr für die Zukunft Bambergs. Als positiv und entscheidend für die gute Entwicklung Bambergs hingegen wird immer wieder die traditionell wichtige Lage an der historischen Verkehrs- und Wirtschaftsachse des Main- und Regnitztals genannt. Der Landkreis Cham hat lange Zeit neben seiner Randlage in Europa und Deutschland auch unter seiner Randlage in Bayern leiden müssen. Allerdings war der Vorteil der traditionell von Land- und Bauwirtschaft geprägten Region, dass durch die dünne Besiedlung bei Bedarf rasch ausreichend Gewerbeflächen zur Verfügung gestellt werden konnten und bis heute können.

Fachliche Determinanten

Unter fachlichen Determinanten der regionalen Entwicklung sind an dieser Stelle die Diversifizierung der Wirtschaftsstruktur, der Tourismus als Wirtschaftszweig, die Betriebsgrößenstruktur, das Vorhandensein von cluster- und wissensbasierten Strukturen sowie das allgemeine Qualifikationsniveau von Arbeitnehmern und die infrastrukturelle Ausstattung zu verstehen. Zusammenfassend kann an dieser Stelle festgehalten werden, dass die rein fachlichen Determinanten zwar in vielen Fällen entwicklungsfördernd ausgeprägt sind und sich damit auch vorteilhaft auf die regionale Entwicklung auswirken, doch dürfen nur wenige dieser Faktoren als grundsätzliche Bedingung für die Herausbildung von Wachstumsmotoren außerhalb des engeren metropolitanen Verflechtungsraums angesehen werden. So gibt es im Bereich fast aller aufgeführter fachlicher Determinanten Regionen, die Ausnahmen darstellen und trotz anderer, eher negativ ausgeprägter Strukturen, Wachstumstendenzen aufweisen.

Die einzige fachliche Determinante, deren Entwicklung positiv verläuft und die damit als wichtiger und entscheidender Erfolgsfaktor angesehen werden kann, ist die klein- und mittelständische Betriebsgrößenstruktur. Allerdings kommt es dabei weniger auf das quantitative Vorhandensein dieser Betriebe an, sondern vielmehr darauf, dass sich die kleinen und mittleren Betriebe in den Untersuchungsräumen im Hinblick auf Mentalität, Arbeitsweise und Produktionsausrichtung besonders erfolgsunterstützend darstellen.

Die anderen fachlichen Determinanten erweisen sich zwar auch in mehreren Untersuchungsräumen als wachstumsfördernd, doch belegen zugleich mehrere Beispiele, dass diese Punkte nicht alleine entscheidend für das regionale Wachstum sind. So erweisen sich eine starke Diversifizierung der Wirtschaftsstruktur sowie Unternehmen, deren Headquarter in der Region liegt, zwar als Vorteile für die langfristige Entwicklung, doch haben sich gleichwohl manche Regionen trotz starker Ausrichtung auf wenige Wirtschaftszweige sowie einer durch Zweigbetriebe gekennzeichneten Betriebsstruktur positiv entwickelt. Ein gutes Beispiel hierfür ist die Kreisregion Bamberg. Ähnliches gilt für das Ausstattungsniveau der Verkehrsinfrastruktur. So sind in vielen Regionen gute Straßenverbindungen ein klarer Erfolgsfaktor für die regionale Entwicklung, doch belegen die Untersuchungsräume Landkreis Cham und Bodenseekreis, dass auch dies keine unabdingbare Voraussetzung für regionales Wachstum sein muss. Die im Allgemeinen als sehr entscheidend angesehenen wissensbasierten Strukturen mit einer guten Ausstattung mit höherwertigen Bildungs- und Forschungseinrichtungen sind sogar nur in einer der untersuchten Regionen (Region Bamberg) in relevanter Größenordnung vorhanden.

Diese Ausführungen verdeutlichen, dass das Vorhandensein bestimmter Strukturen alleine nicht entscheidend für die positive Entwicklung einer Region ist, sondern dass durch intensive Kooperationen und ein aktives, innovatives Management des Zusammenspiels der verschiedenen Determinanten vorhandene Schwächen abgefedert oder kompensiert werden. So tragen in den meisten Untersuchungsräumen eine aktive kommunale Arbeitsmarktpolitik (z. B. Ausbildungstage im Landkreis Cham) sowie eine hohe betriebliche Ausbildungsbereitschaft entscheidend dazu bei, dass sich das schwache Ausstattungsniveau im Bereich der Bildung und Forschung nicht entscheidend nachteilig auswirkt. Außerdem besitzen in vielen Regionen informelle Unternehmensnetzwerke mit intensiven Kooperationsbeziehungen und der Ausschöpfung von Synergieeffekten eine hohe Bedeutung, womit auch im Hinblick auf mögliche vorteilhafte Clusterstrategien reagiert wird.

Daran lässt sich schließlich erkennen, dass insgesamt nicht alleine harte Standortfaktoren (z. B. Verkehrsinfrastruktur etc.) sondern auch stark eher weiche Faktoren wie die Kooperationsbereitschaft und Handlungsfähigkeit der regionalen Akteure den Erfolg in den Wachstumsregionen bestimmen. Entscheidend für eine positive Entwicklung ist dabei die Ausschöpfung der eigenen Potenziale, um somit mögliche Schwächen auszugleichen.

Determinanten im Bereich der regionalen Anpassungsfähigkeit

Die regionale Anpassungsfähigkeit einer Region entscheidet im Wesentlichen über deren Entwicklung. So spielen die Anpassungsfähigkeit an die Erfordernisse des regionalen und sektoralen Strukturwandels ebenso wie die gezielte Inanspruchnahme von Fördermitteln oder die Entwicklung von wachstumsfördernden Projekten eine große Rolle, Regionen zukunftsfähig zu gestalten. Vor allem aufgrund der in ganz Deutschland spürbaren, sich verändernden Rahmenbedingungen durch demographischen Wandel, Globalisierung und einen härter werdenden Standortwettbewerb sind immer neue und innovative Strategien von den einzelnen Regionen gefordert, um weiter erfolgreich bestehen zu können.

Der generellen Inanspruchnahme von Fördermitteln wird – mit Ausnahme der ostdeutschen Untersuchungsräume – keine zentrale Bedeutung zugesprochen. So lässt sich auch kein Zusammenhang zwischen Höhe der Fördersumme und Erfolg der Region herstellen. Dennoch werden Fördermittel aus EU-, Bundes- und Landesmitteln in allen Untersuchungsräumen als Hilfestellung für die Umsetzung von Projekten und Maßnahmen in Anspruch genommen. Die Differenzen in der Höhe der Inanspruchnahme von Bundesfördermitteln lassen sich nur im Ansatz erklären. So geben die bayerischen Untersuchungsräume an, eher auf Landesmittel als auf Bundesmittel zurückzugreifen, da sich hier die Beantragung weniger schwierig darstellt. Alle befragten Experten betonten allerdings, dass die Fördermittel nie den Ausschlag für Projekte oder Maßnahmen geben. Diese Einschätzung könnte allerdings auch der positiven Eigen- bzw. Innensicht der Akteure geschuldet sein.

Rückschlüsse auf Schwerpunktsetzungen bei der regionalen Entwicklung sowie auf die Innovativität eines Raumes lassen die Art und Vielfalt regionaler Projekte und -initiativen (z. B. Flussparadies Franken e. V., grenzüberschreitende Ems-Dollart-Region DER, LernLandschaft Wartburgregion etc.) zu. In den meisten Untersuchungsräumen spielen die Landratsämter eine entscheidende Rolle bei der Initiierung und oft auch bei der Umsetzung von Projekten. Diese fördern das Image eines Landkreises oder einer kreisfreien Stadt sowohl nach außen als auch nach innen. Die Bedeutung für das Eigenimage lässt sich an der Bekanntheit der Projekte in der Bevölkerung und bei den befragten Experten ablesen. Besonders positiv heben sich hier die Landkreise Cham und Emsland hervor, die mit einem breiten und viele Themen umfassenden Spektrum an Projekten aufwarten, während im Ohrekreis hier noch starker Nachholbedarf besteht.

Einen wichtigen Faktor für das Wachstum und die positive Entwicklung einer Region sehen alle Experten in der Vernetzung zwischen Wirtschaft und Wissenschaft sowie Forschung und Entwicklung. Zukunftsfähige Wirtschaftsstrukturen können sich aus einer solchen Symbiose entwickeln. Die Einrichtung von Innovations- und Gründerzentren sowie die gezielte Förderung solcher Vernetzungen durch die Wirtschaftsförderung spielt daher in den meisten Untersuchungsräumen eine bedeutende Rolle. Besonders die Entwicklung von Clustern, die von vielen Experten als zukunftsfähigste Formen der Wirtschaftsentwicklung eingestuft werden, profitiert von einer engen Zusammenarbeit mit Forschungseinrichtungen, Hochschulen und anderen Bildungseinrichtungen.

Organisatorische und institutionelle Determinanten

Organisatorische und institutionelle Determinanten spiegeln die Innovationskraft, die Anpassungsfähigkeit und das Engagement der Akteure einer Region wider. In dieser Untersuchung lässt sich zum Beispiel ein Zusammenhang zwischen der Art und der Anzahl regionaler Entwicklungsinitiativen und der Häufigkeit anderer Erfolgsfaktoren, die zu regionalem Wachstum führen, feststellen.

Regionale Entwicklungsinitiativen nehmen als innovative und meist informelle Organisationsstrukturen einen entscheidenden Stellenwert ein. Sie helfen auf neue Anforderungen zu reagieren, denen klassische und formale Organisationsstrukturen oft nicht gewachsen sind und auf die sie nicht schnell genug reagieren können. Darüber hinaus widmen sie sich gezielt den Potenzialen aber auch den Schwächen der Untersuchungsräume und bauen diese aus bzw. ab. Ihnen kommt damit in den Untersuchungsräumen eine sehr wichtige Rolle zu und sie werden von vielen Experten als Erfolgsfaktoren für das regionale Wachstum beschrieben. In besonderer Vielfalt sind solche Initiativen in Cham und Bamberg vorhanden, während sich im Ohrekreis noch Nachholbedarf zeigt. Er verfügt nicht nur über die geringste Anzahl an Entwicklungsinitiativen, diese sind auch in der Bevölkerung kaum bekannt.

Eine ebenso große Bedeutung wird den innerregionalen Netzwerken zugesprochen. Sie dienen dazu, Kompetenzen zu bündeln, regionale Akteure zu vernetzen und den Dialog in den jeweiligen Räumen zu fördern. Dabei kommt neben betrieblichen Netzwerken vor allem den Netzwerken zwischen Wirtschaft, Politik und Verwaltung eine entscheidende Rolle zu. Sie werden als Grundlage zur Schaffung eines unternehmerfreundlichen Klimas betrachtet. Experten betonen immer wieder, dass durch funktionierende Netzwerke neue Unternehmen angelockt und Existenzgründungen begünstigt werden. Als wichtiger Erfolgsfaktor für ein funktionierendes Netzwerk kann die Größe des betreffenden Raumes betrachtet werden. Ist der Raum zu groß, wird es schwierig, die regionalen Akteure möglichst umfassend an einen Tisch zu bringen. Dies ist wahrscheinlich der Grund, warum sich der Untersuchungsraum Cham hier als besonders positives Beispiel hervorhebt. Die relativ geringe Größe des Landkreises begünstigt die Bekanntheit untereinander und damit die Bereitschaft zur Netzwerkbildung.

Neben solchen Netzwerken, die möglichst viele Akteure zusammenbringen, ist auch die bedeutende Rolle von Führungspersönlichkeiten, Trendsettern oder „opinion leaders" für die positive Entwicklung der betrachteten Räume unumstritten. Sie dienen vor allem dazu, als zentrale Kraft viele andere zu begeistern und mitzureißen. Des Weiteren laufen bei Ihnen „die Fäden zusammen" und sie können die verschiedenen Aktivitäten in der Region bündeln und koordinieren. Meistens findet man diese Persönlichkeiten in Person des Landrates wieder, besonders sind an dieser Stelle die Landräte aus dem Emsland und aus Cham hervorzuheben. Daneben werden aber auch immer wieder Unternehmer genannt, die sich für ihre Region einsetzen und diese aktiv unterstützen. Von den Experten werden solche „starken Persönlichkeiten" als einer der wichtigsten Erfolgsfaktoren für ihren jeweiligen Raum genannt.

Personale Determinanten – Existenz kreativer Milieus

Übereinstimmend wird in allen Untersuchungsräumen die Identifikation und Verbundenheit der Bevölkerung und der regionalen Akteure als sehr wichtiger Wachstumsfaktor eingestuft. Alle Untersuchungsräume verfügen nach Aussage der befragten Experten über eine hohe Identifikation der Bevölkerung mit Ihrer Region. Das große Selbstbewusstsein, das der Bevölkerung in den Untersuchungsregionen zugeschrieben wird, rührt aus der positiven Entwicklung der Untersuchungsräume und damit dem aus der Abgrenzung zu Nachbarregionen, die sich weniger positiv entwickelt haben. Besonders im Landkreis Cham und im Landkreis Emsland wird außerdem immer wieder die große Regionsverbundenheit der ansässigen Unternehmen – die zumeist aus der Region heraus entstanden sind – genannt. Dieser Faktor wirkt sich dementsprechend positiv auf die gesamte Wirtschaftsstruktur der Region und deren Stabilität aus.

Zur Verifikation der Expertenaussagen wurden in vier der Untersuchungsräume umfassende schriftliche Bevölkerungsbefragungen durchgeführt. Neben der Lebensqualität und der Verbundenheit mit der Region wurde hier vor allem der Kenntnisstand über Projekte, Aktionen und Entwicklungsinitiativen der Untersuchungsräume abgefragt. Dabei lässt sich feststellen, dass die verschiedenen personalen Determinanten immer in den gleichen Räumen stärker oder schwächer ausgeprägt sind. So lässt sich im Raum Bamberg die höchste Identifikation und Verbundenheit der Bevölkerung mit der Region beobachten, dicht gefolgt von Cham und dem Emsland. Auch beim Selbstbewusstsein von Bevölkerung und Akteuren, den Selbstimagestrukturen und der Einschätzung von Wachstumsfaktoren zeigt sich ein ähnliches Bild. Die Ohreregion wird bei allen Faktoren mit Abstand am schlechtesten bewertet, wobei sich für alle vier intensiver untersuchten Räume gezeigt hat, dass die Bevölkerung teilweise eine bessere Entwicklung verschiedener Faktoren „gefühlt" hat, als sich dies durch die Strukturdaten begründen lässt.

Die Bevölkerungsbefragung hat gezeigt, dass das Meinungsbild zumeist mit dem der befragten Experten übereinstimmt. Ein gutes Selbstimage, Identifikation und Verbundenheit der Bevölkerung mit ihrer Region und das Selbstbewusstsein der Bevölkerung und von Akteuren können zu einer positiven regionalen Entwicklung beitragen.

3.3 Erfolgsbedingungen von Wachstumsmotoren außerhalb der Metropolen

Als Erfolgsbedingungen für Wachstumsmotoren außerhalb von Metropolen sind an erster Stelle aus dem Bereich der organisatorischen und institutionellen Determinanten die große Bedeutung von innerregionalen Netzwerken sowie der hohe Stellenwert „starker" Persönlichkeiten aus Politik und Wirtschaft zu nennen. In allen vier näher betrachteten Untersuchungsräumen sind diese beiden miteinander zusammenhängenden regionalen Ausprägungen entscheidende Erfolgsfaktoren für die positive Entwicklung. Durch die Bildung von informellen Netzwerken zwischen Wirtschaft, Politik und Verwaltung entstand in den Untersuchungsräumen ein wirtschaftsfreundliches Klima, das als entwicklungsfördernder Faktor im Hinblick auf die Ansiedlung von neuen Investoren eine große Bedeutung besitzt.

Innerhalb dieser Netzwerke sind stets die führenden politischen Persönlichkeiten der Region die zentralen Integrationsfiguren und Antriebskräfte. So nehmen in den Landkreisen Emsland und Cham sowie in der Ohreregion und der Kreisregion Bamberg die Landräte beziehungsweise Oberbürgermeister eine elementare Rolle bei der Entwicklung ihres Landkreises beziehungsweise ihrer Region ein. Durch hohes Engagement, intensive und aktive Wirtschaftsförderung sowie innovative Ideen tragen zudem auch viele andere regionale Akteure erheblich zum Erfolg dieser Regionen bei. Durch zumeist klare politische Mehrheiten besitzen die politischen Führungspersönlichkeiten zudem eine breite Unterstützung in der Bevölkerung, womit sich in diesen Räumen auch eine spezielle Mentalität entwickeln konnte. Dies ist vor allem in den Landkreisen Emsland und Cham spürbar. Ausgehend von äußerst schwierigen Ausgangslagen entwickelten sich in beiden Regionen ein Gemeinschaftsgefühl sowie eine Mentalität, die sich durch enormen Fleiß, hohes bürgerschaftliches Engagement, Bescheidenheit und eine hohe regionale Identität auszeichnet. Diese weichen Standortfaktoren sind bei der Frage nach den Erfolgsfaktoren für Wachstumsmotoren außerhalb von Metropolen als erstes zu nennen.

Keine Bedingung, aber ebenfalls von großem Vorteil für eine positive Regionalentwicklung sind bestimmte Ausprägungen fachlicher Determinanten, welche die Wirtschafts- und Infrastruktur betreffen. Die Wirtschaftsstruktur, die in den meisten Untersuchungsräumen durch eine hohe Diversifizierung sowie eine starke klein- und mittelständische Basis mit einem teilweise hohen Industrieanteil geprägt ist, besitzt eine geringe Anfälligkeit für Konjunktur- sowie Strukturkrisen und erweist sich als unabhängig von den Entscheidungen weniger Großbetriebe. Ebenfalls prägend im Bereich der regionalen Betriebsstrukturen ist zudem das Vorhandensein vieler hoch spezialisierter Marktführer in engen Markt- oder Produktbereichen, die zudem eine hohe Innovationsdynamik ausstrahlen. Alle Untersuchungsräume sind durch ein äußerst wirtschaftsfreundliches Klima geprägt. Des Weiteren sind fast alle analysierten Wachstumsregionen durch eine gute Verkehrsinfrastruktur gekennzeichnet. Vor allem die guten Autobahnanbindungen gelten oftmals als entscheidende Erfolgsfaktoren.

Allerdings zeigen die Beispiele der Landkreise Cham und Bodenseekreis, dass es auch ohne diesen Vorteil zu einer positiven Regionalentwicklung kommen kann. Hier wiederum sind stattdessen die Vielzahl der endogen initiierten Projekte sowie die schon angesprochene intensive Arbeit in Netzwerken von hoher Bedeutung. Die Bedeutung regionaler Entwicklungsinitiativen als innovative Organisationsstrukturen gilt vor allem für die Zukunft als wichtiger Erfolgsfaktor für eine weiterhin positive Entwicklung der außerhalb des engeren metropolitanen Verflechtungsraums gelegenen Regionen. So wirkt es sich positiv aus, sich als eigenständige (Wachstums)-Region zu positionieren und zu vermarkten, sich auf seine eigenen Stärken zu konzentrieren und sich nicht auf Hilfe von außen zu verlassen.

Zusammenfassend lässt sich an dieser Stelle sagen, dass es in Form der genannten Faktoren zwar einige Aspekte gibt, die in fast allen Untersuchungsregionen für den Erfolg mitverantwortlich sind, doch spielen oft auch Alleinstellungsmerkmale, die in vielen Fällen historisch begründet sind, eine wichtige Rolle bei der Entwicklung. Dazu gehört in erster Linie die schon angesprochene Ausprägung der Mentalität. Auch durch traditionelle oder konfessionelle Einstellungen, wie beispielsweise die katholische Prägung in den Kreisen Borken, Bamberg und Emsland, die mit zu dem dort starken Bevölkerungswachstum beiträgt, werden Entwicklungen beeinflusst. Des Weiteren sind traditionell starke Wirtschaftszweige, wie der Metallsektor in der Wartburgregion, zum Teil nachhaltig für die regionale Entwicklung bestimmend. Ebenfalls sehr spezifisch ist die Situation in der Ohreregion gewesen, als der Raum unmittelbar nach der deutschen Wiedervereinigung von den Problemen der Landeshauptstadt Magdeburg profitieren konnte und sich zahlreiche Investoren in der Ohreregion ansiedelten.

Allerdings kann trotz alledem allgemeingültig gesagt werden, dass stets nur dann eine erfolgreiche Entwicklung möglich ist, wenn die vorhandenen Potenziale von den regionalen Akteuren nutzbar gemacht werden und es den Entscheidungsträgern gelingt, durch innovatives und geschicktes Handeln die Entwicklung der Region positiv zu beeinflussen. Die Nutzung vorhandener Standortpotenziale ist auch elementar, wenn es um die originären Standortvorteile eines ländlichen Raums geht. Eine große Flächenverfügbarkeit, relativ niedrige Standortkosten sowie ein attraktives Wohnumfeld sind große Vorteile gegenüber Ballungsräumen und in zahlreichen ländlichen Regionen vorzufinden, entscheidend sind allerdings ferner regional spezifische Entscheidungs- und Steuerungsstrukturen sowie spezifische Milieus, die in nur wenigen Regionen außerhalb der Metropolen gegeben sind, um sie zu Wachstumsmotoren entwickeln zu können.

4. Ergebnisse aus dem Projekt auf Landesebene (2009–2011): „Wachstumsmotoren im ländlichen Raum in Rheinland-Pfalz“

Infolge des Forschungsprojektes auf Bundesebene beauftragte die Entwicklungsagentur Rheinland-Pfalz e. V. im Jahr 2009 den Lehrstuhl Regionalentwicklung und Raumordnung mit der Durchführung des Projektes „Wachstumsmotoren im ländlichen Raum in Rheinland-Pfalz“ mit äquivalenter Zielrichtung. Gerade im Flächenland Rheinland-Pfalz kommt dem ländlichen Raum eine immense Bedeutung als Lebens-, Wirtschafts-, Natur- und Erholungsraum zu, welche vor dem Hintergrund der Diskussion um die Zukunft von Regionen zunehmend in den Mittelpunkt rückt. Nach Aussagen des Landesentwicklungsprogramms IV stellt der ländliche Raum 59 % der Landesfläche dar, rund 30 % der rheinland-pfälzischen Bevölkerung lebt in diesem Raum (vgl. Ministerium des Inneren und für Sport in Rheinland-Pfalz 2008).

Ziel des Projektes war es dementsprechend, jene Faktoren zu identifizieren, die dazu beitragen, dass sich auch außerhalb der Verdichtungsräume dynamische

Korridore, kleinere Agglomerationen, Mittelstädte und Standorträume in ländlichen Regionen in Rheinland-Pfalz herausbilden konnten, welche durch positive Entwicklungen auf sich aufmerksam machen. Demnach wurde der Untersuchungsansatz des Bundesprojektes auf die Landesebene übertragen. Welches die Erfolgsfaktoren sind und inwieweit sich diesbezügliche Gemeinsamkeiten feststellen lassen, wurde anhand der Beispielregionen Rhein-Hunsrück-Kreis, Donnerbergkreis und dem Landkreis Südliche Weinstraße einschließlich der kreisfreien Stadt Landau in der Pfalz untersucht.[2]

Alle drei Landkreise weisen dabei besonders positive Entwicklungen auf, wie die strukturanalytische Betrachtung verdeutlicht. So liegen in diesen Räumen die Entwicklungen beispielsweise im Bereich der Zahl der sozialversicherungspflichtigen Beschäftigten, der Höhe des Bruttoinlandsproduktes oder der Gäste- und Übernachtungszahlen überwiegend über dem landesweiten Durchschnitt. Auch Kennwerte wie beispielsweise die Gründungsintensität je 10.000 Einwohner zwischen 18–65 Jahren erwiesen sich partiell sehr hoch.

Weiterhin gestalten sich die ausgewählten Räume aufgrund besonderer Rahmenbedingungen für die Untersuchung als äußerst interessant. Im Falle des Landkreises Südliche Weinstraße ist eine solche Besonderheit beispielsweise in seiner nationalen Grenzlage und somit in der Nähe zu den europäischen Nachbarn zu sehen. In den 1990er Jahren entstand in der Pfalz, in Baden und im Elsass eine kommunale deutsch-französische Kooperation, zu deren Mitgliedern auch der Landkreis Südliche Weinstraße sowie die kreisfreie Stadt Landau zählen. Unter dem Namen L'EURODISTRICT REGIO PAMINA laufend, standen zunächst Aufgaben in touristischen Bereichen im Vordergrund. Nachdem 2003 ein grenzüberschreitender Zweckverband gegründet wurde, zählen zu den heutigen Hauptaufgaben die gemeinsame Raumentwicklung, ein Service zu Informationen und Beratungen bezüglich von grenzüberschreitenden Fragen (INFOBEST-Service), die Umsetzung des Programms INTERREG IIIA-PAMINA sowie ein touristischer Informationsdienst (Vis-à-Vis).[3]

Ebenfalls im Landkreis Südliche Weinstraße und insbesondere in der Stadt Landau i. d. Pfalz sowie im Rhein-Hunsrück-Kreis spielt das Thema der militärischen Konversion eine besondere Rolle. Nach dem Ende des Kalten Krieges und der damit einhergehenden (weltweiten) Abrüstung wurde die militärische Konversion zu einem Schwerpunktthema der Landesregierung. Ein Beispiel für

2 Die ausgewählten Landkreise liegen überwiegend in den nach der Landesplanung Rheinland-Pfalz definierten Ländlichen Räumen (Raumstrukturtypen im Landesentwicklungsprogramm IV).

3 Vgl. Homepage der Initiative Eurodistrikt PAMINA, aufgerufen unter: http://www.eurodistrict-regio-pamina.com/pamina/spip.php?article113&var_recherche=vis-a-vis (Zugriff 24.04.2013)

eine erfolgreiche militärische Konversion stellt der Flughafen Frankfurt/Hahn im Rhein-Hunsrück-Kreis dar.

Abbildung 2: Auswahl der Untersuchungsräume

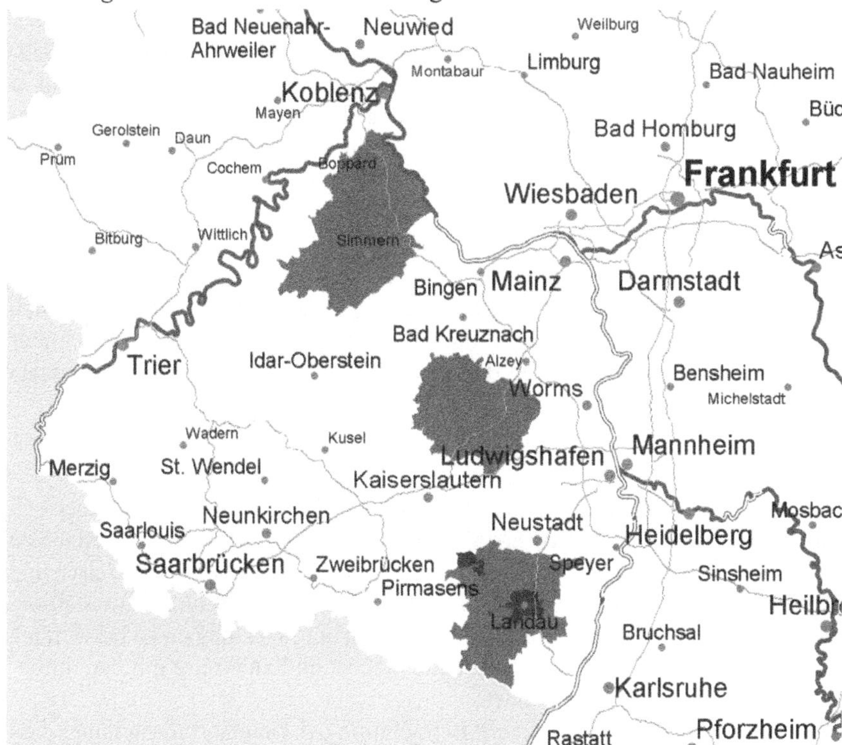

Entwurf: Lehrstuhl Regionalentwicklung und Raumordnung, TU Kaiserslautern 2010
Quelle: Bundesamt für Bauwesen und Raumordnung (Hrsg.): INKAR 2009, Bonn 2009

Vorgehen und Methodik zur Identifikation von Erfolgsfaktoren

Aufbauend auf den gewonnenen Erkenntnissen und Erfolgsfaktoren aus dem Projekt auf Bundesebene sollten innerhalb dieses Projekts Handlungsmöglichkeiten der Raumordnung, Regional- und Strukturpolitik sowie anderer relevanter Politikfelder erarbeitet werden, die zur nachhaltigen Unterstützung positiver

Entwicklungen in rheinland-pfälzischen Wachstumsregionen außerhalb der Metropolen dienen. Im Zuge dessen liegt ein Hauptaugenmerk auch auf bisher bestehenden Förderansätzen in Rheinland-Pfalz, wie beispielsweise die Förderung einer „Integrierten Ländlichen Entwicklung" (ILE) oder das „Programm Agrarwirtschaft, Umweltmaßnahmen, Landentwicklung" (PAUL), die es im Hinblick auf eine Förderung der Wachstumsregionen zu untersuchen und zu bewerten galt.

Das methodische Vorgehen gestaltet sich ähnlich wie jenes in der dargestellten Vorgängerstudie. Die Arbeit stützt sich daher auf eine Literatur- und Dokumentenanalyse, eine Auswertung statistischer Daten und der amtlichen Statistik sowie die Erhebung eigener empirischer Daten. Die empirischen Erhebungen umfassen hierbei drei Ebenen: Bevölkerung (Befragung von rund 12.800 Haushalten), Politik und Verwaltung (Gespräche mit insgesamt 32 kommunalen und regionalen Entscheidungsträgern) wie auch Wirtschaft (Gespräch mit 21 ansässigen Unternehmen). Die verstärkte Einbeziehung der Unternehmenssicht stellt hierbei einen wichtigen Aspekt dar, da sich in ländlich strukturierten Räumen äußerst erfolgreiche Unternehmen finden lassen und eine Vielzahl so genannter „Hidden Champions"[4] in diesen Räumen beheimatet sind, die für die regionale Wirtschaft von Bedeutung sind.

Ergebnisse

Im Rahmen der geführten Experten- und Unternehmensgespräche zeichnet sich eine hohe Bedeutung der verkehrsinfrastrukturellen Ausstattung, die vielfach zu Gewerbeansiedlungen geführt hat, ab. In allen drei untersuchten Landkreisen und der Stadt Landau i. d. Pfalz spielt somit die verkehrsinfrastrukturelle Ausstattung eine entscheidende Rolle für die positive Regionalentwicklung und wird vielfach als „Lebensader der Region" dargestellt, welche die Landkreise mit den umliegenden Ballungsräumen verbindet.

Weiterhin zeigt eine genauere Betrachtung der Untersuchungsräume, dass in allen Räumen eine klein- und mittelständische Unternehmensstruktur dominiert. Diese Struktur wurde von einer Vielzahl der Experten für den Erfolg einer Region verantwortlich gemacht, da sie, vor allem in Zeiten wirtschaftlicher Krisen, das „Rückgrat" der Wirtschaft bilden. Besonders hervorzuheben sind hierbei erfolgreiche, innovative, mittelständische (Familien-) Unternehmen, häufig Weltmarktführer mit enormen Wachstumsraten. Im Hinblick auf regionale Entscheidungsstrukturen zeigt sich im Bereich der Wirtschaft, dass in allen drei Un-

4 Unter dem Begriff „Hidden Champions" werden nach Prof. Hermann Simon relativ unbekannte kleine oder mittelständische Unternehmen verstanden, die in ihrem Markt jedoch Marktführer sind.

tersuchungsräumen bedeutsame (World-)Headquarter zu finden sind, die teilweise seit Jahrzehnten im Landkreis ansässig bzw. dort entstanden sind, so dass von einer starken Verwurzelung mit der Region auszugehen ist.

In Rahmen der Unternehmensgespräche zeigte sich darüber hinaus, dass die Unternehmensgründer überwiegend aus der Region stammen und ländlich strukturierten Räumen zum Teil gewisse Vorteile zusprechen. Diese liegen beispielsweise einer hohen Lebensqualität. So wurde von Unternehmen u. a. angegeben, beim Werben um neue Mitarbeiter vor allem auf eine Zielgruppe zu setzen, die bereits gefestigte Familienstrukturen aufweisen und deshalb Vorteile im ländlich strukturierten Raum (z. B. günstigerer Wohnraum, Natur und Landschaft) entdecken können.

Für gewisse Branchen wird der ländliche Raum, sofern er über eine gute infrastrukturelle Ausstattung und hier vor allem Breitbandanschluss verfügt, als prinzipiell reizvoll erachtet. Angesprochen wurden diesbezüglich die Hochtechnologiebranche und das Handwerk. Im Hinblick auf die Mitarbeiter wurde vielfach erwähnt, dass der ländliche Raum gewisse Vorteile aufweise, was Unternehmenstreue, Fleiß und Zuverlässigkeit angeht. Insgesamt sei die Mitarbeiterfluktuation äußerst gering, was auf die starke Verbundenheit der Mitarbeiter mit den Unternehmen zurückgeführt wird. Nach Ansicht der Experten und Unternehmen herrsche in den Untersuchungsräumen überwiegend eine hohe Wirtschaftsfreundlichkeit vor, die sich beispielsweise in schnellen und flexiblen Genehmigungsverfahren (one-stop-Verfahren) zeigt.

Das Thema Fachkräftemangel wird von den Unternehmen als perspektivisch wachsende Herausforderung eingeschätzt, welcher teilweise bereits durch unternehmensinterne Aus- und Weiterbildungsmaßnahmen begegnet wird. Dem, abgesehen vom Universitätsstandort Landau i. d. Pfalz, in den Untersuchungsräumen vorliegenden Ausstattungsdefizit im Bereich der Bildungsinfrastruktur wird mit Hilfe diverser Projekte und Initiativen zur Förderung der Fach- und Arbeitskräfte im Bereich Aus- und Weiterbildung begegnet.

Im Rhein-Hunsrück-Kreis wurde der Flughafen Frankfurt-Hahn insgesamt als ein entscheidender Wachstums- und Jobmotor identifiziert, der eine Vielzahl von Entwicklungen nach sich gezogen hat, die für die positive Entwicklung der Region von entscheidender Bedeutung sind. Hierbei ist beispielsweise der Ausbau der Verkehrsinfrastruktur (vor allem Bundesstraße 50) zu nennen.

Im touristischen Bereich, der insbesondere im Landkreis Südliche Weinstraße, der Stadt Landau und dem Rhein-Hunsrück-Kreis vergleichsweise stark ausgeprägt ist, wird vielfach die hohe Bedeutung von Maßnahmen zur Qualitätssteigerung betont. In diesem Zusammenhang wird im Landkreis Südliche Weinstraße die enorme Qualitätssteigerung des Weines angeführt, welche durch die Änderung des Weingesetzes im Jahr 1971 angestoßen wurde. Im Rhein-Hunsrück-Kreis wird vor allem der Ernennung des Mittleren Oberrheintals zum UNESCO-Weltkulturerbe im Jahr 2002 eine hohe Bedeutung beigemessen, wodurch die Anforderungen an eine intakte Kulturlandschaft wuchsen. Diesbezüglich haben sich die Kommunen im Welterbegebiet zu einem Zweckverband zusammengeschlossen und nehmen sich der Aufgabe an die Wirtschaft, die Kultur, die Ökologie und die sozialen Aspekte zu sichern und zu fördern.

Gleichsam der Studie „Erfolgsbedingungen von Wachstumsmotoren außerhalb der Metropolen“ wird in den Untersuchungsräumen sogenannten Trendsettern und Opinion Leadern bzw. „starken“ Persönlichkeiten eine zentrale Rolle für die positive Entwicklung der Untersuchungsräume zugeschrieben. Dabei zählen neben Landräten und Bürgermeistern auch (ehemalige) Wirtschaftsförderer oder Unternehmer zu den treibenden Kräften.

Die Ergebnisse der Haushaltsbefragungen verdeutlichen, dass die Lebensqualität in den Untersuchungsräumen überwiegend positiv bewertet wird. Besonders hervorzuheben ist hierbei die Wohnqualität gefolgt von den Freizeitmöglichkeiten sowie der Versorgungsinfrastruktur. Letzteres gestaltet sich vor allem im Hinblick auf die ländliche Struktur der Untersuchungsräume beachtlich. In Hinblick auf die Wachstumsfaktoren, erachten die befragten Haushalte vor allem die Ansiedlung neuer Betriebe sowie im Landkreis Südliche Weinstraße und im Rhein-Hunsrück-Kreis die Entwicklungen im Tourismus als bedeutsam. Auch die Bemühungen der Politik werden als Wachstumsgründe angeführt.

5. Fazit und Handlungsempfehlungen für die Raumordnung

Um periphere, strukturschwache ländliche Regionen zu Wachstumsmotoren zu formen, bedarf es, entsprechend der Ergebnisse der durchgeführten Forschungsprojekte, zunächst entsprechender personeller und organisatorischer Voraussetzungen. Sie sind die Basis für die Umsetzung zielgerichteter Strategien und Maßnahmen zur Stärkung ländlicher Wachstumsräume. Von besonderer Bedeutung sind die Bereitschaft und das Durchhaltevermögen der regionalen Akteure, überdurchschnittliches Engagement für die Erreichung von gemeinsamen Zielen zur Entwicklung einer Region einzubringen. Ein ausgeprägtes regionales Selbstbewusstsein erweist sich ebenso als Erfolgsfaktor wie die Fähigkeit politischer Entscheider, Bevölkerungsgruppen sowie regionale und kommunale Akteure für gemeinsame Zielsetzungen und Strategien zu gewinnen.

Neben entsprechenden personellen und organisatorischen Voraussetzungen sind eine konzeptionelle Grundlage und Entwicklungsstrategie für die Entwicklung einer Region erforderlich. Mit dieser sollten sich möglichst viele Akteure identifizieren können. Um die Einbindung und Integration eines breiten Spektrums von Bevölkerungsgruppen und Entscheidungsträgern zu erreichen, erscheinen folgende Wege erforderlich:

- gezielte Aktionen zur Steigerung der Identifikation mit der Region,
- die Förderung und Stärkung des ehrenamtlichen Engagements,
- die Schaffung attraktiver Lebens- und Arbeitsbedingungen,
- die Schaffung und Unterstützung familien- und seniorengerechter Strukturen (z. B. Betreuungsangebote, Versorgungsinfrastruktur, attraktives Wohnumfeld und anderes),
- die Schaffung einer attraktiven Bildungsinfrastruktur,
- die Sicherung der Verfügbarkeit einer ausreichenden Zahl und Qualität von Ausbildungsplätzen,
- die Unterstützung bei der Vermittlung von Schulabgängern in geeignete Ausbildungsverhältnisse,
- der Aufbau von Ausbildungsplatzinitiativen zur Ansprache, Information und Unterstützung von Schülern sowie zur Koordination zwischen den Bedarfen der Unternehmen und den Interessen der Auszubildenden und
- die Schaffung von Initiativen zur Eingliederung älterer Arbeitnehmer ins Berufsleben.

Weitere wichtige Voraussetzungen für die Entwicklung und die Unterstützung von Wachstumsmotoren sind ferner:

- die Ausweisung von qualitativ hochwertigen Industrie- und Gewerbeflächen,
- die Ausstattung mit entsprechender Infrastruktur und Servicestruktur,
- schnelle und flexible Verwaltungs- und Genehmigungsverfahren,
- die Unterstützung von Neu- und Ausgründungen,
- ein Investitions- und Standortmarketing sowie Regionalmarketing zur Ansiedlung neuer Unternehmen,
- die Unterstützung eines wirtschaftsfreundlichen Klimas auf kommunaler und regionaler Ebene sowohl im politischen Raum als auch im Bereich der Administration und

- der Aufbau von Netzwerken zwischen Unternehmen und kommunalen sowie regionalen Entscheidungsträgern, Verbänden und Anderen (z. B. Kompetenznetzwerke, Clusterstrukturen u. a.).

In besonderer Weise von Bedeutung ist der Einsatz von Regional-, Standort- und Investitionsmarketing um die Stärken und Potentiale einer Region bzw. eines Standorts nach innen und auch nach außen kreativ und umfassend darzustellen. Eine besondere Wirkung entfaltet dieses neue Instrument der Raumordnung und Landesplanung in Hinblick auf die Beeinflussung des Eigen- und Fremdimages, was sich gerade in strukturschwachen und ländlichen Regionen in besonderer Weise als Notwendigkeit erweist. In den untersuchten Regionen hat sich gezeigt, dass Regional-, Standort- und Investitionsmarketing, ggf. in Verbindung mit kommunalen bzw. Stadtmarketing deutlich und nachweisbar dazu beigetragen hat, dass

- Unternehmen ihren bisherigen Standort beibehalten haben (Bestandspflege),
- Neuansiedlungen (Existenzgründungen und Ansiedlungen) gelungen sind und
- Bevölkerungsgruppen für die jeweilige Region gewonnen werden konnten.

Zusammenfassend lässt sich festhalten, dass es eines Pakets von Handlungsansätzen bedarf, um eine positive regionale und regionalwirtschaftliche Entwicklung zu erreichen. Was die Übertragbarkeit auf andere Regionen betrifft, so ist dies durchaus möglich, wobei die entsprechenden skizzierten Voraussetzungen gegeben sein sollten. Wesentlich ist, dass die Entwicklungsansätze und -strategien eine Orientierung ermöglichen. Die durchgeführten Untersuchungen können Ideen und Best Practice-Beispiele liefern. Berücksichtigt werden muss beim Verfolgen der dargestellten Strategien, dass Veränderungsprozesse im Sinne des sozioökonomischen Strukturwandels einen dauerhaften Prozess darstellen. In den Untersuchungsregionen hat sich gezeigt, dass der Weg von einer strukturschwachen Region zu einem Wachstumsmotor in der Regel mindestens 10–15 Jahre gedauert hat.

Literatur

Bundesamt für Bauwesen und Raumordnung (Hrsg.) (2005): Raumordnungsbericht 2005, Berichte Band 21, Bonn.

Bundesministerium für Verkehr, Bau und Wohnungswesen / Bundesamt für Bauwesen und Raumordnung (Hrsg.) (2008): Erfolgsbedingungen von Wachstumsmotoren außerhalb der Metropolen, Werkstatt: Praxis, Heft 56, Berlin/Bonn.

Danielzyk, Rainer; Wiegandt, Claus-Christian (1987): Regionales Alltagsbewusstsein als Faktor der Regionalentwicklung? – Untersuchungen im Emsland, in: Informationen zur Raumentwicklung, Heft 7/8.1987, S. 441-449.

Fraunhofer-Institut für experimentelles Software-Engineering (Hrsg.) (2006): Wissensbasierte Regionalentwicklung – Diskussion der Bedeutung außeruniversitärer Forschungseinrichtungen für den Transfer von Wissen und Technologie in kleinere und mittlere Unternehmen (KMU) – Das Beispiel des Fraunhofer-Instituts für experimentelles Software-Engineering in Kaiserslautern, Kaiserslautern.

Frey, René (2005): Infrastruktur, in: Akademie für Raumforschung und Landesplanung (ARL) (Hrsg. (2005): Handwörterbuch der Raumordnung, S. 469-475.

Fromhold-Eisebith, Martina (1999): Das „kreative Milieu" – nur ein theoretisches Konzept oder Instrument der Regionalentwicklung? in: Raumforschung und Raumordnung, Heft 2/3.1999, S. 168-175.

Geschäftsstelle der Ministerkonferenz für Raumordnung im Bundesministerium für Verkehr, Bau und Stadtentwicklung (Hrsg.) (2006): Leitbilder und Handlungsstrategien für die Raumentwicklung in Deutschland, Berlin.

Hamm, Rüdiger; Wienert, Helmut (1990): Strukturelle Anpassung altindustrieller Regionen im internationalen Vergleich, Schriftenreihe des rheinisch-westfälischen Instituts für Wirtschaftsforschung Essen, Heft 48, Berlin.

Hassink, Robert (2001): The Learning Region – A Fuzzy Concept or a Sount Theoretical Basis for Modern Regional Innovation Policies? in: Zeitschrift für Wirtschaftsgeographie, Jahrgang 45, Heft 3/4.2001, S. 219-230.

Maier, Gunther; Tödtling, Franz (2006): Regional- und Stadtökonomik 1 – Standorttheorie und Raumstruktur, 4. aktualisierte und erweiterte Auflage, Wien/New York: Springer Verlag.

Maier, Gunther; Tödtling, Franz; Trippl, Michaela (2006): Regional- und Stadtökonomik 2 – Regionalentwicklung und Regionalpolitik, 3. aktualisierte und erweiterte Auflage, Wien/New York: Springer Verlag.

Ministerium des Inneren und für Sport in Rheinland-Pfalz (Hrsg.) (2008): Landesentwicklungsprogramm (LEP IV) 2008, Mainz 2008.

Stahl, Thomas; Schreiber, Rainer (2003): Regionale Netzwerke als Innovationsquelle – das Konzept der „lernenden Region" in Europa, Campus Forschung Band 868, Frankfurt/New York: Campus Verlag.

Stiller, Silvia (2005): Raumentwicklung, ökonomische, in: Akademie für Raumforschung und Landesplanung (ARL) (Hrsg., 2005): Handwörterbuch der Raumordnung, S. 850-856.

Thomi, Walter; Werner, Robert (2001): Regionale Innovationssysteme – zur territorialen Dimension von Wissen und Innovation, in: Zeitschrift für Wirtschaftsgeographie, Jahrgang 45, Heft 3/4.2001, S. 202-218.

Zürker, Matthias (2007): Cluster als neue Komponente der wirtschaftsbezogenen Raumentwicklung, Dissertation, Materialien zur Regionalentwicklung und Raumordnung, Band 22, Kaiserslautern: Selbstverlag Lehrstuhl Regionalentwicklung und Raumordnung.

Schrumpfende Städte in den USA: Räume im Wandel – Planungsstrategien im Wandel?

Karina M. Pallagst

Der Beitrag beschäftigt sich mit städtischen und regionalen Veränderungsprozessen, die durch wirtschaftliche Transformationen und Bevölkerungsverluste ausgelöst werden. Die Untersuchung konzentriert sich auf schrumpfende Städte in den USA, einem Kontext in dem traditionell auf städtisches Wachstum bezogene Planungsstrategien den Diskurs beherrschen. Neben der Wahrnehmung von Schrumpfung sowie spezifischen Prozessen und Problemen bezüglich Schrumpfung in den USA werden die Fallbeispiele Pittsburgh und Youngstown hinsichtlich ihrer Probleme sowie Strategien zum Umgang mit Schrumpfung vertiefend untersucht.

1. Einführung

In aktuellen Debatten um Planung wird unter dem Begriff 'schrumpfende Stadt' üblicherweise ein dicht besiedelter städtischer Bereich verstanden, der einerseits in großen Teilen Bevölkerungsverluste zu verzeichnen hat und andererseits wirtschaftliche Transformationen durchläuft mit Anzeichen einer strukturellen Krise (Pallagst 2008). Nach Aussage von Oswalt (2006) schrumpften während der 1990er Jahre weltweit mehr als ein Viertel der Metropolen mit steigendem Trend – trotz des anhaltenden Urbanisierungsprozesses.

Schrumpfende Städte war über lange Zeit ein stigmatisiertes Thema. Die Planungsdiskussion in Europa, allen voran Deutschland, hat mittlerweile das Thema aufgegriffen und eine Vielzahl an Literatur ist in diesem Bereich verfasst worden (u. a. Haeussermann und Siebel 1988; Bontje 2004; Gestring 2005; Siedentop und Wiechmann 2007, Bernt 2009). In den USA hinkt der akademische Diskurs nach wie vor hinterher, da nur wenige Wissenschaftler bisher das Thema Stadtschrumpfung behandelt haben (u. a. Beauregard 2003; Hollander et al. 2009). Allerdings ist durch die aktuell andauernde Wirtschaftskrise das Thema Schrumpfung stärker in den Blickwinkel der öffentlichen und akademischen Diskussion gerückt.

In einer früheren Publikation hat Pallagst einen Paradigmenwandel für die Planung der USA mit Blick auf schrumpfende Städte propagiert (Pallagst 2007). In der Tat gibt es Spekulationen darüber, dass der bislang in den USA vorherrschende politische Konsens für städtisches Wachstum geringer wird (Purcell 2000). Allerdings stammen die Befunde, die Purcell für seine Hypothese liefert, aus einer Stadt, die von jeher das Symbol einer wachsenden Stadt ist, und zwar Los Angeles. Als Ausgangspunkte für die neue Trendwende nennt Purcell Globalisierungsbestrebungen und die Diversifizierung wirtschaftlicher Interessen (Purcell 2000). Insgesamt lässt sich vermuten, dass das Ende des Wachstumsparadigmas in der Planung Raum für neue alternative Paradigmen lassen wird.

Daher bietet das Phänomen schrumpfender Städte eine Herausforderung, um diejenigen Prinzipien, die traditionell den Ausgangspunkt urbaner Politikformulierung bieten, zu überdenken. Ein realistischerer Blick auf Planung würde sich auch in den USA stärker mit Stadtrückbau beschäftigen: der Umsiedlung noch verbliebener Bevölkerung aus heruntergekommen Stadtquartieren, der Begrünung ehemals bebauter Gebiete und der Entwicklung von Wirtschaftsstrategien, die auf kontrollierte Schrumpfung setzen für kleinere, jedoch an Lebensqualität orientierte Orte.

Die nächsten Abschnitte werden Prozesse und Beispiele von Stadtschrumpfung in den USA thematisieren, um die Situation von Stadtschrumpfung und diesbezüglicher Planungsstrategien vertiefend zu untersuchen, die in den jeweiligen Fallbeispielen, Pittsburgh und Youngstown, angewandt wurden. Pittsburgh ist schon seit vielen Jahren Schrumpfungsprozessen ausgesetzt und kann als typisches Beispiel von Schrumpfung und den entsprechenden (Planungs-)Strategien gelten. Youngstown repräsentiert einen Wandel im Verständnis und der Umsetzung von Planung in den USA, da die Stadt sich für eine realistische planerische Vision entschieden hat, die sich bewusst von Wachstum abkehrt.

2. Das Phänomen Stadtschrumpfung in den USA

2.1 Wahrnehmung von Stadtschrumpfung

Insbesondere in den USA konzentriert sich Stadtplanung darauf, städtisches Wachstum zu kontrollieren oder in fragmentierter Weise Revitalisierung zu betreiben, wobei außer Acht gelassen wird, dass sich Schrumpfung oftmals in der gesamten (Metropol-)Region abspielt. Der aktuelle planerische Diskurs in Stadt- und Regionalplanung der USA ist insgesamt stark auf Wachstum ausgerichtet (Pallagst 2007). Trotz der vorhandenen Revitalisierungsansätze, die meist in Stadtzentren durchgeführt werden, steht die aktive Diskussion von Stadtschrumpfung erst am Anfang (Pallagst und Wiechmann 2005). Nach Aussage von Robert Beauregard, einem der wenigen Planungswissenschaftler in den USA, die sich schon seit längerer Zeit mit Stadtschrumpfung beschäftigen, würde die aktive Auseinandersetzung mit städtischen Bevölkerungsverlusten und deren Konsequenzen ein sinnvolles Gegengewicht zur Literatur bezüglich Stadtwachstums bilden. In seinen Augen wird schrumpfende Bevölkerung als Stigma gesehen, das nicht in das Idealbild lokaler Entscheidungsträger passt (Beauregard 2003).

Wenn man aktuelle Trends in der wachstumszentrierten Debatte um Stadt- und Regionalplanung betrachtet, so fällt auf, dass das sogenannte "smart growth", also die Nordamerikanische Variante nachhaltiger Siedlungsentwicklung sehr populär ist. Smart Growth setzt auf Bürgerbeteiligung und die Wiederentdeckung kleinmaßstäblicher nachbarschaftsorientierter Planung. Genau wie nachhaltige Entwicklung stützt sich Smart Growth auf die Integration ökonomischer, ökologischer und sozialer Aspekte.[1] Dennoch muss man anführen, dass – um in den USA auf Akzeptanz zu stoßen – Wachstum die Grundlage des Konzeptes ist, wenngleich in einer gezähmten Variante. Eine aktive Diskussion städtischer, regionaler oder metropolitaner Schrumpfungsprozesse, so wie sie derzeit von europäischen PlanerInnen geführt wird, findet demgegenüber nicht statt.

Insgesamt fehlt im Bereich der städtischen und regionalen Planung der USA eine Berücksichtigung der Problematik schrumpfender Städte. Diese würde jedoch ein "Window of opportunity" bieten, um einen Paradigmenwandel von wachstumsorientierter Planung hin zu nachhaltigeren Pfaden der Siedlungsentwicklung zu diskutieren und damit eine grundlegende Neudefinition städtischer und regionaler Entwicklung in den USA einzuleiten.

2.2 Prozesse und Probleme schrumpfender Städte in den USA

Eine schrumpfende Stadt lässt sich durch wirtschaftlichen Niedergang sowie in dessen Folge städtische Quartiere im Veränderungsprozess charakterisieren. Insgesamt hat der Verlust bestimmter Arbeitsmöglichkeiten eine partielle Abwanderung zur Folge. In den USA kann Stadtschrumpfung entweder infolge postindustrieller Transformationsprozesse im Zuge langanhaltenden Niedergangs im produzierenden Gewerbe ausgelöst werden oder durch wirtschaftliche Veränderungen aufgrund so genannter "post-industrieller Transformationen der zweiten

1 Weitere Definitionen von Smart Growth behandeln Diversität, Dichte und Design; zu Smart Growth siehe auch Nelson (2002) und Daniels (2001).

Generation“ forciert werden, die den High Tech Sektor betreffen (z. B. im Zuge der Krise der Dot-Com-Unternehmen zu Beginn den neuen Millenniums).

Abbildung 1 zeigt die aktuellsten Cluster von schrumpfenden Städten über 100.000 Einwohner in den USA bezüglich der Wachstumsrate in hierarchischer Reihenfolge (absteigend von der niedrigsten Wachstumsrate).

Abbildung 1: Schrumpfende Städte in den USA 2000–2004

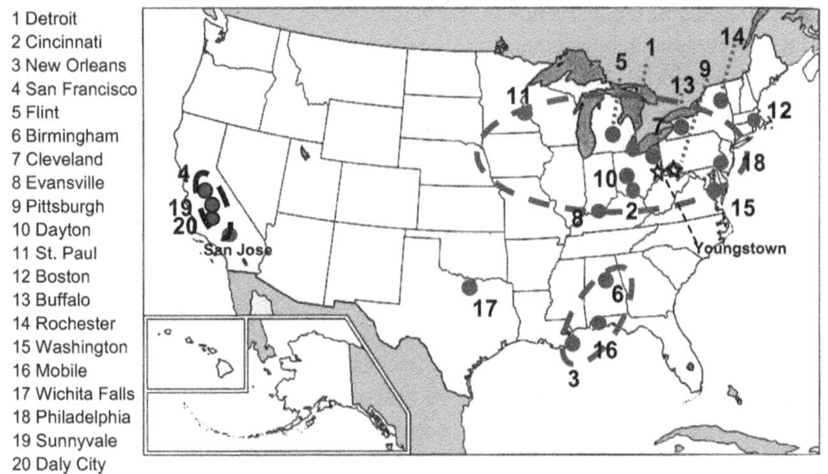

Quelle: Pallagst, 2006 auf der Grundlage von Daten des US Census

Anders als in Altindustrieregionen Europas findet Schrumpfung in den USA in der Regel im städtischen Zentrum statt, während die suburbane Region weitere Wachstumsraten zu verzeichnen hat. Erste Prozesse von Stadtschrumpfung in den 1950er und 1960er Jahren sind sogar auf Suburbanisierung zurückzuführen. Urban Sprawl hatte erhebliche Bevölkerungsverluste in amerikanischen Stadtzentren zur Folge. Die Probleme von vernachlässigten Flächen, Leerständen und aufgegebenen Stadtquartieren sind wohlbekannt, ebenso wie die sozialen Folgen, die sich in Segregation, Armut und Obdachlosigkeit niederschlagen – in den USA allerdings in erheblich dramatischerem Ausmaß als in europäischen Städten.

Dennoch kann Suburbanisierung alleine nicht als Auslöser von Schrumpfungsprozessen in amerikanischen Städten herangezogen werden. Vielmehr sind es wirtschaftliche Transformationen, die die Abwanderung von Arbeitskräften in regionalem Maßstab zur Folge haben, seit sich die traditionellen Standorte des produzierenden Gewerbes sich in einer Abwärtsspirale befinden. Demgegenüber boomen neue Wirtschaftszentren des Dienstleistungssektors, der High-Tech Industrie oder des Erholungswesens.

Die folgenden Abschnitte zeigen "Stories" von Schrumpfung in zwei amerikanischen Städten auf: Pittsburgh/Pennsylvania und Youngstown/Ohio, wobei jedes Fallbeispiel ein unterschiedliches Schrumpfungsmuster aufweist und sich auf Grund der Strategien unterscheidet. Beide Städte unterscheiden sich von in Größe, was einen Vergleich erschwert. Dennoch repräsentieren sie in besonderem Maße sowohl traditionelle planerische Reaktionen auf Stadtschrumpfung (Pittsburgh), als auch neue Reaktionen (Youngstown) und können daher als geeignete Beispiele gelten, um die Situation schrumpfender Städte in den USA zu verdeutlichen.

3. Strategien und Politiken für schrumpfende Städte in den USA

3.1 Pittsburgh: Eine Revitalisierungsstory

Die Stadt Pittsburgh ist stellvertretend für eines der klassischen und bekannten Beispiele von Stadtschrumpfung in den USA. Dieses Fallbeispiel ermöglicht eine Analyse des Spektrums von Planungsparadigmen, die im Verlauf der letzen 50 Jahre in den USA im Zuge der Revitalisierung schrumpfender Städte eingesetzt wurden.

Im Zuge des Niedergangs der Stahlindustrie sowie des produzierenden Gewerbes hat Pittsburgh nahezu die Hälfte an Bevölkerung seit den 1950er Jahren verloren (Moe und Wilkie 1997; siehe auch Tabelle 1). Die Stadt muss sich mit dem Prozess des "Hollowing out", also des Niedergangs der Innenstadt und mit dessen Folgeproblemen wie Bevölkerungsverlusten, Segregation und Armut auseinandersetzen, während die Metropolregion aufgrund von Suburbanisierungstendenzen Bevölkerungszuwachs zu verzeichnen hat.

Tabelle 1: Bevölkerungsrückgang in Pittsburgh

Jahr	1950	1960	1970	1980	1990	2000	2010
Bevölkerung	676.806	604.332	520.089	423.938	369.879	334.563	305.704

Quelle: Daten des US Census.

Schon frühzeitig wurde von der Stadt Pittsburgh der Versuch unternommen, Bevölkerung und Wirtschaftstätigkeit in die Stadt zurückzuholen, um eine Umkehr des Negativtrends einzuleiten. Die erste Phase der Revitalisierung mit Namen Renaissance I wurde schon nach dem II. Weltkrieg angeschoben. Dieser Prozess umfasste primär ein "Abräumen" von Industriebrachen durch den Abriss bestehender Gebäude, um Raum für Hochhäuser, Highways und Großprojekte wie z. B. den Point State Park, zu schaffen.

Das Interesse ortsansässiger Unternehmer die Wettbewerbsfähigkeit der Stadt zu erhalten, spielte bei diesen ersten Bemühungen eine große Rolle. Um diesen Prozess zu lenken, wurde die Urban Redevelopment Authority of Pittsburgh gegründet, als eine der ersten ihrer Art in den USA (Economou 1997). In den 1960er Jahren setze Unzufriedenheit der Bevölkerung mit der "Bulldozer"-Mentalität der Revitalisierungspraxis im Stil „clear ‚em out and tear ‚em down" ein. Damit einhergehend begann ein Bewusstseinswandel in der Revitalisierungspraxis hin zur Ebene der Nachbarschaft, wobei auch die Bereiche Wohnungsbau und die Inwertsetzung historischer Gebäude stärker in den Blickpunkt rückten (Lubove 1969).

Zu Beginn der nationalen Wirtschaftskrise der 1980er Jahre wurde eine zweite Revitalisierungsstrategie eingesetzt mit Namen Renaissance II (Crowley 2001). Ziel dieser Strategie war es, eine stärker diversifizierte Wirtschaftsbasis für die Stadt zu etablieren, auf der Grundlage von High-Tech Industrie, Bildung, Gesundheitswesen, Kultur und Tourismus. Darüber hinaus wurden diverse Schlüsselprojekte im Bausektor und ein neues Sportstadion, das Three Rivers Stadium, auf der Basis von Renaissance II realisiert. Die Umsetzung erfolgte im Zuge eines „Public/private/ neighborhood partnership", das die Interessen der Bürger zu berücksichtigen hatte sowie darauf abzielte, nachbarschaftsorientiert zu planen. Dieser Prozess wurde durch die neu gegründete Community Development Corporation unterstützt (Lubove 1996).

Die Revitalisierungsbemühungen der Stadt Pittsburgh der jüngsten Zeit umfassen eine Reihe von Projekten, die unter dem Label 'Big Splash" bekannt sind (Hunter Interests Inc. 2002). Diese Bemühungen konzentrieren sich darauf, hochpreisigen Einzelhandel in der Innenstadt anzusiedeln, eine Nutzung die in den USA üblicherweise in großen Shopping Malls im suburbanen Raum zu finden ist. Dieser gesteuerte Gentrifizierungsprozess sieht ebenfalls den Bau neuer Bürokomplexe, Wohneinheiten und Luxushotels vor. Interessanterweise soll die Planung neben zusätzlichen Stellplätzen auch Fußgänger freundliche Bereiche schaffen.

Trotz dieser Ansätze geht der Schrumpfungsprozess weiter. Zwischen den Jahren 1980 und 2000 hatte die Innenstadt Pittsburghs einen Bevölkerungsverlust von 89.375 Personen zu verzeichnen, was über ein Fünftel der gesamten Stadtbevölkerung beträgt. Während des entsprechenden Zeitraumes verlor auch der suburbane Raum (Allegheny County) 12 % der Bevölkerung (Levin und Chute 2002). Ein Großteil des Bevölkerungsverlustes geht auf die Abwanderung junger Bevölkerungsteile zurück, wodurch die Situation der Stadt weiter verschlechtert wird.

Das Beispiel Pittsburgh zeigt unterschiedliche Revitalisierungparadigmen, die im Verlauf der Zeit angewandt wurden, und ist damit für andere amerikanische Städte repräsentativ.

- 1950er Jahre: Abriss und Neubau entsprechend den rigiden Prinzipien der Moderne.
- 1960er und 1970er Jahre: Trendwende in Richtung des Schutzes historischer Bausubstanz und verstärkte Bürgerbeteiligung.
- 1980er Jahre: Diversifizierung der Wirtschaft, Revitalisierung auf Nachbarschaftsebene über das sog. "Community building" und Konzentration auf Schlüsselprojekte und Events, insbesondere Sportstadien (Inkrementalismus).
- 1990er Jahre: Mischnutzung im Stadtzentrum (Einzelhandel, Wohnungsbau, Büroflächen und Hotelnutzungen) und die Wiederentdeckung Fußgänger freundlicher Bereiche.

Insgesamt lässt sich sagen, auch während sich die Planungsansätze in der Stadt Pittsburgh im Laufe der Zeit verändert haben, dass grundlegende Trends der Planung und Entwicklung nach wie vor eng mit Wachstum verbunden sind.

3.2 Youngstown: Abwärtsspirale und kein Ende in Sicht

"Them smokestacks reached like the arms of god into a beautiful sky of soot and clay...Now the yard's just scrap and rubble...Here in Youngstown, here in Youngstown – My sweet Jenny I'm sinkin' down, here darlin' in Youngstown" (Bruce Springsteen, "Youngstown" in: Ghost of Tom Joad Album 1995). Das Image der ehemaligen Stahlstadt Youngstown wird von Bruce Springsteen's gleichnamigen Song eindrucksvoll eingefangen. Damit wird ein dunkles Szenario von wirtschaftlichem Niedergang, Arbeitslosigkeit und städtischem Verfall gezeichnet.

Über viele Jahre befand sich die Stadt Youngstown in einer Abwärtsspirale, die durch den Abschwung der Stahlindustrie ausgelöst wurde. Youngstown's Bevölkerung wurde durch Abwanderung um die Hälfte reduziert von ursprünglich 166.000 Personen im Jahr 1960 auf eine Zahl von etwa 67.000 Personen im Jahr 2010 (siehe Tabelle 2). Während dieser Zeit verlor die Stadt ihre Vitalität, da viele ältere Quartiere aufgegeben wurden und verödete, verlassene Bereiche übrig blieben. Youngstown war "punchdrunk from an economic pummeling that makes the woes of its larger, more economically diverse neighbors in Cleveland and Pittsburgh look comparatively manageable" (Rugare 2004: 1).

Tabelle 2: Bevölkerungsrückgang in Youngstown

Jahr	1950	1960	1970	1980	1990	2000	2010
Bevölkerung	168.330	166.689	139.788	115.436	95.732	82.026	66.982

Quelle: Daten des US Census

Heute muss sich die Stadt damit auseinandersetzen, dass sie über lange Jahre geschrumpft ist und nun eine große Zahl von Leerständen im industriellen und Wohnungssektor aufweist, ohne die Chance jemals wieder ein signifikantes Bevölkerungswachstum zu erfahren. Die räumliche Planung ist insbesondere damit befasst, eine überdimensionierte Infrastruktur zu erhalten, da es kaum noch finanziert werden kann, die Infrastrukturversorgung in allen Teilen der Stadt aufrecht zu erhalten.

Das Ausmaß der Schrumpfung hat von Anfang klar gemacht, dass konventionelle Methoden US-amerikanischer Planung an ihre Grenzen stoßen: "This puts everyone involved ... into an unknown territory where they must find a way to plan for the future of a radical smaller city" (Rugare 2004: 6). Um diese Probleme zu bewältigen, hat die Stadt den Planungsprozess Youngstown 2010 angestoßen, der die Schaffung einer Vision für die Zukunft mit der Umsetzung eines Gesamtplans auf der Grundlage dieser Vision kombiniert (Urban Strategies Inc. 2000).

Die Vision, die für die Stadt bis zum Jahr 2010 konzipiert ist, mutet überraschend realistisch an (Urban Strategies Inc. 2000):

- Akzeptieren, dass Youngstown eine kleinere Stadt ist: Youngstown soll als Modell einer nachhaltigen Stadt mittlerer Größe fungieren.
- Die Rolle der Stadt unter den Voraussetzungen einer wirtschaftlichen Transformation neu definieren: Youngstown muss sich mit den Realitäten einer neuen Wirtschaftsstruktur auseinandersetzen.
- Image und Lebensqualität in der Stadt verbessern: Die Stadt soll ein gesunderer und attraktiverer Wohn- und Arbeitsstandort werden.
- Zum Handeln aufrufen: ein handlungsorientierter Maßnahmenkatalog ist erforderlich, um Ideen in reale Projekte umzusetzen.

Der gesamte Prozess zielt darauf ab, die Stadt in einem reduzierten Maßstab umzubauen und zwar unter Berücksichtigung neuer Prinzipien. Dazu gehört keine neuen Siedlungsflächen auszuweisen, sondern ein Land-Management System aufzubauen, das Raum für neue Parks und Grünflächen vorsieht. Darüber hinaus sollen vorhandene lokale Unternehmen des Gesundheits-, Bildungs-, Verwaltungs- und kulturellen Sektors gestärkt werden. Dabei spielt die regionale Steuerung eine wichtige Rolle, insbesondere der Ansatz, Lösungen auf regionaler und interkommunaler Ebene zu finden. Die ökologische Komponente wird ebenfalls einbezogen, da für die Stadt eine intensive Durchgrünung mit mehr öffentlichen Räumen und Freiflächen vorgesehen ist (Urban Strategies Inc. 2000). Dazu gehört auch die Revitalisierung und Nutzbarmachung des Mahogany River für Erholungszwecke (Urban Strategies Inc. 2000).

Youngstown reagiert auf die enormen Bevölkerungsverluste mit einer Strategie des Stadtumbaus und einer Verbesserung von Lebensqualität und ökologischer Nachhaltigkeit. Der eindeutige Bruch mit dem Wachstumsmuster in der amerikanischen Stadtplanung, der anhand des Beispiel Youngstowns beobachtet werden kann, ist mit Blick auf die amerikanische Planungskultur[2] fast revolutionär. Zum ersten Mal erfolgt ein Paradigmenwandel, der von Wachstum zu "shrinking smart" führt. Die Stadt Youngstown ist die erste amerikanische Stadt, in der sich dieser Wandel vollzieht. Darüber hinaus wird mit dem Beispiel Youngstowns auch der Trend in der amerikanischen Planung, die ökologische Komponente zu stärken, demonstriert.

Die oben dargestellten Fallstudien verdeutlichen unterschiedliche Pfade, um Schrumpfung in den USA zu begegnen. Diesbezüglich zeigt Pittsburgh traditionelle Ansätze der Revitalisierung auf, wohingegen die Stadt Youngstown sich an Nachhaltigkeit orientiert. Die Tatsache, dass sich beide Städte von ihrer Größe her unterscheiden, schlägt sich auch in einem ausgeprägten philanthropischen Potenzial und einem stärker diversifizierten kulturellen Angebot Pittsburghs im Vergleich zu Youngstown nieder. Dies könnte eine Erklärung dafür sein, dass Pittsburgh es sich über so viele Jahre hinweg leisten konnte, dem Wachstumsparadigma zu folgen und entsprechende Investitionen zu tätigen.

4. Schlussfolgerungen

Was kann man von den in diesem Kapitel diskutierten Fallstudien schrumpfender Städte bezüglich Planungsstrategien im Wandel lernen?

Stadtschrumpfung in den USA ist eine Problematik, die deutlich komplexer ist, als es bisher von der amerikanischen Stadt- und Regionalplanung wahr-

2 Zum Wandel von Planungskultur mit Blick auf schrumpfende Städte siehe auch Pallagst (2010).

genommen wird. Allerdings verlaufen diese Schrumpfungsprozesse – anders als in Europa – in einem Kontext, der auf gesamtstaatlicher Ebene Bevölkerungswachstum zu verzeichnen hat. Vor diesem Hintergrund und angesichts einer stärker marktorientierten Planungskultur der USA erscheint ein solch intensiver Diskurs um Schrumpfung, wie er in einigen europäischen Staaten vorkommt, für die USA unwahrscheinlich.

Auch wenn die Problematik schrumpfender Städte in einem regionalen bzw. städtisch-suburbanen Kontext manifestiert ist, zeigt das Beispiel Pittsburgh, dass Planungsaktivitäten sich nach wie vor auf die Revitalisierung der Innenstädte konzentrieren. Dies ist zwar damit gerechtfertigt, dass diese Bereiche die höchste Konzentration an Problemen zeigen, allerdings werden durch die Revitalisierungsprojekte häufig Gentrifizierungsprozesse in Gang gesetzt, die in Kontrast zu den Bedürfnissen der vorhandenen ärmeren Bevölkerung stehen. Eine breitere regionale Sichtweise auf die städtischen Probleme fehlt größtenteils, da sich die Revitalisierung in den Händen unterschiedlicher Akteure befindet, u. a. Planungsämter und Redevelopment Agencies, die nicht immer konsensorientiert arbeiten. Insbesondere im Vergleich zu Deutschland wird deutlich, dass es sich um einen Diskurs handelt, der stark auf kommunaler Ebene abläuft und nur wenig programmatischen Rückhalt seitens der föderalen oder Staatenebene erhält.

Das Beispiel Youngstown kann als der Versuch einer schrumpfenden Stadt gewertet werden, sich vom Wachstumsparadigma loszulösen. Dennoch erscheint es mit Blick auf den traditionellen Fokus der US amerikanischen Planning Community auf Wachstum zweifelhaft, dass sich im Zuge dieser Initiativen eine Trendwende abzeichnet. Als kleinsten gemeinsamen Nenner zeigt Youngstown eine vernünftige Alternative städtischer Entwicklung auf, die Städte in vergleichbaren Situationen zum Nachdenken anregen kann.

Die Frage ist, ob die Planung in den USA in der Lage sein wird, sich mit einem stigmatisierten Thema in einer pro-aktiven Weise auseinanderzusetzen. Die Veränderungen in der Planungspraxis von Urban Sprawl hin zu "Smart Growth" lassen vermuten, dass die unreflektierte Durchsetzung von Wachstumsstrategien vorüber ist. Die Voraussetzung für die Untersuchung von Stadtschrumpfung wäre – ähnlich wie bei Smart growth – ein "Label", das Konsens, Perspektiven, und Chancen für schrumpfende Städte beinhaltet. "Shrinking Smart" könnte das Potenzial aufweisen, einen neuen Planungsdiskurs anzustoßen, der – aufbauend auf den Erfahrungen von Smart growth – neue Planungsperspektiven für schrumpfende Städte aufzeigt.

Auch für die deutsche Planungssituation, die sehr stark von staatlich gefördertem Rückbau bzw. dem Abbau von Leerständen dominiert wird, könnte „Shrinking

Smart“ einen positiven planerischen Anstoß im Umgang mit schrumpfenden Städten liefern, der sich auf bottom-up Prozesse und nachbarschaftliche Strategien stützt.

Literatur

Beauregard, Robert A. (2003): Aberrant cities: urban population loss in the United States, 1820–1930. In: Urban Geography, 24:8. 672-690.

Bernt, Matthias (2009): Partnerships for Demolition: The Governance of Urban Renewal in East Germany‘s Shrinking Cities. In: International Journal of Urban and Regional Research 33: 3. 754-769.

Bontje, Marco (2004): Facing the challenge of shrinking cities in East Germany: The case of Leipzig. In: Geojournal, 61. 13-21.

Crowley, Gregory J. (2001): Regime structure and the politics of issue definition: urban redevelopment in Pittsburgh, past and present. In: Fox Gotham (2001): 147-172.

Daniels, Tom (2001): Smart growth: A new American approach to regional planning. In: Planning Practice and Research, 16:3/4. 271-279.

Economou, Bessie (1997): Forging the Pittsburgh Renaissance – Urban Redevelopment Authority of Pittsburgh, fifty years. Pittsburgh: Urban Redevelopment Authority.

Fox Gotham, Kevin (2001): Critical perspectives on urban redevelopment. JAI, Amsterdam/New York.

Friedrichs, Jürgen (1988) Soziologische Stadtforschung. Opladen: Westdeutscher Verlag.

Gestring, Norbert/Glasauer, Herbert/Hannemann, Christiane/Petrowsky, Werner, Pohlan, Jörg (2005): Jahrbuch StadtRegion 2004/2005 Schwerpunkt Schrumpfende Städte. Wiesbaden: VS Verlag für Sozialwissenschaften.

Häußermann, Hartmut/Walter Siebel (1988): Die schrumpfende Stadt und die Stadtsoziologie; in: Friedrichs (1988): 78-94.

Hollander, Justin/Pallagst, Karina/Schwarz, Terry/Popper, Frank (2009): Planning shrinking cities. In: Progress in Planning (special issue: Emerging Research Areas) 72, 4. 223-232.

Hunter Interests Inc. (2002): Development and Revitalization of the Fifth and Forbes Area of Downtown Pittsburgh. Final Report prepared for the Plan C Taskforce. http:www.city.pittsburgh.pa.us/planc: accessed 23.10.2004.

Levin, Steve/Chute, Eleanor (2002): Census 2000: Region’s richest towns also most educated. In: Pittsburgh Post Gazette, http://www.post-gazette.com/census/data.asp: accessed 24.10.2004

Lubove, Roy (1969): Twentieth-century Pittsburgh – government, business, and environmental change. New York: Wiley.

Lubove, Roy (1996): Twentieth- century Pittsburgh Vol. II – The Post-Steel Era. Pittsburgh: University of Pittsburgh Press.

Moe, Richard/Wilkie, Carter (1997): Changing places: Rebuilding community in the age of sprawl. New York: Henry Holt and Company.

Nelson, Arthur C (2002): How do we know smart growth when we see it? In: Szold/Carbonell (2002): 82-101.

Oswalt, Philip (2006): Shrinking Cities, Vol. 1. International Research. Ostfildern: Hatje Crantz.

Pallagst, Karina (2007): Das Ende der Wachstumsmaschine. In Berliner Debatte Initial, 18:1. 4-13.

Pallagst, Karina/Wiechmann Thorsten (2005): Shrinking smart – städtische Schrumpfungsprozesse in den USA. In Gestring, Norbert et al (2005): 105-127.

Pallagst, Karina (2008) Shrinking cities – planning challenges from an international perspective. In: Urban Infill, Special Issue "Cities Growing Smaller", Heft 1, 2008. 6-16.

Pallagst, Karina (2010) Viewpoint. The planning research agenda: shrinking cities – a challenge for planning cultures. In: Town Planning Review 81 (5). I-VI.

Purcell, Mark (2000) The decline of the political consensus for urban growth: evidence from Los Angeles. In: Journal of Urban Affairs, 22:1. 85-100.

Rugare, Stephen (2004) Youngstown 2010 – Re-Tooling for a Smaller and Greener City. In: Cleveland Urban Design Collaborative Quaterly. 4:1, Fall 2004, 1. 6-7.

Siedentop, Stefan/Wiechmann Thorsten (2007) Zwischen Schrumpfung und Reurbanisierung – Stadtentwicklung in Dresden seit 1990. In: RaumPlanung 131. 57-62.

Szold, Terry S./Carbonell, Armando (2002): Smart growth – form and consequences. Ontario: Lincoln Institute of Land Policy.

Urban Strategies Inc. (2000) Youngstown 2010 – Sharing a vision for a better tomorrow. http://www.youngstown2010.com.

Menschen als „smarte Sensoren“? Neue Möglichkeiten für die Stadtplanung

Bernd Streich, Peter Zeile, Stefan Höffken und Jan-Philipp Exner

Unter dem Stichwort der Smart City wird die umfassende Vernetzung von mobilen Geräten und Sensornetzwerken verstanden, die eine digitale Erfassung von urbanen Prozessen ermöglichen. Mobile Sensoren zeichnen Daten der städtischen Umwelt auf. Dabei rückt der Mensch als smarter Sensor in den Fokus, da hier im Crowdsourcing-Verfahren Daten kollaborativ erhoben werden. Eine wichtige Methode, welche den deduktiven Monitoringsystemen zugeordnet wird, ist das „Participatory Sensing“ und die damit verbundene „Emotionale Stadtkartierung“. Hierbei werden physiologische Daten erfasst, aggregiert und digital ausgewertet. Damit sind neue Erkenntnisse über die Verfassung des Menschen im städtischen Alltag möglich. Das bedeutet ein umfassenderes und damit besseres Verständnis von Stadt und den darin stattfindenden Prozessen.

1. Smart Citys und Sensorik

Die Digitalisierung unserer Umwelt schreitet immer weiter voran. Ob Straßenbeleuchtungen, Verkehrsleitsysteme oder einfach die Online-Bereitstellung von Informationen und Daten – das Internet ist ein immer elementareres Medium unserer Gesellschaft. Zunehmend verbunden mit verschiedenen Formen von Sensoren, wie etwa zur Messung von Verkehrsströmen, des Wetters oder zur Steuerung der Straßenbeleuchtung verbindet das Internet als integrierte Infrastruktur Menschen und technische Systeme. Gleichzeitig sind immer mehr mobile Geräte mit diesem System verbunden und erhöhen die Konnektivität bis in den öffentlichen Raum hinein. Beispielsweise surft eine wachsende Anzahl von Menschen via Smartphone täglich auf ihrem Weg zur Arbeit oder nutzt während der Arbeitszeit Cloud-Computing-Systeme. Ortsbezogene Dienste (Location-Based-Services) und Statusmitteilungen erzeugen Daten, die Rückschlüsse auf die jeweiligen Orte und Situationen ihrer Entstehung ermöglichen.

> „Als neuer wichtiger Begriff wird sich zukünftig Sensorik etablieren. Jede Datenerfassung wird mit Sensoren durchgeführt, die zwar überwiegend technischer Natur sind, aber auch den Menschen selbst mit einbeziehen kann – der Mensch als Sensor quasi“ (Streich 2011: 189).

Mittels immer kleinerer, genauerer und kostengünstigerer Sensoren lassen sich immer mehr Bereiche über Zeiträume hinweg beobachten und als digitale Datensätze schnell und umfassend auswerten. Mobile und lagebezogene Sensoren und Sensornetzwerke erfassen bisher quasi „unsichtbare“ Daten, wie Bewegungsmuster und Verkehrsströme aber auch Reaktionen von Passanten. Das Tracken von Bewegungen (Taxis, Personen, etc.) ergänzt ortsbezogene Daten um die zeitliche Dimension und ermöglicht bspw. die Visualisierung von Bewegungsmustern.

Für die Analyse und das Verständnis von städtischen Systemen bieten sich hiermit ganz neue Möglichkeiten. Damit steht am Ende die vielzitierte Vision einer komplett vernetzten und damit den Bedürfnissen der Menschen angepasste Stadt – die Smart City.

2. Technische Grundlagen – GeoWeb und Webmapping

Für die Erfassung, Verortung und damit Analyse und Präsentation dieser Daten sind kartenbezogene Methoden notwendig. Neue Trends wie Webmapping, also Entwicklung von „Web Mapping Services“ wie etwa Google Earth kommen hier als Werkzeug zum Einsatz. Für raumbezogene Disziplinen bietet dies ein enormes Potenzial, denn Raumwissen kann zunehmend einfacher verortet werden (vgl. Höffken et al. 2008). Durch die Kombination mit anderen Programmen und Technologien ergeben sich nun Möglichkeiten für die Disziplin, um neue Bereiche und Methoden zu erschließen (vgl. Höffken 2009). In Kombination mit GPS werden Daten damit nicht nur in ihren inhaltlichen, sondern auch in räumlichen Kontext gesetzt. Ergänzt um zeitliche Aspekte sind zudem „dynamische“ Karten möglich, welche Bewegungen visualisieren (vgl. Höffken et al. 2008).

Im Bereich des Webmapping handelt es sich um keine Software, sondern vielmehr um eine Methode zum internetgestützten Entwerfen, Erstellen, Bearbeiten und Publizieren von Kartenmaterial im Internet. Dies beinhaltet auch die Beschaffung von Informationen für Planungen und diese Planungen über internetgestützte Techniken dem Bürger transparent aufzubereiten. Mit diesen technischen Entwicklungen können Städte besser kartographiert und analysiert werden. Darunter fallen GPS, Mini-Sensorik und eine neue Generation von Smartphones bzw. mobiler Endgeräte. Die Kombination aller Techniken miteinander kann als ein Baustein einer „Smart City“ dienen (Zeile et al. 2009: 341)

Menschenbezogene Sensorik – das Beispiel emotionale Stadtkartierung

Durch den Einbezug von Menschen als Messfühler können diese Sensornetzwerke erweitert und um Untersuchungen zu individuellem Verhalten ergänzt werden. Eine wichtige Entwicklung in dieser Richtung ist der Forschungsbereich zur Messung von physiologischen Daten im städtischen Kontext – die emotionale Stadtkartierung. Mittels Sensoren werden physiologische Daten (wie bspw. Blutdruck, Beschleunigung und Hautwiderstand) von einzelnen Personen erfasst und in Kombination zu räumlichen und zeitlichen Daten gesetzt. Erste Ansätze für die raumbezogenen Wissenschaften liefern die Experimente der „emomap“ und des „tracking people“, welche sich dem eigentlichen Mittelpunkt allen Planens – dem Menschen – widmen.

Zwei Projekte zur emotionalen Stadtkartierung

Ziel der Projekte war es, dass Probanden zusätzlich zu subjektiv empfundenen Eindrücken objektive, nicht beeinflussbare Vitalwerte als Anregung für eine Planung einbringen. Am Beispiel der Stadt Kaiserslautern wurden die Bewegungsmuster von Probanden in der Stadt Kaiserslautern über einen längeren Zeitraum verortet, um mit dieser „Tracking People Methode“ den Menschen als Messfühlern zu untersuchen. Datengrundlagen sind OSM-, Google Earth-und GPS-Daten, die zusätzlich über sogenannte „Walking Diaries“ validiert werden. Alle Daten werden anschließend aggregiert. Es entstehen städtische Dichtekarten von bevorzugten Wegen und Aufenthaltsorten der Testgruppe. Mit diesen Karten können Hotspots aber auch ungenutzte Bereiche in der Stadt identifiziert und nach verschiedenen Schwerpunkten analysiert werden. Diese lassen beispielsweise eine neue Sichtweise auf die Nutzung der städtischen Infrastruktur zu. Zusätzlich können durch diese Informationen dem Planer neue inhaltliche Analysemöglichkeiten eröffnet werden, welche dieser im urbanen Planungsprozess gewinnbringend einsetzen kann (vgl. Zeile et al. 2010).

Der Beitrag stellt zwei in diesem Rahmen durchgeführte Projekte und die daraus gewonnenen Erkenntnisse vor.

Stand der Forschung

Die Idee, Menschen als Messfühler zu benutzen und sie in einem Virtual Globe System zu visualisieren, ist nicht neu. Die originäre Idee des Erfassens und Visualisierens von Emotionen im Stadtraum mittels der Messung von Hautwiderstandswerten stammt von dem Künstler Christian Nold. Seine als Biomapping bezeichnete Forschungsarbeit bildete die Basis für das Kunstprojekt „Greenwich

Emotion Map". Trotz seines innovativen Ansatzes aus dem Bereich der Geoinformationsverarbeitung hatte das Projekt eher einen künstlerisch-ästhetischen denn einen wissenschaftlichen Ansatz. Er schickte eine Vielzahl an Probanden, ausgestattet mit einem Messgerät, durch eine Stadt und zeichnete dabei ihre Vitalwerte und den Hautwiderstand auf. Der Hautwiderstand wurde mit einem GPS-Logger georeferenziert und in einer BioMap visualisiert (vgl. Nold 2009).

Abbildung 1: Darstellung des Projektes „Greenwich Emotion Map" mithilfe einer BioMap (Nold 2009)

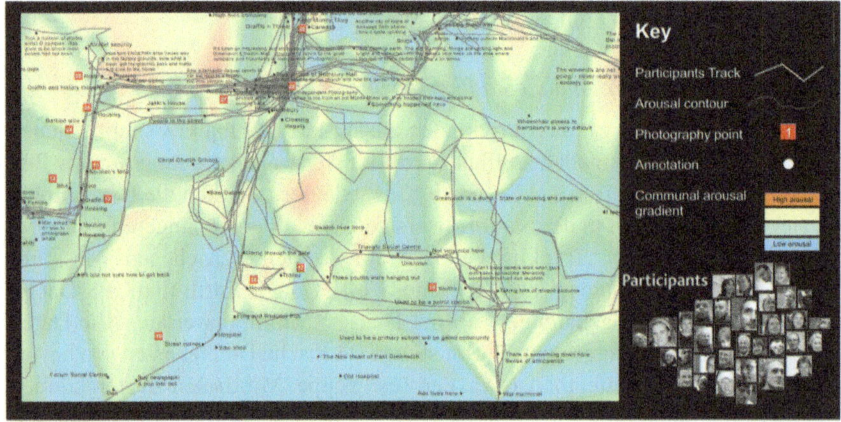

Dieser technische Ansatz erinnert stark an eine automatisierte „Kognitive Karte" oder „Mental Map". Kevin Lynch erarbeitete 1960 in seinem Buch „Image of the City" einen Ansatz, bei dem er feststellte, dass Menschen in der Lage sind, sich Wege einzuprägen und diese bei Bedarf abzurufen. Inhalte dieser Karten sind die Elemente Wege, Grenzlinien, Bereiche, Brennpunkte sowie Merk- oder Wahrzeichen. Dabei sind Wege die vorherrschenden Aspekte der Stadt, da diese wie Kanäle wirken, durch die sich die Beobachter bewegen können. Weiterhin wurden Bereiche markiert, die zum Beispiel als angenehm oder auch bedrohlich wahrgenommen wurden. (vgl. Lynch 1960/1965). Kritiker dieser Technik bemängelten vor allem, dass nicht jeder Teilnehmer über das nötige zeichnerische Geschick verfüge, um sein exaktes Vorstellungsvermögen mithilfe der zeichnerischen Planinhalte adäquat ausdrücken zu können.

Abbildung 2: Eine Mental Map der äußeren Gestalt von Boston, die durch die Aufzeichnungen geschulter Beobachter entstanden ist (Lynch 1965:30)

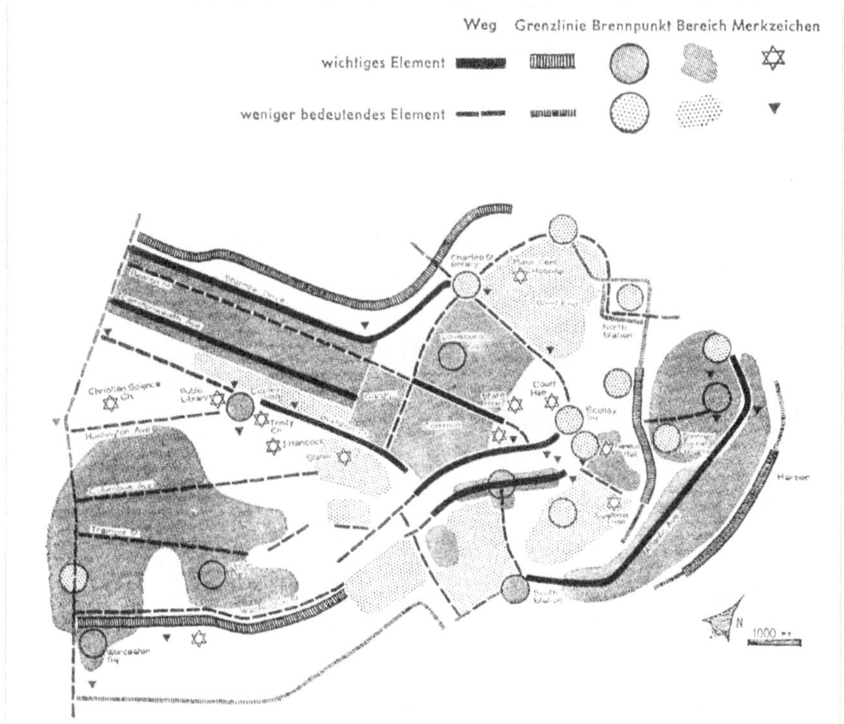

Den Begriff und die Benutzung von Mental Maps in Verknüpfung mit der örtlichen Kartierung von Emotionen führte Sorin Matei erstmalig durch, nachdem er sich mit seinen Arbeiten stark an Lynch orientierte und eine Renaissance der Mental Maps Technik einleitete. Matei kartierte erstmals Gefühle auf digitalen Karten und visualisierte diese in einem weiteren Schritt als dreidimensionales VRML-Modell. Das Ergebnis war ein TIN-Modell, dass Wohlfühl- bzw. Angsträume der befragten Bürger von Los Angeles dreidimensional darstellt (vgl. Matei et al. 2001; Matei 2003).

Vitalwerte (d. h. physiologische Daten) sind ein Indikator für das Empfinden in der Stadt. Zurück gegriffen wurde bei dieser Aufgabenstellung auf die theoretischen Grundlagen der „Cognitive Maps" von Kevin Lynch (vgl. Lynch 1960/1965). Die „Cognitive Maps" sollten in ihrer ursprünglichen Form eine andere, personenbezogene Sichtweise auf städtische Strukturen ermöglichen und den stadtplanerischen Horizont quasi erweitern. Durch die Kombination mit neuen Geowebtechnologien kann die Idee der „Cognitive Maps" einer digitalen Renaissance unterzogen werden.

Abbildung 3: Verschiedenartige Darstellung der Angst und Wohlfühlbereiche anhand von statistischen Auswertungen in Los Angeles,

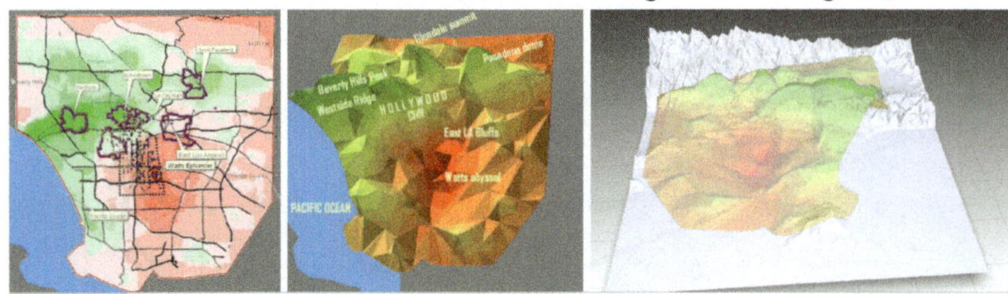

Als traditionelle 2D Karte (1), als TIN (2) und im frei navigierbaren VRML-Modell (3). Die Wohlfühlbereiche an den Bergrändern im Norden sind in allen Darstellungen gut zu erkennen (vgl. Zeile 2010, nach Matei 2001/2004 unter Verwendung des VRML-Modells auf http://web.ics.purdue.edu/~smatei/MentalMaps/showcase/VRML)

Die eingesetzte Technik

Zur Erfassung der zurückgelegten Wegstrecke der Probanden wurde ein GPS -Logger eingesetzt. Das Gerät zeichnet neben den Positionskoordinaten die dazugehörigen Timestamps (Zeitdaten) auf. Geringes Gewicht und kleine Größe ermöglichen, dass sie angenehm von den Probanden getragen werden können. Dies reduziert die Beeinflussung der erhobenen Daten durch z. B. körperliche Anstrengung. Die Messgenauigkeit des Loggers hängt von den Wetterbedingungen und der gebauten Umgebung ab und liegt nach Herstellerangaben unter 3 m (statisch). Test-Messungen ergeben in bestimmten städtischen Strukturen mit hoher und enger Bebauung eine Abweichung von bis zu 20 m.

Durch die zeitgleiche Aufnahme des sogenannten Zeitstempels ist es zudem möglich, sogenannte „TimePrimitive" Elements in Google Earth zu visualisieren, sodass nicht der Aufenthaltsort, sondern auch der Zeitpunkt des Ortsbesuches dynamisch abgebildet werden kann. Dies geschieht mit zwei „Zeitelementen", dem „TimeSpan", einer Zeitspanne und dem „TimeStamp", der einen festen

Zeitpunkt symbolisiert. Mithilfe dieser Funktionen ist es möglich, Zeitreihen zu visualisieren wie sie zum Beispiel auch bei Wachstums- oder Schrumpfungsprozessen eingesetzt werden. Ein jedes Element muss theoretisch nur mit dem Tag

<TimeStamp><when>1997</when></TimeStamp>

für das Erscheinen im Jahre 1997 oder für eine Zeitspannen von 2000 bis 2009 mit

<TimeSpan id="ID"><begin>2000</begin><end>2009</end></TimeSpan>

versehen werden (Zeile 2010:113). Damit kann jeder Messwert sekunden- und ortsgenau protokolliert werden.

Abbildung 4: Beispielhafte Integration des TimeSpans in ein gepacktes KMZ-File

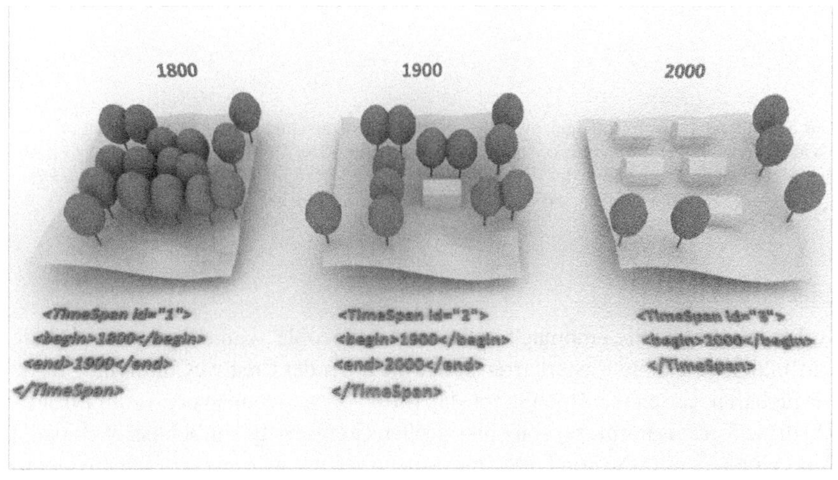

Jede Zeitspanne benötigt eine eindeutige ID sowie die Anfangszeit und optional die Endzeit (Zeile 2010:114)

Das Smartband ist eine Entwicklung von Dr. Jorgos Papastefanou und dient zur Aufzeichnung der Vitalparameter. Es ist ein Armband in das Mikroprozessoren, verschiedene Sensoren, ein Speichermedium, ein Akku und zwei Elektroden eingearbeitet sind. Getragen wird es knapp über dem Handgelenk, damit es den Probanden möglichst wenig beeinträchtigt. Das Druckmessgerät erfasst den Andruck, mit dem die beiden Elektroden auf der Haut aufliegen. Über die Elektroden fließt kontinuierlich ein kleiner elektrischer Strom, aus dessen Stromstärke sich der Hautwiderstand ermitteln lässt. Weitere mögliche Parameter, die erhoben werden können sind z. B. die triaxialen Beschleunigung, die Pulskurve, Hauttemperatur und Lichtintensität des Umfeldes (http://www.bodymonitor.de/).

Abbildung 5: Testaufbau des „Smarten Sensors" Mensch

Das Smartband kann am Handgelenk getragen werden und zeichnet Daten zur Hautreaktion bzw. –widerstand, Temperatur und triaxiale Beschleunigung auf. Der GPS-Logger protokolliert im Minutenintervall die Geoposition des Probanden im WGS 84 Koordinaten-System, das unter anderem in den OpenStreetMap-Karten und in Google Earth zum Einsatz kommt.

Datengrundlagen

In beiden Projekten „emomap" und „tracking people" kamen georeferenzierte Luftbilder, gescannte Rasterkarten sowie die unter der CreativeCommons Lizenz verfügbaren Karten von OpenStreetMap (http://openstreetmap.org/) zum Einsatz. Da diese Kartensammlung von einer großen Community ähnlich der Wikipedia Enzyklopädie mithilfe von GPS-Trackern aufgebaut wird, eignen sich die Openstreetmap Karten hervorragend für die Verwendung innerhalb des Projekts. Zusätzlich wurden Daten aus Google Earth und Google Maps verwendet.

3. Das Experiment emomap

Das Projekt „emomap" ist ein Experiment, das ausloten sollte, wie neue Techniken und deren potenzielle Möglichkeiten für die Stadtplanung zu nutzen sind. Die Probandengruppe mit zwanzig Teilnehmern nahm Testläufe in Mannheim in verschiedenen Quartieren vor: Dem Jungbusch Quartier, hochverdichtet und mit dem Label als sozialer Brennpunkt versehen, dem Museumsquartier, die Planken als Haupteinkaufsstraßen, das Schlossareal mit der baulichen Trennung der Bundesstraße und das Boulevardgebiet vom Bahnhof zum Wasserturm. Jeder der Testläufe war auf ungefähr eine Stunde projektiert. Mittels mitgeführten GPS-Tracker wurden die Positionen der Läufe im Sekundenintervall fortlaufend protokolliert. Der Hautwiderstand wurde im 1/10 Sekundenintervall gemessen.

Für eine bessere Interpretation der aufgenommenen Werte wurden subjektiv empfundene Positiv- oder Negativ-Ereignisse schriftlich sowie mit Digitalkamera dokumentiert. Jedes der aufgenommenen Bilder wurde mit einem (Geo-) Tag versehen und in den Webdiensten Panoramio oder Flickr archiviert. Die Datensätze des Smartbandes sowie des GPS-Loggers sind mithilfe der Open Source Software QuantumGIS zeitlich synchronisiert, bereinigt und zu einem kompletten Datensatz aggregiert worden.

Die Sichtung des Datenmaterials machte deutlich, dass eine schnelle und einfache Vergleichbarkeit der Werte des Hautwiderstandes nicht möglich war. Hauptursache war, dass der Hautwiderstand durch die individuelle Schweißproduktion nicht in seinen Absolutwerten vergleichbar ist. Weiterhin besitzt jeder Mensch eine andere Hautwiderstandsamplitude, sodass die Testergebnisse angeglichen werden mussten (Zeile 2010:223).

Im nächsten Schritt wurden einzelne Läufe mithilfe des freien Online Tools GPS- Vizualiser für Google Earth oder Google Maps (Schneider 2008) in eine Visualisierung überführt. Durch die schon angesprochene Mitführung der Zeitstempel – der Timestamps – sind auch die zeitlichen Abläufe nachzuvollziehen. Jedem Hautwiderstandswert kann mithilfe des freien Online Tools GPS- Vizualiser (vgl. Schneider 2008) für eine Höhe über Grund und eine Farbskala zugeordnet werden, so dass die Veränderung der Stromleitfähigkeit der Haut visualisiert werden konnte.

Trotz der Anfertigung des „Walking Diary“, dem persönlich verfassten Ereignisprotokoll, ist die Interpretation der visualisierten Kurvenverläufe schwer, und ein eindeutiger Rückschluss auf bestimmte wahrgenommene Ereignisse im Kurvenverlauf sind zwar anzunehmen, können aber nicht eindeutig identifiziert werden. Damit wird offensichtlich, dass es möglich ist, Stimuli, die im Stadtbereich auftreten können, zeitgerecht zu orten, jedoch eine klare Deutung der Befunde zum Zeitpunkt des Experimentes nicht möglich war (Zeile 2010: 223).

Abbildung 6: Testlauf der Probandin RH am 14.5.2008 bei sonnigem Wetter in der Innenstadt Mannheim

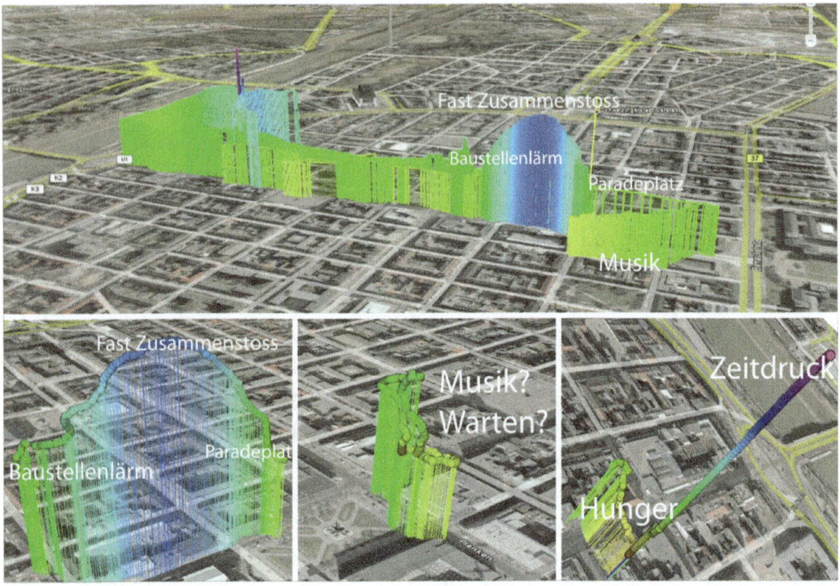

Die angeblich gemessenen hohen Stimuli sind mit einer hohen Amplitude erfasst. Die komplette Animation mit zugehörigen Fotos kann unter http://www.youtube.com/watch?v=K_ORMELY2rc nachverfolgt werden (Zeile 2010:224 auf Grundlage von Google Earth)

Um jedoch trotzdem eine gesamtstädtische Aussage und damit einhergehend eine gesamtstädtische Karte herstellen zu können, werden die Messergebnisse in acht Klassen eingeteilt. Eine jede der ermittelten Klassen symbolisiert entweder einen sehr hohen Stimulus (Klasse 1) oder einen niedrigen Stimulus (Klasse 8). Durch diese Einteilung ist es unter Zuhilfenahme der GPS-Koordinaten der Messergebnisse trotzdem möglich, eine städtische Dichterverteilung der Stimulus-Klassen zu erreichen. So entstehen in dem Stadtkörper verschieden verteilte Hotspots, an denen Konzentrationen verschiedener Werteklassen lokalisiert werden können.

Die Methodik der Ermittlung der Hotspots innerhalb des Stadtkörpers geht zurück auf die Dichteberechnungen von Berchtold und Krass:

> „In jeder Klasse (1-8) wird mithilfe eines geografischen Informationssystems die Dichte, das heißt die Konzentration eines Messattributs verrechnet. Beim Übertrag der entstehenden Ras-

> tergrafik in eine Stadtkarte entsteht eine recht diffuse Verteilung ohne exakte parzellen- oder straßenscharfe Abbildungen“ (Zeile 2010: 224).

Für eine bessere und dreidimensionale Visualisierung der Verteilungskurven der Dichten innerhalb des Stadtkörpers kann mithilfe von Methoden aus dem Echtzeit-Spiele-Bereich eine Technik zweckentfremdete werden, die Generierung der sogenannten Displacement- oder Heightmaps: Dreidimensionale Oberflächen beziehungsweise Geländemodelle können mithilfe der sogenannten 3D-Verschiebung ohne Zuhilfenahme einer modellierten Geometrie erstellt werden (vgl. hierzu Mach & Petschek 2006: 57).

Benötigt wird dazu alleine ein Graustufenbild der neu zu erstellenden Oberfläche. Dies kann relativ einfach in GIS (wie zum Beispiel in QGIS als auch in ArcGIS) gehandhabt werden: Jeder Farbgradient ist auch als fließende Graustufenfarbtabelle konvertierbar. Das daraus resultierende Graustufenbild ist die benötigte „Heightmap“ – die Höhenkarte. Der nächste Arbeitsschritt ist die Abgleichung des vorhandenen Katasters auf dem die tatsächliche Ausdehnung des Untersuchungsgebietes und die vorhandenen Messerergebnisse modelliert werden. Mithilfe eines 3D-Modellers wird dann analog der Methode von Mach und Petschek das Graustufen Bild projiziert, und diesem eine Verschiebung/ein Displacement zugewiesen. Dadurch entsteht eine simulierte Verteilungskurve der Messwerte. Diese Methode gehört zu den Bausteinen der sogenannten Echtzeitplanung (vgl. Zeile 2010) und ist aufgrund des offenen und auf Datenaustausch optimierten Workflows in vielfältigen Visualisierungen und Simulationen weiter einsetzbar. So können die Ergebnisse des Displacement-Maps unter anderem auch in Google Earth mit all seinen Möglichkeiten integriert werden. Gerade die Einbettung der Displacement Geometrie in Google Earth bringt in Verbindung mit den Einzelläufen ein eindrucksvolles Ergebnis hervor.

Abbildung 7: Workflow der Anfertigung der Displacement Oberfläche – der emomap-surfaces

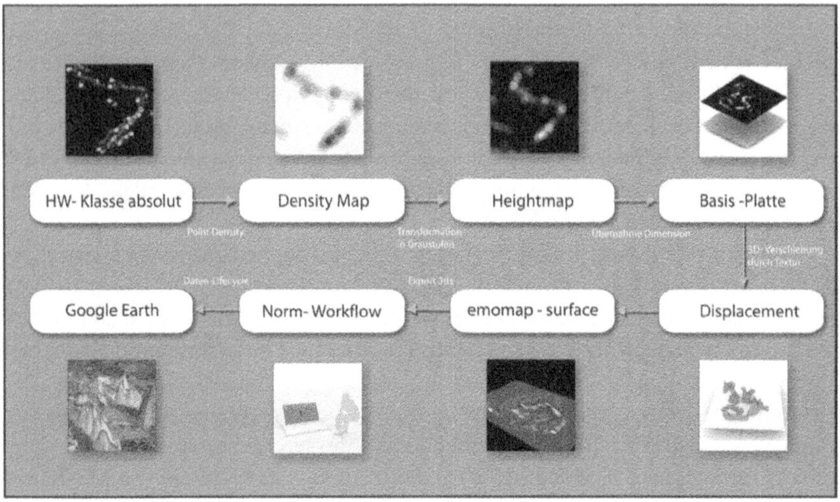

Nach der Echtzeitplanungsmethode und Weiterverarbeitung in einem Virtual Earth System, hier Google Earth

Wie schon angedeutet erleichtert die Visualisierung mithilfe der Heightmaps dem Betrachter die Interpretation der aufgenommenen Daten. Die Anzahl und die damit verbundene Dichte der Messungen sind leichter im Stadtkörper zu erkennen. Trotz der ansprechenden und einfachen Darstellung ergeben sich auch einige Nachteile: Die Ansichten der Dichtekonzentration sind statisch, auch lassen sich einzelne Klassen nicht schnell miteinander vergleichen, denn jedes Bild muss sowohl in der Kombination mit einem anderen Bild als auch von der wechselnden Kameraperspektive her vorbereitet werden. Um dieses Manko zu umgehen, können alle Klassen und Klassenaggregationen als zweidimensionaler Bildoverlay-Datensatz inklusive Transparenzdarstellung als PNG-Datei nach Google Earth wie auch der Export aller Surfaces nach Google Earth durchgeführt werden. Durch die in diesem Virtual Earth System integrierte browser- und GIS-ähnliche Navigation und die Möglichkeit des Kombinierens von Layern untereinander lassen sich die Ergebnisse situationsbedingt, unter Zuhilfenahme von zum Beispiel Fotografien aus der Panoramio Community oder bald auch des Google Street View Dienstes besser im Kontext interpretieren.

Abbildung 8: Dichteverteilung in dreidimensionaler Darstellung aller gemessenen Hautwiderstandsklassen von 1-8 inklusive Überlagerung aller gemessenen Hautwiderstände

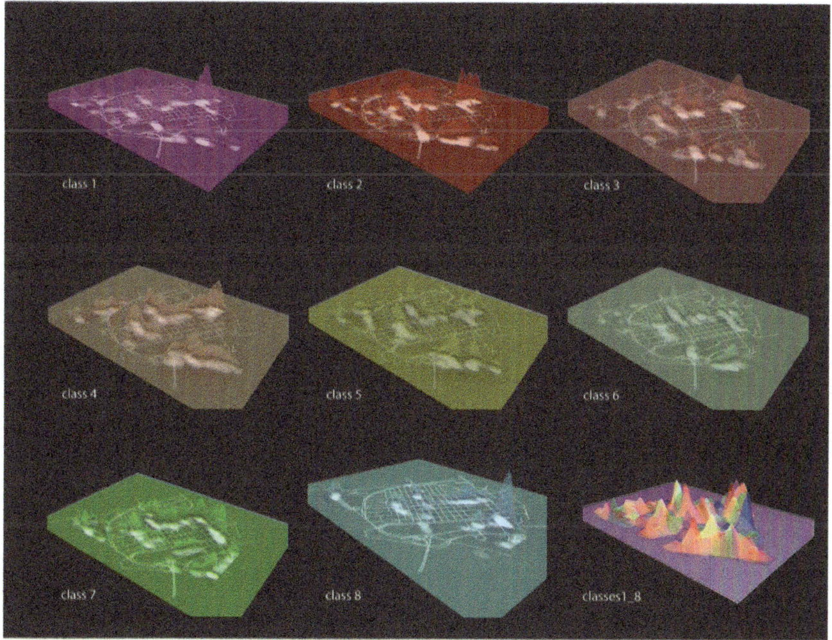

Durch die dreidimensionale Darstellung ist die Dichte besser ablesbar, eine gleichzeitige Darstellung aller Klassen lässt Rückschlüsse auf die vorherrschende Hautwiderstandsklasse in einem Gebiet zu (Zeile 2010: 225)

Das Experiment hat gezeigt, dass der Ansatz, Menschen als Sensoren zu verwenden, sehr vielversprechend ist. Jedoch sind die Messmethode und damit die Messparameter noch nicht ausreichend validiert. Das Experiment zeigt in all seiner Ausprägung, wie schnell wissenschaftlich nicht fundierte Daten zu einer Grafik mit einer angeblich richtigen Aussage zusammen gefasst werden können, und, dadurch auch im Extremfall sogar Leute in ihrer Entscheidung beeinflussen können (Zeile 2010: 225). Der Ansatz der „Emotionalen Kartografie“ sollte aufgrund der Potenziale trotzdem weiter verfolgt werden, gerade auch um die noch offenen methodischen sowie technischen Fragen zu beantworten. Eine vorliegende Abschlussarbeit von Benjamin Bergner am Fachgebiet CPE zeigt zukünftige

Forschungsansätze der Interpretation der Daten und wissenschaftlichen Diskurs mit Medizinern, Physiologen, Psychologen (vgl. Bergner 2010).

4. Projekt Tracking People

Die Potenziale des emomaps-Experimentes wurden unter Berücksichtigung der Methodik des Projektes „GPS-Studie Studentenstadt" (vgl. Neppl et. al. 2009) sowie dem vorangehenden Forschungsprojekt „Emomap" (vgl. Zeile et. al. 2009) weiterentwickelt. Die in Karlsruhe durchgeführte Studie GPS-Stadt trackt mithilfe eines GPS-Logger 100 Studenten in ihren Bewegungsmustern in Karlsruhe. Zusätzlich werden so genannte „Diaries", also Tagebücher, zu den einzelnen Tätigkeiten geführt. Während bei dem vorangehenden Forschungsprojekt Emomap (vgl. Zeile et. al. 2009) sich der Schwerpunkt auf eine Verknüpfung der physiologischen „Befindlichkeiten" sowie der Wegemuster bezog, wurde durch diese Projektarbeit insbesondere die Wegenutzung – das Tracking der Probanden – sowie die Auswertung und Validierbarkeit der Datensätze einer intensiveren Beobachtung unterzogen. Jeder Studierende hatte die Aufgabe, über die Beobachtungszeit von mehreren Wochen seine zurückgelegten Wege in Kaiserslautern und Umgebung zu kartieren und zu analysieren. Darüber hinaus sollten Statuswechsel (z. B. Essen, Einkaufen gehen, Schlafen etc.) vermerkt werden. Es wurden 2 Untersuchungsreihen durchgeführt: eine erste zweiwöchige Phase im Mai 2009 sowie eine zweite vierwöchige Phase im Dezember 2009. Die Erfassung der Daten erfolgte dabei in beiden Projekten manuell durch die Probanden. Die zurückgelegten Wege wurden als Strecken und die Statuswechsel sowie deren Zeiträume als Ortsmarken in Google Earth eingezeichnet und nachträglich in ein GIS integriert. Der komplette Datensatz für die nachfolgende Untersuchung wurde nun der gesamten Arbeitsgruppe zur Verfügung gestellt. Dieser wurde mit Hilfe von GI-Systemen aufbereitet und analysiert, um die entsprechenden Raumnutzungsmuster zu identifizieren und um die thematischen Schwerpunkte der Wege daraus zu extrahieren.

Auswertungsergebnisse

Die Auswertung der Projektarbeit sollte anhand thematischer Schwerpunkte geschehen, zu denen die Studenten ihre getroffenen Annahmen anhand der Datensätze in Bezug auf ihre Validierbarkeit überprüfen. Hierbei wurden Untersuchungsfelder gewählt, wie etwa verkehrstechnische Betrachtungen bezüglich des Modal Splits. (Dabei zeigte sich, dass v. a. pendelnde Studenten sich vorwiegend mit dem Auto in der Stadt fortbewegen, während die in Kaiserslautern wohnhaften überwiegend zu Fuß gehen oder mit dem Fahrrad fahren. Zudem wurde die räumliche Verteilung untersucht, wie etwa vielfach aufgesuchte Bereiche (also

Hot Spots für Einkaufen, Weggehen etc.) sowie die Verteilung der Orte zum Lernen. Des Weiteren wurde die Aufgabe auch an Studenten gestellt, aus den vorliegenden Rohdatensätzen planerisch relevante Fragestellungen zu postulieren, und diese dann anschließend statistisch zu validieren. Folgende exemplarische Beispiele verdeutlichen einige dieser Beobachtungen:

Einkaufsverhalten

Die Abbildung zeigt das Einkaufsverhalten der Studenten in der Innenstadt von Kaiserslautern. Der grün unterlegte Bereich wurde anhand einer Dichtemessung generiert und zeigt den Hauptaktivitätsbereich der Probanden. Die Haupteinkaufsorte wurden mit punktuellen Symbolen verortet. Dabei wird deutlich, dass die weiblichen Probanden (rote Symbole) sich vorwiegend im Bereich der Innenstadt in einer Straße mit einer Vielzahl von Textileinzelhandelsgewerbe aufhielten, während die männlichen Probanden diesen Bereich nahezu komplett zum Einkaufen mieden und vorwiegend Güter des täglichen Bedarfes in anderen Bereichen der Innenstadt nutzten.

Abbildung 9: Unterscheidung Einkaufsverhalten der männlichen (blau) und weiblichen Probanden (rot)

Analyse Probanden Braun, Ohnesorg & Schaaf in der Stadt Kaiserslautern (LEHRSTUHL COMPUTERGESTÜTZTE PLANUNGS- UND ENTWURFSMETHODEN, 2010)

Zweckgebundene Aufenthalte an der Universität

Die Visualisierung der Daten konnte ebenfalls dreidimensional mittels Google Earth und z. B. verorteten Balkendiagrammen realisiert werden. Bei folgender Grafik ist die Aufenthaltsdauer der Studenten an der TU Kaiserslautern, unterschieden nach dem Zweck, zu sehen. Beispielsweise können so im rechten Bereich des Bildes die Orte der wirtschaftswissenschaftlichen Bibliothek sowie der Mensa identifiziert werden. Interessant beispielsweise hier ist die Darstellung für Bau 46, an welchem die mittlere Verweildauer sehr gering ist, aber die meisten Studenten an einem einmaligen Termin an einer „Uni Party" zugegen waren, was den einmalig hohen Wert für die durchschnittliche Verweildauer mit dem Zweck „Freizeit" erklärt.

Abbildung 10: Durchschnittliche Aufenthaltsdauer nach Zweck an der Universität

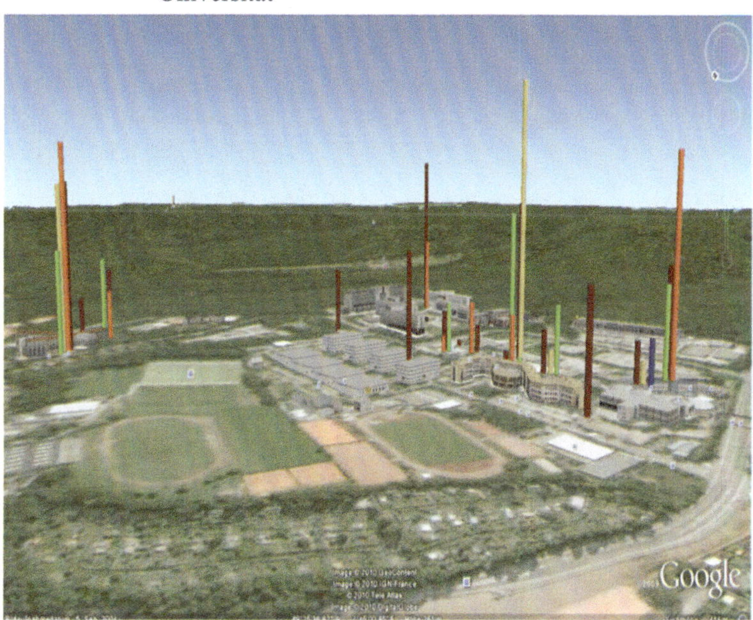

Analyse Probanden Moser & Sailer (LEHRSTUHL COMPUTERGESTÜTZTE PLANUNGS- UND ENTWURFSMETHODEN, 2010)

Analyse der Auslastung des ÖPNV

Die konkrete planerische Anwendbarkeit kann anhand des folgenden Analysebeispiels in Bezug auf die Verkehrsplanung aufgezeigt werden. Hierbei wurden die zurückgelegten Wege mithilfe des Fahrrads, des Autos sowie zu Fuß räumlich dargestellt. Hierbei fällt in der Karte Fahrrad auf, dass die von Nord-West nach Süd-Ost führende Straße stark befahren wird – insbesondere im Vergleich zu Auto- und Fußverkehr. Untersuchungen des ÖPNV-Netzes zeigten, dass der Weg zu einem größeren Einzelhandelsgeschäft (hauptsächlich für den täglichen Bedarf) überwiegend mit dem Fahrrad zurückgelegt wird, weil die ÖPNV-Anbindung nicht existent ist. Zusätzlich ging aus den Daten hervor, dass die Einkäufe vorwiegend von dort wohnenden Studenten und nicht von den Pendlern durchgeführt wurden.

Dies zeigt, dass solche Daten Aufschluss über Raumnutzungen geben und damit für Optimierungen des ÖPNV herangezogen werden können.

Abbildung 11: Analyse Fahrradwege (links), Analyse Autowege (Mitte) & Analyse Busverbindungen (rechts)

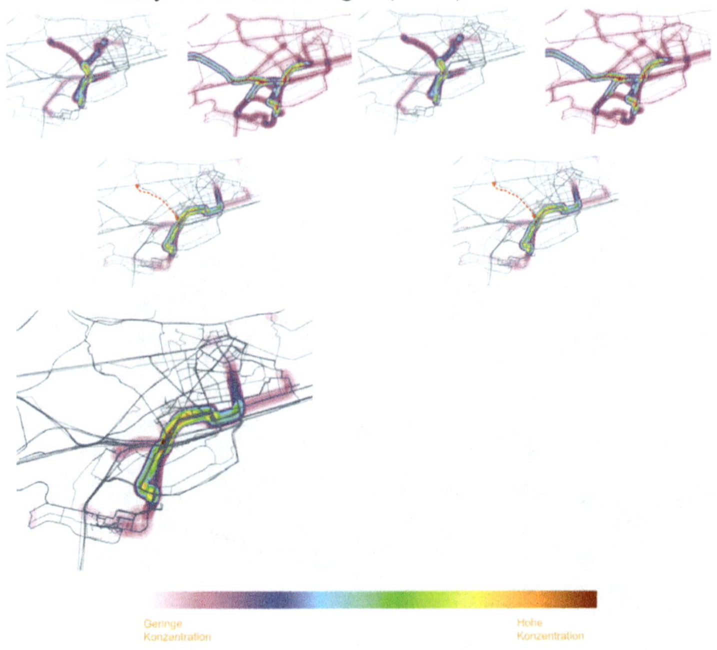

Analyse Probanden Picht & Wendt (LEHRSTUHL COMPUTERGESTÜTZTE PLANUNGS- UND ENTWURFSMETHODEN, 2010)

Abbildung 12: Analyse Ausbaupotential ÖPNV

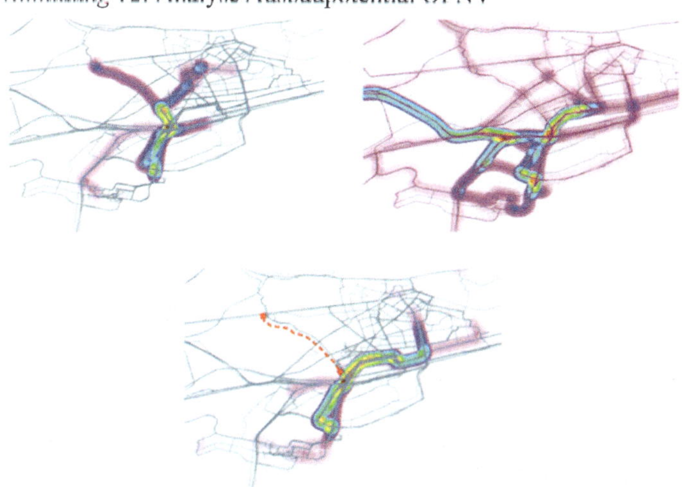

Analyse Probanden Picht & Wendt (LEHRSTUHL COMPUTERGESTÜTZTE PLANUNGS- UND ENTWURFSMETHODEN, 2010)

5. Fazit

Die Experimente zeigen auf, wie spannend die Verknüpfung von persönlichen Daten mit Geopositionen sowie die planerische Anwendung der Ergebnisse sein können. So lassen sich GPS-gestützte Daten bereits jetzt verhältnismäßig kostengünstig erheben und zuverlässig auswerten. Hingegen zeigt sich aufgrund der bisherigen Erkenntnisse der Studien, dass der Einsatz der Technologien zur Messung von „emotionalen Daten“ noch weiterer Untersuchungen (bezüglich Messmethodik, technische Stabilität, Usability, Datenauswertung) bedarf. Die weite Verbreitung von Handys mit GPS-Geräten lässt die Menschen daher jetzt schon zu smarten Sensoren werden, sofern sie ihre Einwilligung geben. Dabei werden neue planungsbezogene Anwendungsfelder im Geoweb der Planungspraxis einerseits neue Chancen eröffnen und andererseits die Ansprüche an deren Nutzung erhöhen (Exner 2009: 98).

Ein weiterer Aspekt ist, dass das Phänomen des Crowd-Sourcing, also die Sammlung von Daten durch eine Anzahl von Personen, die auf das Planungsziel abgestimmt aus eigenem Interesse Daten liefert, in der Planung angekommen ist und der damit einhergehende Paradigmenwechsel auch Anwendung findet. Ein entscheidender Vorteil von diesen Crowd-Sourcing Methoden ist, dass sie in einem „bottom-up"-Prozess neue Daten und damit sinnvolle Anregungen für eine bessere und menschenbezogene Steuerung von städtischen Prozessen erlauben. Diese Methode wird auch VGI (volunteered geographic information) genannt (Goodchild 2007): Auf freiwilliger Basis stellen Individuen mit Hilfe von Geotools zielgerichtet geografische Daten zur Verfügung. Goodchild verwendet dafür auch den Begriff des „citizens as sensors".

In naher Zukunft eröffnen diese „sensorbezogenen Erhebungsmethoden" die Chance, neue Daten (z. B. die vorgestellten „emotionalen Daten" kostengünstig und in großer Zahl (hier die Wegstrecken per GPS) und aggregiert mithilfe des Crowd-Sourcing zu erfassen. Der technologische Wandel, der sich aktuell vollzieht, ermöglicht damit (teil-)automatisierte Auswertungen – bestenfalls in Echtzeit. Per Crowd-Sourcing erhobene Datensätze und komplexere Auswertungsmethoden lassen neue Erkenntnisse in Bezug auf Lebensqualität zu und die Erfassung von „emotional data" kann – bei weiterer Untersuchung – neue Erkenntnisse in Bezug auf subjektive Wahrnehmungen in der Stadt bringen.

Die Fragen nach „Städtebaulichen Methodenentwicklungen mit Geoweb und Mobile Computing, Untersuchung über die Fortentwicklung des städtebaulichen und raumplanerischen Methodenrepertoires angestoßen durch technologische Neuerungen im Internet" sind gestellt, und werden in einem von der DFG geförderten Forschungsprojekt am Lehrgebiet CPE erforscht (vgl. Streich, Zeile 2012). Der von Mark Weiser 1988 erstmals erwähnte bzw. 1991 in seinem Aufsatz „The Computer for the 21st Century" (vgl. Weiser 1991) geprägte Begriff des Ubiquitous Computing scheint in diesem Zusammenhang Realität zu werden (Zeile 2010: 226).

Für die Planung bedeutet dies den Hinzugewinn von neuen Analyseinstrumenten und damit ein erweitertes Methodenrepertoire. Denn nun stehen Stadtplanern dynamische und kontextsensitive Daten zur Verfügung, die ein umfassenderes und damit besseres Verständnis von Stadt und den darin stattfindenden Prozessen erlauben (vgl. Höffken 2010). Stadtplaner werden zukünftig stärker auf menschenbezogene Informationen zurückgreifen können und im Crowdsourcing-Verfahren (also durch kollaborative Verfahren durch eine große Anzahl von Menschen) gewonnene Daten in den Planungsprozess einfließen lassen. Das bedeutet, dass bottom-up basierte Prozesse der Datengewinnung – wie bspw. das induktive Monitoring (Streich 2011: 190) – zukünftig eine zunehmend wichtigere Rolle spielen und damit die top-down-orientierten Verfahren ergänzen oder teilweise ersetzen werden.

Literatur

Bergner, Benjamin (2010): Methodische und praktische Fundierung zur Etablierung des EmBaGIS – Emotionales Barriere-GIS als neues Instrument zur Identifikation und Optimierung stadträumlicher Barrieren für mobilitätseingeschränkte und behinderte Menschen – Am Anwendungsbeispiel der Fußgängerzone in Kaiserslautern. Diplomarbeit Lehrgebiet cpe, Kaiserslautern. (Online unter: http://cpe.arubi.uni-kl.de/2010/12/01/embagis-benjamin-bergner/).

Burke, J./Estrin, D./Hansen, M./Parker, A./Ramanathan, N./ Reddy, S./Srivastava, M. B. (2006): Participatory sensing. World Sensor Web Workshop, ACM Sensys 2006, Boulder, Colorado, October 31, 2006. (Online unter: http://la.remap.ucla.edu/~jburke/publications/Burke-et-al-2006_Participatory-sensing.pdf).

Exner, Jan-Philipp (2009): Planen im Geoweb – Partizipation und Akzeptanzsteigerung durch Projektvisualisierung am Beispiel des Kaohsiung Advanced Intelligent Science Parks, Diplomarbeit am Lehrebiet cpe, Kaiserslautern. (Online unter: http://cpe.arubi.uni-kl.de/2009/02/23/planen-im-geoweb-partizipation-und-akzeptanzsteigerung-durch-projektvisualisierung-am-beispiel-des-kaohsiung-advanced-intelligent-science-parks-jan-philipp-exner/).

Goodchild, Michael F. (2007): Citizens as sensors: the world of volunteered geography. GeoJournal 69 (4): 211-221.

Höffken, Stefan/Papastefanou, Georgios/Zeile, Peter (2008): Ein emotionales Kiezportrait – Google Earth, GPS, Geotagging und neue Möglichkeiten für die Stadtplanung. In: SCHRENK, Manfred/POPOVICH, Vasily/ENGELKE, Dirk/Pietro ELISEI: REAL CORP 2008 Proceedings, ISBN: 978-39502139-5-9, Wien.

Höffken, Stefan (2009): Google Earth in der Stadtplanung | Die Anwendungsmöglichkeiten von Virtual Globes in der Stadtplanung am Beispiel von Google Earth. Graue Reihe des Instituts für Stadt- und Regionalplanung, Technische Universität Berlin, Heft 19. Berlin. (Im Internet verfügbar unter: http://opus.kobv.de/tuberlin/volltexte/2009/2142/pdf/Graue_Reihe_Heft_19_Google_Earth.pdf).

Höffken, Stefan (2010): Biosensorik und emotionale Stadtkartierung | Die Erfassung physiologischer Daten im Stadtraum. In: Lingner, Stephan/Lutterbeck, Bernd; Pallas, Frank (Hrsg.): Die Zukunft der Räume | Gesellschaftliche Fragen auf dem Weg zur „Ambient Intelligence", Europäische Akademie, Graue Reihe Nr. 50, S. 9-22. (Im Internet verfügbar unter: http://www.ea-aw.de/uploads/media/GR_50_ZukunftderRaeume_092010.pdf)

Lynch, Kevin (1960): The image of the city, MIT Press.

Lynch, Kevin (1965): Das Bild der Stadt, Berlin Frankfurt/M. Wien. Ullstein.

Mach, R./Petschek, P. (2006): Visualisierung digitaler Gelände- und Landschaftsdaten. Springer Verlag, Berlin, Heidelberg, New York.

Matei, Sorin/Ball-Rokeach, Sandra J./Qui, Jack L. (2001): Fear and misperception of Los Angeles urban space. A spatialstatistical study of communication-shaped mental maps. Communication Research, 28(4), S. 429-463. (Online unter: http://www.mentalmap.org/files/matei_fear_CR.pdf , Datum: 2011-1-14).

Matei, Sorin (2003): Making collective mental maps: a case study. (Online unter: http://web.ics.purdue.edu/~smatei/MentalMaps/resource.html, Datum: 2011-1-14).

Neppl, Markus/Berchthold, Martin/Krass, Philipp (2009): GPS-Studie Studie Studentenstadt. Karlsruhe. 2009. (Online unter: http://www.stqp.uni-karlsruhe.de/index.php?option=com_content&view=article&id=151:gps-studie-studentenstadt&catid=1:aktuell&Itemid=31 , Datum: 2011-1-14).

Nold, Christian (2011): Emotional Cartography – Technologies of the Self. Published under Creative Commons License, ISBN 978-0-9557623-1-4S, 2009. (Online unter: http://emotionalcartography.net/, 2011-1-14).

Schneider, A. (2008): GPS Visualizer: Convert your GPS data for use in Google Earth. (Online unter: http://www.gpsvisualizer.com/map_input?form=googleearth, 2011-1-15).

Streich, Bernd (2005): Stadtplanung in der Wissensgesellschaft – Ein Handbuch, VS Verlag, Wiesbaden.

Streich, Bernd (2011): Stadtplanung in der Wissensgesellschaft – Ein Handbuch, 2. Auflage, VS Verlag, Wiesbaden.

Streich, Bernd/Zeile, Peter (2012): Stadtplanung im Geoweb. Ein Methodenaufriss im neuen Modus der Wissensgesellschaft. Buchpublikation in Vorbereitung; voraussichtlicher Erscheinungstermin 2012.

Zeile, Peter/Höffken, Stefan/Papastefanou, Georgios (2009): Mapping people? – The measurement of physiological data in city areas and the potential benefit for urban planning. In: Schrenk; Manfred./Popovich, Vasily./Engelke, Dirk/Elisei, Pietro (2009): Proceedings of RealCORP 09, ISBN: 978-3-9502139-7-3, Sitges.

Zeile, Peter (2009): Webmapping – Methoden für die Präsentation von Planung im Internet. In: PLANERIN, Heft 05/09, Vereinigung für Stadt-, Regional- und Landesplanung SRL. Berlin.

Zeile, Peter/Exner, Jan-Philipp/Höffken, Stefan/Streich, Bernd (2010): Menschen als Messfühler – Die Kombination von Geowebmethoden und Sensorik. In: Schrenk, Manfred; Popovich, Vasiliy /Zeile, Peter: REAL CORP 2010 Proceedings, Wien.

Zeile, Peter (2010): Echtzeitplanung – Die Fortentwicklung der Simulations- und Visualisierungsmethoden für die städtebauliche Gestaltungsplanung. Dissertation am Fachbereich ARUBI der TU Kaiserslautern, Kaiserslautern. (Online unter: http://kluedo.ub.uni-kl.de/volltexte/2010/2497/).

Notwendiger Wandel im Umgang mit innerstädtischen Grünflächen?

Sascha Henninger

Der Erholungswert innerstädtischer Grünflächen ist unumstritten und auch die positive lokalklimatische Wirkung auf die nähere Umgebung urbaner Parkanlagen ist in Abhängigkeit der Größe und Gestaltung hinlänglich bekannt. Dennoch besteht in Bezug auf die Betrachtung der lufthygienischen Verhältnisse ein gewisser Nachholbedarf. Es gilt zu beachten, dass einige Baumarten unterschiedliche Mengen an biogenen Kohlenwasserstoffen emittieren. Diese dienen als Vorläufersubstanz für die Bildung von bodennahem Ozon. Vor allem während sommerlicher Strahlungswetterlagen mit hohen Temperaturen und einer hohen Sonneneinstrahlung kann es verstärkt zur Emission ebendieser Stoffe kommen und letztendlich zu einer Erhöhung der Ozonkonzentration führen.

1. Handlungsfelder der angewandten, planungsorientierten Stadtklimatologie

Ein Hemmnis für die angewandte, planungsorientierte Stadtklimatologie ist der Tatsache geschuldet, dass Städte einen über einen langen Zeitraum gewachsenen Körper darstellen, der nicht ohne weiteres nach klimatischen und lufthygienischen Interessen umgestaltet werden kann. Ein für den Stadtbewohner optimales Umfeld wurde von Mayer (1989) mit dem Begriff des *„idealen Stadtklimas"* umschrieben. Dieses ideale Stadtklima lässt sich streng genommen aber nur dort realisieren, wo Stadtneugründungen geplant sind und bereits zu Beginn der Planungsphase die Belange des Klimas und der Luftqualität mit in die Entscheidungsphase aufgenommen wurden. Für bereits bestehende urbane Räume ist dies nicht durchzuführen. Hier muss es die Aufgabe der Stadtplanung sein dem idealen Stadtklima durch gezielte Maßnahmen sehr nahe zu kommen. Auf diese Weise kann durch eine Minimierung der Belastung und der Umfeldverbesserung ein *„tolerierbares Stadtklima"* geschaffen werden. Dem demographischen Wandel und der beständigen Stadtflucht in deutschen Großstädten ist es gegenwärtig zu verdanken, dass verstärkt stadtklimatische Kenntnisse mit in die zukünftige Stadtplanung einfließen können. Das Phänomen der „*shrinking cities*" offeriert eine große Zahl frei werdender Flächen, deren Raum stadtklimatologisch sinnvoll in die neu entstehende Nutzungsstruktur zu integrieren ist. In diesem Zusammenhang sind unterschiedliche Handlungsfelder für die angewandte, planungsorientierte Stadtklimatologie hervorzuheben. Von allen urbanen Grünflächen geht ein mehr oder minder starker Kühlungseffekt aus. Während der Tagstunden kommt es aufgrund der Evapotranspiration zu einem Energieverbrauch und dementsprechend zu einer Abkühlung der Lufttemperaturen. Verstärkt wird dieser Effekt durch den Schattenwurf der Bäume. In der Nacht bildet sich über den Grünflächen Kaltluft. Durch die so genannte „*park breeze*", eine Luftströmung aus dem Park heraus gerichtet, wird die Luft ausgetauscht und wirkt sich ebenfalls kühlend aus. Innerstädtische Grünflächen können in Abhängigkeit von ihrer Größe und Gestaltung einen erheblichen Einfluss auf ihre Umgebung ausüben. Um einen deutlichen klimawirksamen Effekt zu haben, müssen solche Flächen jedoch mindestens eine Fläche von 50 ha aufweisen (Horbert 2000). Kleinere Park- und Grünflächen, dies hat Bongardt (2006) nachgewiesen, besitzen allerdings ebenfalls eine kühlende Wirkung und sorgen so für eine Verringerung der thermischen Belastung. Jedoch bleibt dies auf direkt angrenzende Bereiche beschränkt.

Auch die Begrünung innerhalb des vorhandenen Bestandes bietet aufgrund der Verschattung und Verdunstung ein kühlendes Potenzial. Allerdings sollten einige Punkte Beachtung finden: Aus lufthygienischer Sicht sollte bei der Auswahl des Straßenbegleitgrüns auf das Kronendach geachtet werden. Ist dieses dicht und geschlossen, erhält man aufgrund des verminderten Luftaustausches ähnliche Schadstoffanreicherungen wie innerhalb einer Straßenschlucht. Dies jedoch nur entlang solcher Verkehrswege, die durch ein hohes Verkehrsaufkommen gekennzeichnet sind. Grundsätzlich gilt für straßenbegleitendes Grün, dass es zur Verbesserung des lokalen Klimas beiträgt und eine luftfilternde Funktion einnimmt. Ebenfalls zu beachten ist, sowohl für Park- und Grünflächen als auch Straßenbegleitgrün, das einige Baumarten unterschiedlich hohe Mengen an flüchtigen organischen Stoffen (z.B. Isopren) emittieren. Diese tragen als Vorläufersubstanzen zur Bildung von Ozon bei. Solche Arten sind dementsprechend nicht als straßenbegleitendes Grün oder als Bestand in einem Park geeignet (Benjamin & Winer 1998). Nun ist es vor allem in urbanen Räumen von gesteigertem Interesse auf bodennahe Emittenten zu achten bzw. zu reagieren, da sie in hoher Dichte auftreten. Basierend auf dieser Grundlage muss auch eine mögliche negative Auswirkung der Vegetation in Bezug auf die Ozonbildung beachtet werden. Insbesondere urbane Grünflächen zählen, v. a. in den Sommermonaten, zu den am intensivsten genutzten Räumen. Während sommerlicher Schönwetterphasen muss jedoch damit gerechnet werden, dass sich die Parkbesucher, bei aus lufthygienischer Sicht ungünstiger Bepflanzung, nicht nur vor der erhöhten Sonneneinstrahlung schützen sollten, sondern es muss auch damit gerechnet werden, dass die vorherrschende Witterung die Bildung von Photooxidantien begünstigt. Die gesundheitlichen Nebenwirkungen des Ozons auf den menschlichen Organismus sind unterschiedlich. In Tab. 1 sind einige Folgewirkungen aufgezeigt und weisen deutlich aus, weshalb die durch diverse Pflanzen geförderte O_3-Produktion innerhalb von urbanen Grünflächen ein sensibles Thema darstellt.

Tabelle 1: Wirkung des Ozons auf den Menschen

	Mögliche Wirkung auf den menschlichen Organismus
Substanz: Ozon (O_3)	• Vordringen in die unteren Atemwege • Reizung der Atemwege, Husten, Kopfschmerz, Atembeschwerden, Tränenreiz • Reduzierung der körperlichen Leistungsfähigkeit • Zunahme der Häufigkeit von Asthmaanfällen • Steigerung der allergischen Reaktionsbereitschaft = Empfindliche Reaktionen bei etwa 10–20 % der Bevölkerung
Risikogruppen:	Personen mit Freiluftarbeitsplätzen, Sportler, Asthmatiker, Kleinkinder und Säuglinge

1.1 Exkurs Ozon und Isopren

Kohlenmonoxid (CO), Stickstoffmonoxid (NO) und die Nichtmethan-Kohlenwasserstoffe (NMHC) werden im Allgemeinen unter dem Begriff der primären Luftschadstoffe zusammengefasst. Ihnen gegenüber stehen die so genannten sekundären Spurenstoffe wie Stickstoffdioxid (NO_2) und Ozon (O_3). Diese werden aus den Emissionen der Primärspurengase durch diverse Reaktionen gebildet. Die entsprechenden Vorläufersubstanzen für O_3 sind im Großen und Ganzen NO und die anthropogenen NMHC`s. Allerdings darf nicht vernachlässigt werden, dass es auch durch die Emission biogener Stoffe zu Reaktionen mit Spurenstoffen anthropogener Herkunft kommen kann, aus denen letztendlich sekundäre Luftinhaltsstoffe entstehen können. Denn grundsätzlich verfügt jeder Kohlenwasserstoff, der in Lage ist während seiner Oxidation Peroxyradikale zu bilden, die Möglichkeit zur O_3-Bildung beizutragen. Entscheidend sind die Konzentration und die jeweilige Reaktivität des Stoffes. Wichtig ist, dass nicht nur anthropogene, sondern auch biogene Substanzen teilweise hohe Reaktivitäten aufweisen. Auf typische Kfz-bedingte NMHC-Emissionen deuten Aromate und Alkene hin, die auch die höchsten Ozonbildungspotenziale aufweisen. Daraus resultierend nehmen Toluol, n-Butan, Ethylen und Xylol etwa 30 % des O_3-Bildungspotenzials in der Atmosphäre ein. Isopren als biogener Kohlenwasserstoff weist gegenüber den anthropogenen Kohlenwasserstoffen ein verhältnismäßig hohes O_3-Bildungspotenzial auf. Grund dafür ist die Reaktionsgeschwindigkeitskonstante der Reaktion mit OH-Radikalen. Dies bedeutet, dass Isopren selbst bei geringen Konzentrationen als durchaus ernst zu nehmende Vorläufersubstanz für die Produktion von Ozon angesehen werden kann.

In Bezug auf die Bildung von Ozon sind die von Pflanzen emittierten Substanzen Isopren und die Monoterpenen die relevanten biogenen Kohlenwasserstoffe. Nach Sharkey & Yeh (2001) dient Isopren als Hitzeschutz der Pflanzen. Entscheidend für die Höhe der Emissionsrate der jeweiligen Pflanze in Bezug auf die biogenen Kohlenwasserstoffe sind die meteorologischen Bedingungen (Lufttemperatur, Strahlungsintensität) und wie sie auf den Vegetationsbestand (Oberflächentemperatur des Blattes) wirken. Vor allem die Emission des Isoprens wird durch die Höhe der Lufttemperatur und die Intensität der photosynthetisch aktiven Strahlung (PAR) bestimmt. In der Arbeit von Tingey et al. (1979) ist dieser Zusammenhang sehr gut nach zu vollziehen. Folgender Algorithmus nach Guenther et al. (1991) lässt eine einfache Berechnung zu:

Gl. 1: $E_{Isopren} = Es_{Isopren} HCLT$

mit E = Emissionsrate [μg g(Trockenmasse)$^{-1}$ h^{-1}]

Es = normierte Emissionsrate [μg g(Trockenmasse)$^{-1}$ h^{-1}]

H = Korrekturterm für die relative Luftfeuchtigkeit

C = Korrekturterm für die atmosphärische CO_2-Konzentration

L = Korrekturterm für die Strahlungsintensität

T = Korrekturterm für die Temperatur der Blätter

Demnach sind vor allem autochthone Wetterlagen, die durch eine hohe Strahlungsintensität und damit einhergehend hohen Lufttemperaturen gekennzeichnet sind, am besten dazu geeignet Isopren an den Pflanzenblättern zu emittieren. Dies bedeutet wiederum, dass an eben diesen Tagen, an denen ohnehin bereits mit hohen Ozonkonzentrationen zu rechnen ist, die biogene Substanz Isopren zusätzlich zu einer weiteren O_3-Produktion beitragen kann, vor allem an solchen Orten, z. B. innerhalb urbaner Grünflächen, an denen nicht mit erhöhten Ozonwerten gerechnet wird.

Weltweit betrachtet besitzen die biogenen Kohlenwasserstoffe einen enormen Anteil. Schätzungen zufolge beläuft sich allein die jährliche globale Isoprenemission auf rund 600TgC (Guenther et al. 2006). Die Erkenntnis, dass sich biogene Kohlenwasserstoffe in der Atmosphäre nachhaltig auf die Produktion des Ozons auswirken ist jedoch nicht neu. Bereits Sanadze (1957) hat auf diese Möglichkeit der Produktion von Ozon durch die Vorläufersubstanz hingewiesen. Der eigentliche Mechanismus der atmosphärischen Isoprenoxidation wird allerdings erst durch Carter (1996) ausführlich erläutert. In Untersuchungen zur Stadtökologie bzw. zur klimatologischen und lufthygienischen Situation in urbanen Räumen spielten die biogenen Kohlenwasserstoffe lange Zeit keine Rolle. Arbeiten, wie die von Altshuller (1983) zeigen zwar, dass sich mit dem Thema der biogenen Kohlenwasserstoffemission befasst wurde, aber zum einen wurden die Zusammenhänge zwischen z. B. Isopren und der Bildung von Ozon nicht weiter verfolgt, zum anderen wurden die Konzentrationen als nicht hoch genug erachtet. Erst Anfang der 90er Jahre konnte mittels Modellrechnungen nachgewiesen werden, dass die biogenen Kohlenwasserstoffe tatsächlich einen signifikanten Einfluss auf die Bildung des O_3 nehmen können (u. a. Chameides et al. 1988). Seit Mitte der 90er Jahre gibt es eine Reihe von Arbeiten, die sich mit dem Thema beschäftigen. Schwerpunkt ist hier die Analyse der Ozonbildungspotenziale von Stadtbäumen, entweder als Straßenbegleitgrün oder in innerstädtischen Parks (u. a. Benjamin & Winer 1998, Straßburger 2004, Young et al. 2009, Henninger 2011). Mit Taha (1996) setzen sich in der planungsorientierten angewandten Stadtökologie bzw. Stadtklimatologie verstärkt die Begriffe der „*low-emitter*“ und „*high-emitter*“-Pflanzen durch. Für die innerstädtische Grünplanung kann die Berücksichtigung dieser Bäume einen nachhaltigen Einfluss auf die biogene Kohlenwasserstoffemissionsrate und damit auch auf die O_3-Bildungspotenziale haben. Allerdings fehlt es noch immer an ausreichenden Untersuchungsergebnissen in Bezug auf die unterschiedlichen Emissionsraten diverser Pflanzen. Als Problem erweist sich hier nicht die Anzahl der Messergebnisse, sondern vielmehr ist deren Vergleichbarkeit mit vielen Unsicherheiten behaftet. Unterschiedliche Messmethoden und die Untersuchungen in verschiedenen Vegetations- und Klimazonen erweisen sich immer wieder als hinderlich. Zum Beispiel konnten Kesselmeier et al. (1996) darlegen, dass selbst unterschiedliche Blätter einer Pflanze zu Differenzen in der Untersuchung führen können. Auch kann man sich nicht darauf verlassen, dass innerhalb einer Pflanzengattung alle Arten das gleiche Stoffspektrum emittieren.

Für die Analyse des atmosphärischen Isoprens muss weiterhin berücksichtigt werden, dass es nicht nur biogenen Ursprungs ist, sondern auch durch Verbrennungsprozesse freigesetzt wird. Modellrechnungen haben gezeigt, dass durch die Kraftstoffverbrennung innerhalb urbaner Straßenzüge mit Isopren gerechnet werden muss. Der Masseanteil beträgt zwar am einzelnen Kfz lediglich 0,18 % an den übrigen emittierten anthropogenen NMHC`s, jedoch auf die gesamte Stadt bezogen macht das anthropogene Isopren rund 20 % der Gesamtisoprenkonzentration aus (McLaren et al. 1996).

2. Bewertung der Luftqualität

Um die Luftqualität eines Raumes zu bewerten, werden unterschiedlichste Standards verwendet. Allerdings sollten einige Punkte in einer etwaigen Bewertung immer Berücksichtigung finden:

- eine klar definierte Zielsetzung in Bezug auf die Wirkung jeder einzelnen Substanz,
- die Art der Flächennutzung,
- die Wirkung der zu untersuchenden Luftinhaltsstoffe auf Mensch, Pflanze oder Material,
- die Dauer der Exposition und
- die statistische Verteilung der Werte (z. B. Überschreitungshäufigkeit).

Unter Berücksichtigung dieser Punkte lässt sich ein Bewertungssystem entwerfen, das die Wirkung diverser Luftinhaltsstoffe auf unterschiedlichen Zeitskalen bewertet und in Abhängigkeit mit dem jeweiligen Flächennutzungstyp eingesetzt werden kann.

2.1 Lufthygienische Bewertungsstandards

Um eine ganzheitliche Bewertung der Luftqualität innerhalb einer bestimmten Fläche bzw. über verschiedenen Flächen vornehmen zu können, kann auf unterschiedliche summarische Indizes zurückgegriffen werden. Diese haben den Vorteil, dass nicht nur die Grenzwertbeurteilung einer einzigen Substanz in Betracht gezogen wird, sondern der Einfluss mehrerer Emissionsquellen Berücksichtigung findet. Nach Mayer et al. (2002) sollte in Fällen der Bewertung der Luftqualität zwischen zwei Indizes unterschieden werden:

- die wirkungsabhängigen Luftbelastungsindizes und
- die wirkungsbezogenen Luftqualitätsindizes.

Nach Baumüller & Reuter (1995) lassen sich sowohl Langzeitbelastungsindizes als auch Kurzzeitbelastungsindizes berechnen. Beide summarischen Luftbelastungsindizes haben den Vorteil, dass sie eine wirkungsabhängige additive Beurteilung der ermittelten Messdaten in Zusammenhang mit den entsprechenden Grenzwerten bringen. Für den planungsorientierten Arbeitsbereich eignen sich beide Indizes. Die Beurteilung z. B. der Kurzzeitbelastung richtet sich nach den entsprechenden EU-Richtlinien. Von Nachteil ist allerdings, und daher wird dieser Index nicht weiter in dieser Untersuchung verfolgt, dass lediglich die Luftinhaltsstoffe CO, NO_2, SO_2, Benzol und PM_{10} betrachtet werden. Das Ozon findet sowohl für den Lang- als auch den Kurzzeitluftbelastungsindex keine Berücksichtigung. Das Ozon ist aufgrund seiner hohen jahreszeitlichen Variabilität und saisonalen Abhängigkeit schlicht und ergreifend nicht für die Berechnung eines wirkungsabhängigen Luftbelastungsindex geeignet. Darüber hinaus ist es aus Sicht der Stadt- und Raumplanung kaum möglich die O_3-Konzentrationen nachhaltig zu beeinflussen (Mayer et al. 2002).

Eine sehr viel besser für die Beurteilung der Luftqualität geeignete und für den konkreten Fall auch verwendete Berechnungsmethode, ist die Erstellung des wirkungsbezogenen Luftqualitätsindex. Neben den bereits genannten Luftinhaltsstoffen wird auch das Ozon in die Bewertung mit aufgenommen. Es gelten die für die Substanz ausgewiesenen EU-Richtlinien. Der Vorteil dieses Berechnungsansatzes des Luftqualitätsindex besteht darin, dass ein zeitlicher Bezug hergestellt werden kann, der es ermöglicht direkt auf die gesundheitlichen Beeinträchtigungen, hervorgerufen durch die entsprechende Substanz, zu reagieren und diese angemessen zu bewerten. Ebenfalls als Vorteil gereicht diesem Index, dass der verwendete Bewertungsmaßstab umweltmedizinisch abgesichert ist (Mayer et al. 2002). Der tagesbezogene Luftqualitätsindex (TLQ) berechnet sich wie folgt:

Gl. 2: $$TLQ = \left[\left(\frac{TLQ_{oben} - TLQ_{unten}}{C_{Grenze,oben} - C_{Grenze,unten}}\right) \times \left(C_{aktuell} - C_{Grenze,unten}\right)\right] + TLQ_{unten}$$

mit $C_{aktuell}$ für O_3, höchste 1-h-Mittelwerte pro Tag,

$C_{Grenze,oben}$ bzw. $C_{Grenze,unten}$ bestimmen den substanzspezifischen Konzentrationsbereich in dem die aktuelle Konzentration auftritt,

TLQ_{oben} und TLQ_{unten} sind der obere bzw. untere TLQ-Indexwert des entsprechenden Konzentrationsbereichs, wodurch die Indexklasse nach Tab. 2 abgegrenzt wird.

Aufgrund der Fülle an Möglichkeiten und Standards zur Beurteilung der Luftqualität und in Anbetracht dessen, dass das Hauptaugenmerk dieser Untersuchung auf dem Ozon liegt, wird entsprechend der Fragestellung die Beurteilung nutzungsintensiver Zeiten innerhalb urbaner Grünfläche im Vordergrund stehen.

Daher ergibt sich in der Folge eine stoffspezifische Bewertung der tagesbezogenen Belastung während der Tagstunden mit hochsommerlicher advektionsarmer Witterung, die mit einer hohen solaren Einstrahlung einhergeht.

Tabelle 2: Zuordnung von Bereichen substanzspezifischer Immissionskonzentrationen zu TLQ-Indexwerten und TLQ-Indexklassen und deren Bewertungsnoten am Beispiel des Ozons (verändert nach Mayer et al. 2002)

O_3 [µg m^{-3}]	Indexwert	Indexklasse	Bewertung
0–32	0,5–1,4	1	sehr gut
33–64	1,5–2,4	2	gut
65–119	2,5–3,4	3	befriedigend
120–179	3,5–4,4	4	ausreichend
180–239	4,5–5,4	5	schlecht
≥ 240	≥ 5,5	6	sehr schlecht

2.2 Stoffspezifische Beeinträchtigung der Luftqualität

Um die kurzzeitige Beeinträchtigung der Luftqualität durch den Spurenstoff Ozon innerhalb des Volksparks bewerten zu können wurde auf den MIK-Wert des VDI zurückgegriffen. Die Orientierung am 120 µg m^{-3}-Wert des VDI bot sich an, da für die Untersuchung die Betrachtung kurzer Zeiträume in Frage kommt und dort auf die 0,5-h-Werte verwiesen wird. Aufgrund der während Schönwetterperioden zu erwartenden hohen Besucherfrequenz innerhalb der urbanen Grünfläche und der mit der hohen solaren Einstrahlung einhergehenden erhöhten Ozonproduktion können bei Bedarf auch die 1-h-Werte der 33. BImSchV in die Bewertung mit aufgenommen werden. Die Schwellenwerte von 180 bzw. 360 µg m^{-3} erfordern die Information der Öffentlichkeit, da es bei beiden während eines längeren Aufenthalts im Freien zu gesundheitlichen Beeinträchtigungen, vor allem der in Tab. 1 genannten Risikogruppen, kommen kann.

In Anbetracht der nutzungsbezogenen Bewertung der innerstädtischen Parkluft sind laut Straßburger (2004) einige Besonderheiten zu beachten. Dazu zählen u. a.

- die Nutzungsfrequenz der Grünfläche in Abhängigkeit von Jahreszeit und Witterung,
- die Nutzungsfrequenz durch die Bevölkerung in Abhängigkeit der Tageszeit und

- die Aufenthaltsdauer der Menschen innerhalb des Parkgeländes.

Unter Berücksichtigung dessen, dass es sich im vorliegenden Fall um die Analyse der Produktion von O_3 innerhalb einer urbanen Parkfläche handelt, sollte daher darauf geachtet werden, dass mit der potenziell höchsten Besucherfrequenz während der für das Freizeitverhalten besonders attraktiven sommerlichen, einstrahlungsintensiven Wetterlagen gerechnet wird. Vor allem aber muss berücksichtigt werden, dass die Hauptnutzung des urbanen Parks schwerpunktmäßig in den Nachmittagsstunden erfolgt.

3. Untersuchungsgebiet

Auch wenn das Hauptaugenmerk der Untersuchung auf der Produktion des Ozons liegt, so ist es unausweichlich, dass einige Kriterien erfüllt werden, die neben der eigentlichen Fläche auch die bebaute und versiegelte Umgebung mit einbeziehen. Ansonsten wären die Repräsentativität der innerstädtischen Parkanlage und die Übertragbarkeit der Ergebnisse nicht mehr gegeben. Daher gilt zu beachten:

- die Frage nach der Vergleichbarkeit mit anderen Grünflächen gleicher Größe innerhalb des Stadtgebietes,
- die Frage nach der Vergleichbarkeit mit Grünflächen ähnlicher Größe in anderen Städten,
- die unmittelbare Nähe zu stark frequentierten Verkehrswegen zur Abwägung der potenziellen Emissionsquellen,
- der Grad der Bedeutung und Besucherfrequenz als Faktor der Naherholung für die Stadtbevölkerung und
- die Frage nach einer typischen bzw. charakteristischen Parkvegetation.

Als Untersuchungsfläche wurde für das Pilotprojekt zur Erprobung der Messmethodik der Volkspark in Kaiserslautern gewählt. Dieser dient der Naherholung der Bevölkerung von Kaiserslautern und übt aufgrund vieler im Park stattfindender Veranstaltungen auch auf die Menschen der Kaiserslauterner Umgebung eine große Anziehungskraft aus. Der Volkspark stellt mit einer Fläche von 8,8 ha die größte Parkanlage Kaiserslauterns dar und wird im Süden durch die vierspurige Entersweilerstraße und im Westen durch die vierspurige Donnersbergstraße begrenzt. Die Parkanlage bietet zahlreiche Freizeitangebote. Der Park untergliedert sich in die Flächentypen Seen/Teiche (4 %), Rasenflächen (62 %), Blumenbeete (4 %), Sträucher (11 %), Waldflächen (3 %), weitere offene Flächen (1 %)

sowie 11 % versiegelte Bereiche (Angaben des Grünflächenamtes der Stadt Kaiserslautern 2010).

Der Annahme von Sukopp & Wittig (1998) folgend, dass sich urbane Grünflächen im Allgemeinen, charakterisiert durch eine typische Parkvegetation und mit vergleichbaren Größenverhältnissen, auch in ihrer Immissionsstruktur mehr oder minder gleich verhalten, dürfte die Frage nach der Übertragbarkeit der Ergebnisse dieses Pilotprojektes auf andere Parkanlagen als positiv beantworten und somit als Orientierungshilfe für andere urbane Grünflächen angesehen werden.

4. Untersuchungsmethodik

Schwerpunkt der Untersuchung des lufthygienischen Erholungswertes des Volksparks war die Bewertung der lufthygienischen Situation innerhalb der Parkfläche während autochthoner Wetterlagen am Beispiel des Ozons. Die austauscharmen Verhältnisse gewährleisten ein Akkumulieren sowohl der primären Spurenstoffe als auch die photochemische Bildung sekundärer Spurenstoffe, aufgrund der hohen solaren Einstrahlung und der hohen Lufttemperaturen. Die durchgeführten Messungen bei austauscharmen und einstrahlungsintensiven Bedingungen sollen als Grundlage einer so genannten *„worst-case"-Situation* dienen und die Möglichkeit bieten diese Erkenntnisse auch für vergleichbare Witterungssituationen abzuleiten.

4.1 Erfassung der meteorologischen und lufthygienischen Größen

Die Messungen zur klimatologisch-lufthygienischen Standortanalyse wurden mit einem mobilen Messlabor durchgeführt, das die Möglichkeit eröffnete, standortbezogen an einem Ort über einen vorher definierten Zeitraum eine große Anzahl sowohl lufthygienischer als auch meteorologischer Parameter zu erfassen. Die Erhebung wurde für 72 Stunden in der Zeit 00:00 Uhr (10.07.2010) bis 00:00 Uhr (12.07.2010) durchgeführt. Dieser Messzeitraum hat sich als kurzzeitige Messperiode angeboten, da die übergeordnete Wetterlage die für die Belange der Messung nötigen äußeren Bedingungen bot. Ein stationäres Hoch hatte bereits über mehrere Tage für hochsommerliche Verhältnisse gesorgt und die Tageshöchsttemperaturen lagen mehrfach > 30°C. Dementsprechend hoch war auch die solare Einstrahlung mit $Q > 900\ W\ m^{-2}$.

Die 72 Stunden andauernde lufthygienische Standmessung diente der Ermittlung des Tagesganges der Immissionskonzentrationen diverser Luftinhaltsstoffe in Verbindung mit den wichtigsten meteorologischen Parametern innerhalb der urbanen Grünfläche, mit dem Ziel die Luftqualität zu überprüfen und deren unterschiedliche Abhängigkeiten von äußeren Einflussfaktoren zu quantifizieren. Folgende Luftinhaltsstoffe wurden analysiert:

- Kohlenmonoxid (CO) & Kohlendioxid (CO_2),
- Stickstoffmonoxid (NO) & Stickstoffdioxid (NO_2),
- Ozon (O_3) und
- aromatische Kohlenwasserstoffe (BETX = Benzol, Toluol, Ethylbenzol, m-,o-, p-Xylol).

Die Probeluft wurde in 4 m ü. Gr. angesaugt. Zusätzlich zu den als 1-Minuten bzw. 15-Minuten-Mittelwerten abgespeicherten und zur Auswertung in unterschiedlichen Zeitintervallen gemittelten Konzentrationen wurden integrierende Stundenmittel der Konzentrationen von BETX ermittelt.

Die ergänzende Messung von Lufttemperatur, relativer Luftfeuchtigkeit, Global- und UV-Strahlung erfolgte in 2 bzw. 4 m ü. Gr., Windrichtung und Windgeschwindigkeit wurde mit einem 3-D-Ultraschallanemometer an einem ausfahrbaren Mast in 10 m ü. Gr. erfasst. Die Auswertung lässt sich als Zeitreihe oder in Abhängigkeit von der Windrichtung und Windgeschwindigkeit, z. B. als Konzentrationswindrose, vornehmen. Dies wiederum eröffnet eine zeitlich genaue Zuordnung der potenziellen Emissionsquellen in bzw. außerhalb des Parkgeländes.

Zum Vergleich der am Messstandort im Volkspark erfassten meteorologischen Parameter wurde eine weitere innerurbane Grünflächenstation (Lufttemperatur, relative Luftfeuchtigkeit, Globalstrahlung) in der Kurt-Schumacher-Straße, vier Kilometer südwestlich des Untersuchungsgebietes, installiert. Zudem konnte im Nachgang der Untersuchung auf Daten einer weiteren, urbanen Vergleichsstation zurückgegriffen werden. Die von der Fachrichtung Wasserbau und Wasserwirtschaft der Technischen Universität Kaiserslautern betriebene Dachstation auf dem Gelände der Universität lieferte ebenfalls Werte für Lufttemperatur, relative Luftfeuchtigkeit und Globalstrahlung.

4.2 Analyse der biogenen Emissionen

Die Analyse der biogenen Emissionen beschränkte sich im vorliegenden Fall auf die Substanz Isopren. Da die Beurteilung der Luftqualität am Beispiel des Ozons erfolgen sollte, bot es sich an auf diesen Kohlenwasserstoff als Vorläufersubstanz zurückzugreifen. Die Erfassung der biogenen Kohlenwasserstoffe erwies sich als schwierig und die Messmethodik musste dementsprechend den Erfordernissen der Untersuchung angepasst werden. Üblicherweise erfolgt die Analyse pflanzlicher Kohlenwasserstoffemissionen über Küvetten, die direkt über einzelne Zweige eines Baumes gestülpt werden. Aus dem daraus entnommenen Probevolumen kann im Anschluss die gewünschte Substanz bestimmt werden (Kesselmeier et al. 1996). Für die vorliegenden Emissionsmessungen wurde in enger Anlehnung an die vorgeschaltete Vegetationskartierung des Volksparks eine mobile Messstrecke entworfen. Dabei wurden alle Bereiche des Parks berücksichtigt, die mit potenziell hoher Isopren emittierender Vegetation bestanden sind. Die Isoprenkonzentration wurde an jedem Standort auf einer Höhe von 1,50 m ü. Gr. mittels einer Gasprüfpumpe alle 30 Minuten erfasst und analysiert. Dazu wurden Multigasprüfröhrchen, kalibriert für Isopren, verwendet. Die Detektionsröhrchen sind aus organischen bzw. anorganischen stoffgruppenspezifischen Reagenzsegmenten zusammengesetzt. Jedes Segment gibt Aufschluss über das Vorhandensein einer bestimmten Substanzgruppe. Mit dieser Messmethode kann das Gasgemisch direkt vor Ort erfasst und analysiert werden.

5. Abschätzung der biogenen Isoprenemissionsrate

Um einen Überblick über potenzielle „*Hot-Spots*" der Isoprenemission innerhalb des Volksparks zu erhalten, wurde eine detaillierte Vegetationskartierung durchgeführt. Somit war es im Anschluss möglich die Standorte gezielt herauszugreifen an denen der Pflanzenbestand vorzufinden war, der als natürliche Isoprenquelle bezeichnet werden konnte. Zudem wurde eine Abschätzung der theoretisch, unter optimalen äußeren Witterungsbedingungen, zu erwartenden Isoprenemissionsrate mehr oder minder möglich. Allerdings muss an dieser Stelle darauf aufmerksam gemacht werden, dass eine solche Abschätzung der biogenen Emissionsraten mit teilweise großen Unsicherheiten behaftet ist. Der größte Unsicherheitsfaktor ist die potenzielle Ungenauigkeit bei der Bestimmung der Phytomasse. Auch ist es schwierig eine genaue Unterscheidung zwischen Solitär-, Gruppen- und Waldbäumen, sowie den sich daraus ergebenden Besonnungsverhältnissen zu treffen. Nichtsdestotrotz soll auf die theoretische Abschätzung der Gesamtemssion des Volksparks nicht verzichtet werden, kann diese doch einen recht guten Näherungswert ergeben, der sich für die weitere Analyse der lufthygienischen Parksituation als durchaus hilfreich erweisen kann.

Die Vegetation des Volksparks setzt sich größtenteils aus zierparkartigen Flächen mit Einzelbäumen, Baumgruppen und waldparkartigen Strukturen zusammen. Die Vegetationskartierung hat ergeben, dass im Kaiserslauterner Volkspark 701 Individuen stehen, die sich aus diversen Familien zusammensetzen, wobei *Aceraceae*, *Betulaceae*, *Fagaceae*, *Malvaceae* und *Platanaceae* allein 79 % des Gesamtbestandes ausmachen. Für die Messung der Isoprenkonzentrationen birgt dies einen großen Vorteil, da aus dieser Gruppe die Familien der Platanengewächse (*Platanaceae*), Buchengewächse (*Fagaceae*) und der Malvengewächse (*Malvaceae*) als potenzielle Emitter in Frage kommen. Da die Messungen während austauscharmer Witterung durchgeführt wurden, konnte davon ausgegangen werden, dass der Temperatur- und Strahlungsabhängigkeit der Isoprenemissionen an diesen Standorten mit hohen Quellraten Rechnung getragen würde. Eine Zusammenstellung, der im Volkspark dominierenden Gehölzarten ist in Tab. 3 dargelegt und weist zudem die spezifischen Emissionsraten des Isoprens auf. Die Ahornblättrige Platane (*Platanus acerifolia*) und die Stieleiche (*Quercus robur*) treten mit den höchsten zu erwartenden Isoprenemissionsraten deutlich hervor. Beide Arten können eindeutig zu den „*high-emitter*"-*Pflanzen* gezählt werden (s. Tab. 3). Neben diesen sind noch die Winter-Linde (*Tilia cordata*) und die Hänge-Birke (*Betula pendula*) als „*high-emitter*" zu nennen. Hinzu kommt der Silberahorn (*Acer saccharinum*) als sog. „*moderate-emitter*". Zu beachten ist, dass Stieleichen und Platanen immerhin 47 % aller im Park vorhandenen Individuen ausmachen. Die restlichen Pflanzenindividuen weisen Werte unterhalb des angenommenen Schwellenwertes von 2 µg g(Trockenmasse)$^{-1}$ h^{-1} auf und können entweder als „*low-emitter*"-*Pflanzen* ausgewiesen werden oder wiesen letztendlich keine Isoprenemission auf.

Tabelle 3: Zusammenstellung der dominierenden Gehölzarten im Volkspark Kaiserslautern mit den entsprechenden spezifischen Isoprenemissionsraten sowie der Emissionsrate pro Baum unter Berücksichtigung einer mittleren Blattmasse von 15 kg pro Individuum

Deutscher & wissenschaftlicher Pflanzenname	Spezifische Isoprenemissionsrate [µg g(Trockenmasse)$^{-1}$ h^{-1}	Isoprenemissionsrate pro Individuum (15 kg) [µg h^{-1}]	Anzahl der Individuen	Emissionsrate pro Art [mg h^{-1}]
Feldahorn (*Acer campestre*)	8	120	25	3
Ahornblättrige Platane (*Platanus acerifolia*)	883	13.245	22	291,39
Stieleiche (*Quercus robur*)	1.405	21.075	310	6.533,25
Winter-Linde (*Tilius cordata*)	26	390	72	28,08
Hänge-Birke (*Betula pendula*)	25	375	45	16,88
Summe			474	6.872,6

Zur Berechnung der Gesamtemission kann auf eine einfache Rechnung zurückgegriffen werden, indem die spezifische Emissionsrate für Isopren [µg g(Trockenmasse)$^{-1}$ h^{-1}] mit der jeweiligen mittleren Biomasse [g] sowie der Anzahl der Individuen multipliziert wird. In Anlehnung an die Arbeiten von Benjamin & Winer (1998), vor allem aber die von Straßburger (2004), die ebenfalls in einer deutschen Großstadt (Grugapark in Essen) Messungen durchgeführt hat, wurde für die Berechnung der mittleren Biomasse eine Trockenmasse der Blätter von 15 kg pro Baum angenommen. Für den Volkspark in Kaiserslautern resultiert daraus eine nachmittägliche Isopren-Emissionsrate von 6,9 g h^{-1} für optimale einstrahlungsintensive Bedingungen (s. Tab. 3).

6. Erkenntnisse

6.1 Biogene und anthropogene Kohlenwasserstoffe innerhalb des Volksparks

Der bereits beschriebene Messzeitraum für die erste Verifizierung der Messmethodik eröffnete aus lokalklimatischer Sicht hervorragende Voraussetzungen zur lufthygienischen und klimatologischen Untersuchung im Volkspark. Die hochsommerliche Hochdruckwetterlage war gekennzeichnet durch eine hohe solare Einstrahlung von Q_{Max} = 979 W m^{-2} an allen drei Messtagen, mit Tageshöchsttemperaturen von 36,9°C, bei Schwachwindstunden mit Δ_V = 1,1 m s^{-1}. Dies war gleichbedeutend mit nahezu optimalen Bedingungen zur Erfassung der Luftinhaltsstoffe. Es war anzunehmen, dass das potenziell innerhalb des Geländes gebildete Ozon lediglich eingeschränkt ausgetauscht wird und Spurengase von außerhalb durch Ferntransport ebenfalls nur mäßig verfrachtet werden.

Erwartungsgemäß konnte sich über der Grünfläche in den frühen Morgenstunden eine bodennahe Temperaturinversion ausbilden. Während dieser Zeit war, in Abhängigkeit der berechneten Schadstoffwindrose, der Einfluss des morgendlichen Berufsverkehrs im Volkspark nachweisbar. Die Kfz-bedingten Spurengase CO, NO, NO_2, sowie Benzol wiesen deutliche Konzentrationsmaxima auf. Mit zunehmender solarer Einstrahlung wurde im Laufe des Vormittags die Inversionsschicht aufgelöst, was u. a. mit einem schnellen Rückgang der Konzentrationen der Kfz-bedingten Spurenstoffe einherging. Auffällig war allerdings in den Morgenstunden, dass das Isopren bereits verhältnismäßig hohe Werte aufwies. Dies steht möglicherweise ebenfalls mit dem morgendlichen Berufsverkehr in Zusammenhang, wonach das Isopren auf eine anthropogene Quelle zurückzuführen ist. Mit den zunehmenden Global- und UV-Strahlungswerten stieg auch die Ozonkonzentration langsam an. Allerdings dürfte dies nur zu einem geringen

Teil auf die photolytisch wirksame Strahlungsstromdichte zurückzuführen sein, da diese letztendlich um diese Uhrzeit dafür noch nicht in ausreichendem Maße vorhanden war. Vielmehr ergibt sich nach Analyse der Reaktivität der jeweiligen erfassten Kohlenwasserstoffe und deren Potenzial zur Produktion von O_3 für die Morgenstunden ein anhand der Konzentrationswerte einfach nachzuvollziehendes Bild. Der Anteil der Kohlenwasserstoffe anthropogenen Ursprungs ist aufgrund der hohen Emissionsrate des Kfz-Verkehrs im Verhältnis zu den biogenen sehr hoch. Rund 90 % der Gesamtreaktivität bezogen auf die Summe beider Kohlenwasserstoffe entfällt auf den Kfz-Verkehr. Für die Bildung des Ozons bedeutet dies, dass ein Teil des anthropogenen NMHC`s zur Produktion beiträgt, jedoch aufgrund der noch geringen photolytischen Wirkung der Einstrahlung noch nicht ausreicht, um die lokale O_3-Produktion vollständig in Gang zu setzen.

Der in den späten Vormittags- und frühen Nachmittagsstunden geringe Kfz-Verkehr entlang der Entersweilerstraße und der Donnersbergstraße zeigte sich in nur geringen Konzentrationen der anthropogenen Luftinhaltsstoffe innerhalb des Volksparks. Am Nachmittag erreichen Global- und UV-Strahlung, sowie die Lufttemperatur ihre Maxima. Zeitlich versetzt dazu erreicht auch die O_3-Konzentration ihr Maximum gegen 17:00 Uhr. Da die Windgeschwindigkeit am Nachmittag bei $\Delta_V = 1 \text{ m s}^{-1}$ lag und sich die windrichtungsabhängige O_3-Konzentration mit den höchsten Konzentrationen einer Anströmung aus Ost (58 %-iger Tagesanteil) zuordnen lässt, ist ein Transport des O_3 von außerhalb in den Park hinein nahezu auszuschließen. Das Ozon muss demnach zu gewissen Teilen innerhalb der Grünfläche gebildet worden sein. Ein Blick auf den Tagesgang des Isoprens bestätigt diese Annahme. Ähnlich dem Ozon kommt es in den Nachmittagsstunden zu einer stetigen Zunahme der Isoprenkonzentration. Da die Kfz-bedingten Spurengase rückläufige Werte aufwiesen, muss im Umkehrschluss davon ausgegangen werden, dass es sich nicht mehr um reines anthropogenes Isopren handelte. Die vermeintlich optimalen meteorologischen Bedingungen haben zu einer erhöhten Isoprenproduktion der Pflanzen beigetragen, was sich wiederum durch die Isoprenemissionsrate äußerte. Zusammen mit der Entwicklung des Ozons innerhalb des Parks kann weitergehend davon ausgegangen werden, dass der biogene Kohlenwasserstoff in Verbindung mit den hohen Lufttemperaturen und den ausreichenden Strahlungswerten als Vorläufersubstanz für das O_3 zur Verfügung gestanden hat. Dies kann über die Reaktivität der Kohlenwasserstoffe nachgewiesen werden. Im Gegensatz zu den Morgenstunden erweist sich am Nachmittag die Einstrahlung und die Lufttemperatur als ausreichend hoch. In Abhängigkeit des zunehmenden Anteils der biogenen Vorläufersubstanz Isopren kann es nun zu einer verstärkten O_3-Bildung kommen. Gemessen an der Summe der Gesamtreaktivität der Kohlenwasserstoffe entfällt nun ein Anteil von fast 30 % auf die biogene Vorläufersubstanz.

In den frühen Abendstunden kehrt sich die lufthygienische Situation wieder um. Der zunehmende abendliche Berufsverkehr führt erneut zu steigenden Konzentrationen von CO, NO, NO_2 und Benzol. Damit einhergehend, durch die Anwesenheit des Stickstoffmonoxids, geht die O_3-Konzentration innerhalb des Parkgeländes deutlich zurück. Im Großen und Ganzen zeigen die einzelnen Luftinhaltsstoffe einen ähnlichen Konzentrationsverlauf wie in den Morgenstunden. Einzig das Isopren erreicht nicht mehr die Werte des Vormittags. Dies mag damit zusammenhängen, dass am Morgen die Pflanzen aufgrund der für sie etwas günstigeren meteorologischen Einflussfaktoren bereits Isopren emittieren konnten, was im Zusammenspiel mit dem anthropogenen Isopren höhere Konzentrationen hervorgebracht hat. In den Abendstunden wurde durch die Messungen nahezu vollständig nur noch das anthropogene Isopren, hervorgerufen durch den Kfz-Verkehr, erfasst. Vergleichbar mit den Ergebnissen am Morgen erweist sich der Anteil des biogenen Isoprens bzw. dessen Reaktivität gemessen an der Kohlenwasserstoffgesamtreaktivität mit nur knapp 4 % als äußerst gering.

Die Berechnung der Ozonausbeute in Abhängigkeit des Gesamtmesszeitraums und der in dieser Zeit erfassten anthropogenen und biogenen Kohlenwasserstoffkonzentrationen ergibt eine beachtliche Aussage, die in diesem Maße nicht zu erwarten war, jedoch in Verbindung mit den als nahezu optimal zu bezeichnenden äußeren Umweltbedingungen als durchweg nachvollziehbar zu erachten sind. So ergibt sich, dass in den Nachmittagsstunden knapp 7 % der maximalen O_3-Ausbeute auf die biogene Vorläufersubstanz Isopren zurückzuführen sind. Dieses Ergebnis deckt sich mit einem von Straßburger (2004) ermittelten Anteil von 6 % im Grugapark in Essen. Allerdings ist es durchaus möglich, dass der Anteil von 7 % für den Volkspark noch Veränderungen erfährt, wenn die Messkampagne über einen längeren Zeitraum fortgeführt werden würde.

6.2 Analyse der Kurzzeitbelastung

Neben der Ozonkonzentration wurden parallel die bereits erwähnten anthropogenen Luftschadstoffe NO, NO_2 und CO ermittelt. Diese konnten verstärkt in den Morgen- und Abendstunden im Park nachgewiesen werden und sich aufgrund der zeitweise ungünstigen, über die Verkehrswege hinweg streichenden Windrichtungen und den austauscharmen Bedingungen innerhalb des Untersuchungsgebietes nachweisbar akkumulieren. Verstärkt wurde dieser Effekt zusätzlich durch die Ausbildung einer grünflächenbedingten, bodennahen Temperaturinversion. Allerdings hat sich nach Auswertung der Daten gezeigt, dass eine Bewertung der lufthygienischen Situation auf Grundlage der MIK-Werte zu dem Ergebnis gelangt, dass weder für das Kohlenmonoxid noch für die Stickoxide Konzentrationen erreicht wurden, die zu einer Kurzzeitbelastung des menschlichen Organismus geführt hätten. Ein zur Gänze anderes Bild offenbart jedoch die Bewertung der Ozonkonzentrationen. Mit dem MIK-Wert (120 µg m^{-3}) als Grundlage wurden die Immissionswerte des O_3 zwischen 14:00 Uhr und 19:00 Uhr auf Grundlage der Berechnung des 0,5-h-Mittelwertesgleich 11 Mal überschritten. Auch der 1-h-Wert der 33. BImSchV (180 µg m^{-3}) wurde in den späten Nachmittagsstunden zwei Mal übertroffen. Letztendlich können ab 12:00 Uhr, der Zeit des Tages, zu der die höchsten Global- und UV-Strahlungswerte, sowie die höchsten Lufttemperaturen ermittelt wurden, im vorliegenden Fall Teile des Geländes als ozonbelastet bezeichnet werden. Diese Problematik wird noch zusätzlich durch die Tatsache verschärft, dass die innerhalb des Volksparks gemessenen Immissionskonzentrationen nahezu deckungsgleich sind mit den Tageszeiten, die potenziell die höchsten Besucherzahlen erwarten lassen.

Wie bereits in Abschnitt 2.1 dargelegt, stellen Luftqualitätsindizes einen Bewertungsmaßstab dar, der es aus umweltmedizinischer Sicht ermöglicht einen zeitlichen Bezug zwischen dem Wohlbefinden und der Gesundheit der Menschen und der entsprechenden Belastung herzustellen. Um eine bessere Aussagekraft der Analyse zu gewährleisten, wurde die ebenfalls bereits erläuterte Gleichung 2 zur Berechnung des Luftqualitätsindex für die Analyse angepasst. Dabei fanden nicht die Tagesmaxima der 1-h-Werte des Ozons Berücksichtigung. Vielmehr wurden die entsprechenden 1-h-Mittelwerte im Tagesgang dargestellt. Dies ermöglichte eine sehr viel bessere und genauere Betrachtung der Sachlage, da der zeitliche Verlauf des Luftinhaltsstoffes in Abhängigkeit der Nutzung des urbanen Parks besser wiedergegeben wird. So ist dem mittleren stündlichen Luftqualitätsindex des O_3 ein Tagesgang nachzuweisen (Abb. 1, folgende Seite).

In der Zeit von 12:00 Uhr (MEZ) bis 19:00 Uhr (MEZ), die Zeitspanne, in der die stärkste Besucherfrequenz an schönen Tagen innerhalb der urbanen Grünfläche zu erwarten ist, weist das Ozon bei strahlungsreichen und advektionsarmen meteorologischen Bedingungen mit einem Luftqualitätsindex von lediglich 3,87 (ausreichend) einen für eine Grünfläche deutlichen Einfluss auf die Luftqualität auf.

Abbildung 1: Mittlerer Tagesgang des Luftqualitätsindex und Indexwerte auf der Basis von 1-h-Werten, dargestellt durch den TLQ nach Mayer et al. 2002, für den Volkspark in Kaiserslautern

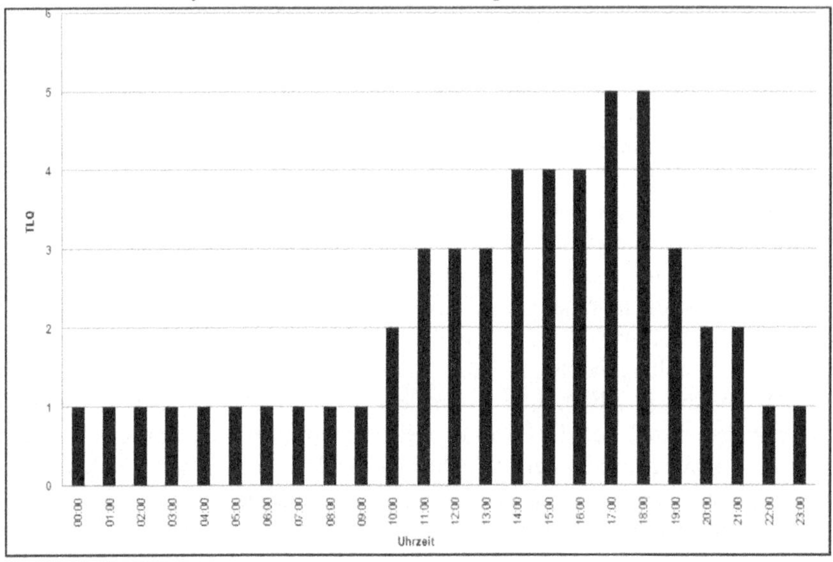

7. Fazit

Die positive Wirkung, die von innerstädtischen Grünflächen ausgeht, ist unumstritten. Sei es aus Sicht der Stadtklimatologie oder aus der Sicht des Erholungs- und Freizeitwertes. Beides ist in einem engen Zusammenhang zu sehen. So sind es, vor allem in den Sommermonaten, die charakteristischen Merkmale des Klimas in der Stadt, die unweigerlich dazu führen, dass die Stadtbevölkerung verstärkt einen erholsamen Nutzen aus den urbanen Grünflächen zieht. Vergleichbar mit einem ungünstigen, teilweise auch unbedachten, dicht gepflanzten straßenbegleitenden Grün, das zu einer Akkumulation Kfz-bedingter Schadstoffe führen kann, muss aber auch für Grünflächen die Bepflanzung überdacht werden. Dies bedeutet nicht, dass die Vegetation einer bereits vorhandenen Parkfläche entfernt bzw. ausgewechselt werden muss. Jedoch gilt für diese Flächen, ähnlich wie für den gesamten Stadtkörper, dass für neu zu planende Grünflächen oder auch bei

Neubepflanzungen innerhalb bestehender Standorte in der Planungsphase darauf zu achten ist, welche Vegetation schwerpunktmäßig dort angesiedelt wird. Das Feldexperiment im Volkspark von Kaiserslautern hat unweigerlich aufgezeigt, dass während sommerlicher Schönwetterphasen windschwache und einstrahlungsintensive Witterungssituationen die Ausbreitung und den Austausch der innerhalb der Parkfläche vorhandenen Spurenstoffe einschränken, gleichzeitig aber die Bildung von Photooxidantien als Vorläufersubstanzen des Ozons begünstigen. Auch hat sich gezeigt, dass sich auf einer verhältnismäßig kleinen Fläche durch einen Vegetationsbestand von > 70 % *„high-emitter"-Pflanzen* ein auf den lufthygienischen tageszeitbezogenen Luftqualitätsindex unbefriedigendes Ergebnis ergeben kann. Es ist davon auszugehen, dass, je nach Dichte und Art der Bepflanzung sowie der Größe der Grünfläche, zwischen 5 und 10 % des standortbezogenen Ozons durch biogene Kohlenwasserstoffe mit verursacht wird. Was sich am Beispiel des Volksparks in über die Nachmittagsstunden schlechten Erholungswerten äußert. Natürlich ist es auf dieser Grundlage etwas zu weit gegriffen den Volkspark als einen Ungunstraum zu bezeichnen. Allerdings, und das hat die Untersuchung gezeigt, können aus stadtökologischer Sicht planungsorientierte Änderungs- und Verbesserungsvorschläge sicherlich zu einer Optimierung der lufthygienischen Situation beitragen. Vielfach ist es letztendlich nur die Unwissenheit darüber, dass auch Pflanzen nachweislich zu einem Anstieg der lokalen Ozonkonzentrationen beitragen können.

Literatur

Altshuller, A. P. (1983): Natural volatile organic substances and their effects on air quantity in the United States. In: Atmospheric Environment 17, 2131-2165.

Baumüller, J./ Reuter, U. (1995): Die summarische Bewertung von Luftschadstoffen durch einen Belastungsindex. In: Staub-Reinhaltung der Luft 55, 137-141.

Benjamin, M. T./ Winer, A. M. (1998): Estimating the ozone-formating potential of urbane trees and shrubs. In: Atmospheric Environment 32, 53-68.

Bongardt, B. (2006): Stadtklimatische Bedeutung kleiner Parkanlagen – dargestellt am Beispiel des Dortmunder Westparks. Essener Ökologische Schriften 24. Hohenwarsleben: Westarp Verlag.

Carter, W. P. L. (1996): Condensed atmospheric photooxidation mechanism for isoprene. In: Atmospheric Environment 30, 4275-4290.

Chameides, W. L./ Lindsay, R. W./ Richardson, J./ Kiang, C. S. (1988): The role of biogenic hydrocarbons in urban photochemical smog: Atlanta as a case study. In: School of Geophysical Sciences 241, 1473-1475.

Guenther, A. B./ Monson, R. L./ Fall, R. (1991): Isoprene and monoterpene emission rate variability: Observation with Eucalyptus and emission rage algorithm development. In: Journal of Geophysical Research 96, 10799-10808.

Guenther, A./ Karl, T./ Harley, P./ Wiedinmyer, C./ Palmer, P.I./ Geron, C. (2006): Estimates of global terrestrial isoprene emissions using MEGAN (Model of Emissions of Gases and Aerosols from Nature). In: Atmospheric Chemistry and Physics 6, 3181-3210.

Henninger, S. (2011): Urban Green Areas: Lots of Benefits, but some Drawbacks. In: REAL CORP 2011: Change for stability: Lifecycles of Cities and Regions, 1069-1077.

Horbert, M. (2000): Klimatologische Aspekte der Stadt- und Landschaftsplanung. Landschaftsentwicklung und Umweltforschung, Berlin: Schriftenreihe im Fachbereich Umwelt und Gesellschaft.

Kesselmeier, J./ Schäfer, L./ Ciccioli, P./ Brancaleoni, E./ Cecinato, A./ Frattoni, M./ Foster, P./ Jacob, V./ Denis, J./ Fugit, J.L./ Dutaur, L./ Torres, L. (1996): Emission of monoterpenes and isoprene from a Mediterranean oak species Quercus ilex L. measured with the BEMA (Biogenic Emissions in the Mediterranean Area) project. In: Atmospheric Environment 30, 1841-1850.

McLaren, R./ Singleton, D. L./ Lai, J. Y. K./ Khouw, B./ Singer, E./ Wu, Z./ Niki, H. (1996): Analysis of motor vehicles sources and their contribution to ambient hydrocarbon distributions at urban sites in Toronto during the Southern Ontario oxidants study. In: Atmospheric Environment 30, 2219-2232.

Mayer, H. (1989): Workshop „Ideales Stadtklima". In: Mitteilungen der Deutschen Meteorologischen Gesellschaft 3, 52-54.

Mayer, H./ Kalberlah, F./ Ahrens, D./ Reuter, U. (2002): Analyse von Indizes zur Bewertung der Luft. In: Gefahrstoffe-Reinhaltung der Luft 62, 177-183.

Sanadze, G. (1957): The nature of gaseous substances emitted by leaves of Robiniapseudoacacia. In: Soobshch. Akad. Nauk. Grunz. SSR 27, 474-750.

Sharkey, T.D./ Yeh, S. (2001): Isoprene emission from plants. In: Annual Review of Plant Physiology and Plant Molecular Biology 52, 407-436.

Straßburger, A. (2004): Analyse atmosphärischer Spurengase zur Bestimmung des lufthygienischen Erholungswertes eines urbanen Parks. Dissertation im Fachbereich Bio- und Geowissenschaften, Landschaftsarchitektur. Universität Duisburg-Essen: 173 Seiten.

Sukopp, H./ Wittig, R. (1998): Stadtökologie, 2. Aufl., Stuttgart: Gustav Fischer Verlag, Stuttgart.

Taha, H. (1996): Modeling impacts of increased urban vegetation on ozone air quality in the South Coast Air Basin. In: Atmospheric Environment 30, 3423-3430.

Tingey, D. T./ Manning, M./ Grothaus, L. C./ Burns, W. F. (1979): The influence of light and temperature on isoprene emission rates from live oak. In: Physiologia Plantarum 47, 112-118.

Young, P. J./ Arneth, A./ Schurgers, G./ Zeng, G./ Pyle, J. A. (2009): The CO_2 inhibition of terrestrial isoprene emission significantly affects future ozone projections. In: Atmospheric Chemistry and Physics 9, 2793-2803.

Bauliche Entwicklung von Gemeinden im Sog des gesellschaftlichen Wandels – Aufgaben und Lösungsansätze

Karl Ziegler

Siedlungen prägen die Wahrnehmung von Räumen. Ein Wandel von Räumen ist daher eng mit der Art und Intensität von baulichen Entwicklungen verbunden. Der Beitrag beschäftigt sich mit der Frage, wie Gemeinden infolge demographischer Veränderungsprozesse und damit ausgelösten Nachfrageverschiebungen auf die baulich-räumliche Entwicklung im Umgang mit der Außen- und Innenentwicklung reagieren können. Die Aussagen stützen sich vorrangig auf Praxiserfahrungen und aktuellen Beobachtungen über die Wohnbauentwicklung in Kleinstädten und ländlichen Gemeinden im Bundesland Rheinland – Pfalz. Im Fokus stehen Eigenheime (Ein- Zweifamilienhäuser), die quantitativ diese Siedlungsstrukturen wesentlich prägen. Die methodischen Ansätze sind auf andere Räume übertragbar.

1. Einführung – Einwicklungslinie

Bereits seit vielen Jahren ist ein erklärtes Ziel von Planung und Politik, eine Flächeninanspruchnahme für die Siedlungsentwicklung zu verringern und folglich die bauliche Innenentwicklung zu stärken.

Ab den 60er Jahren verzeichneten viele Gemeinden eine lebhafte Siedlungsentwicklung, die letztendlich vor allem durch die Ausweisung neuer Wohnbaugebiete nicht selten zu einer Vervielfachung der Siedlungsfläche und einer drastischen Erhöhung des Wohngebäude- bzw. Wohnungsbestandes führte.

Dabei blieb das Einwohnerwachstum deutlich hinter diesen Wachstumsraten zurück, so dass insgesamt eine Art bauliche Entdichtung stattfand, die sich im ständig gestiegenen Wohnflächenkonsum pro Person oder einer Verringerung der Belegungsdichte (Personen pro Wohnung) nachweisen lässt.

So stieg in der Zeit von 1987 – 2009 z.B. im Land Rheinland-Pfalz die Siedlungsfläche um 16,4 %, der Wohngebäudebestand um 25,3 %, der Wohnungsbestand sogar um 28,2 %, während die Einwohnerzahl nur um 10,4 % zunahm[1].

Die Korrelationen triften für diese drei Entwicklungsparameter jedoch räumlich stark auseinander, wie in der nachstehenden Tabelle für unterschiedlich strukturierte Landkreise sowie zwei (benachbarte) Gemeinden an der Deutschen Weinstraße beispielhaft zusammengestellt ist.

Tabelle 1: Korrelationen zwischen den Entwicklungen von Siedlungs-Verkehrsfläche, Wohnungsbestand, Wohngebäudebestand und Einwohnerzahl im Zeitraum von 1987 – 2009[2]

Bezugseinheit	Einwohner-Entwicklung	Siedlungs-Verkehrsflächen-entwicklung	Entwicklung Wohngebäude-bestand	Entwicklung Wohnungs-bestand
	Veränderung in %	Veränderungen in %	Veränderungen in %	Veränderungen in %
Land Rheinland-Pfalz	+10,4%	+16,4%	+25,3%	+28,2%
Donnersbergkreis	+14,5%	+13,7%	+26,6%	+36,1%
Landkreis Südwestpfalz	+0,4%	+18,0%	+22,9%	+25,1%
Landkreis Germersheim	+20,1%	+18,3%	+29,0%	+39,8%
Landkreis Birkenfeld	-1,2%	+23,0%	+18,8%	+21,0%
Gemeinde Maikammer	+12,6%	+33,7%	+22,3%	+38,1%
Stadt Edenkoben	+16,0%	+22,2%	+22,6%	+31,5%

1 >http://www.infothek.statistik.rlp.de/lis/MeineRegion/index.asp<

2 Eigene Zusammenstellung als Auswertung von Daten des statistischen Landesamtes Rheinland-Pfalz (>http://www.infothek.statistik.rlp.de/lis/MeineRegion/index.asp<).

Abbildung 1: Siedlungsflächenwachstum durch Neubaugebiete – Beispiel Gemeinde Klingenmünster[3]

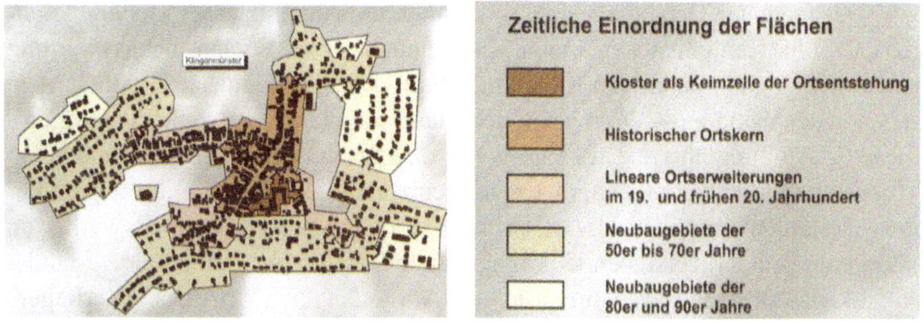

Die Siedlungsfläche in Klingenmünster stieg innerhalb von 50 Jahren auf das 3,6 fache an, d.h. von ca. 15 ha im Jahr 1945 auf rund 54 ha Ende der 90er Jahre.

Im Jahr 1970 zählte die Gemeinde 2.853 Einwohner, im Jahr 2000 waren es 2.410 EW und im Jahr 2009 betrug die Einwohnerzahl 2.425[4].

Die Korrelationen zwischen diesen Entwicklungsparameter werden sich vor dem Hintergrund der kaum beeinflussbaren oder sogar aufhaltbaren demographischen bzw. gesellschaftlichen Veränderung künftig noch weiter auseinander bewegen. In vielen Teilräumen wird sich der eingesetzte Einwohnerrückgang und eine Überalterung bzw. Unterjüngung der Bevölkerung verstärken. Die Folge ist, dass immer mehr Gebäude von immer weniger und tendenziell älteren Personen, die z.B. als Einzelperson im ehemaligen Familienheim verbleiben (Remanenzeffekte) bewohnt werden. Am Ende dieser Kette verbleiben Leerstände, die aus verschiedenen, im Beitrag aufgezeigten Gründen, nicht mehr oder nur mit deutlichen Einschnitten in den Wiedernutzungskreislauf eingespeist werden können.

Während im Bundesbaulandbericht von 1993 noch die parallele Strategie zwischen Ausschöpfung von Bestandsreserven im Innenbereich und gleichzeitig die Ausweisung von Neubauflächen mittels eines verstärkten (interkommunalen) Bodenmanagement propagiert wurde[5], fand u.a. mit der Veröffentlichung des Raumordnungsberichtes 2005 in Anbetracht demographischer bzw. sozioökonomischer Veränderungen eine Verschiebung in Richtung Innenentwicklung statt.[6] Aber trotz dieser Erkenntnisse und Forderungen wächst immer noch die Siedlungsfläche bzw.

3 Woll/Blum: Auszug aus studentischer Entwurfsarbeit an der TU Kaiserslautern (1998).
4 >http://www.infothek.statistik.rlp.de/lis/MeineRegion/index.asp<
5 Bundesministerium für Raumordnung, Bauwesen und Städtebau (1993): XXV-XXIX.
6 BBR (2005): 53-79.

vergrößerte sich auch in den letzten 5 Jahren ausnahmslos in jeder Gemeinde der Wohnungs- Wohngebäudebestand, während gleichzeitig der Anteil an Brachflächen bzw. leerstehenden Gebäuden verstärkt anstieg. Pro Tag fallen nach Hochrechnungen ca. 12 ha Siedlungsfläche brach[7]. Es konnte bei einer Stichprobenauswertung statistischer Landesdaten von Rheinland-Pfalz keine Gemeinde ermittelt werden, in denen der Wohnungs- Wohngebäudebestand stagnierte oder sogar zurückging[8]. Diese Feststellung überrascht keineswegs, da einerseits in vielen Gemeinden ein (Über)angebot an freien Bauplätzen in Neubaugebieten besteht, das gegenüber einer Bestandsimmobilien im Ortskern vorgezogen wird. Andererseits verharren untergenutzte oder leerstehende Wohngebäude für oft lange Zeit in der Bestandsstatistik, da Entscheidungen über Rückbau/Abriss längeren Prozessen unterliegen.

Ebenso existieren bereits seit Jahren zahlreiche theoretische und strategische Ansätze und vereinzelt Programme und Projekte[9], um diese erkannten Aufgaben einer baubestandsorientierten Innenentwicklung mehr in den Fokus zu rücken. Jedoch erschöpfen sich diese Ansätze zumeist in Bestandsanalysen, wie z.B. Erhebungen von (potenziellen) Leerständen, Bauzustand oder Altersstrukturen und daraus abgeleiteten, meist allgemeinen strategischen oder instrumentellen Empfehlungen.

Für eine auf Dauer beständige, zeitgemäße und generationenübergreifende Nutzung von Gebäuden und somit einer nachhaltigen Aufrechterhaltung vitaler Siedlungsstrukturen ist es jedoch unerlässlich sich mit der Praxis, d.h. den realen Bedingungen i.V. mit der Umsetzbarkeit von Konzepten wesentlich intensiver auseinander zu setzen als dies bisher der Fall war. Unter dieser Zielsetzung erlangen drei Aspekte eine zentrale Bedeutung.

1. Die Baureifmachung von neuem Wohnbauland muss im Rahmen der Ausübung der kommunalen Planungshoheit wesentlich kritischer vor dem Hintergrund einer realistischen Einschätzung der Nachfrageentwicklung und der Wirtschaftlichkeit (Bilanz von Erstherstellungs- und Folgekosten[10]) entscheiden werden.
2. Die Situation über die baulichen Innenentwicklungspotentiale müssen nicht nur dezidiert und systematisch erfasst und bewertet werden, sondern auf dieser Grundlage muss die Erstellung eines örtlichen Konzeptes über die Weiterentwicklung des Baubestandes (Umbau, Nachverdichtung, Rückbau, Sanierung) zu einer selbstverständlichen Agenda der kommunalen Planungsarbeit werden.

7 BBR (2005): 66.

8 >http://www.infothek.statistik.rlp.de/lis/MeineRegion/index.asp<

9 Z.B. Saarland (2005): Programm MELanIE (Modellvorhaben zur Eindämmung des Landschaftsverbrauchs durch innerörtliche Entwicklung); z.B. Rheinland-Pfalz (2010): Projekt Raum+ (landesweite Erfassung von Siedlungsflächenpotentialen im Bestand).

10 Vgl. Modellprojekt des Landes Rheinland-Pfalz, „Folgekostenrechner im Praxistest“, durchgeführt an ausgewählten Modellgemeinden, 2010–2011.

3. Die Schlüsselfunktion für die Umsetzung des baulichen Innenentwicklungskonzeptes wird unabdingbar der individuelle Dialog mit den (betroffenen) Grundstückseigentümern einnehmen, um letztendlich Realisierungsgrade bzw. Chancen der Konzeptverwirklichung in der zeitlichen Perspektive einschätzen zu können.

Um diesen zentralen Aspekten nachzugehen, wird in geraffter Form die Ausgangssituation mit dem als komplementär und nicht binär zueinander wirkenden und zu verstehenden System der baulichen Innen- und Außenentwicklung dargestellt.

Anschließend wird ein Bild über die reale Situation in neueren Wohnbaugebieten skizziert und deren Auswirkungen mit konzeptionellen Vorschlägen belegt.

Der letzte Teil bildet die Auseinandersetzung mit dem innerörtlichen Baubestand vor der Ziel- und Schwerpunktsetzung Entscheidungsgrundlagen für aktuelle und drohende Leerstände an die Hand zu geben.

2. Ausgangssituation – Wirkungszusammenhänge

Vor allem in den letzten fünf Jahren zeigten die fortschreitenden Veränderungen im Aufbau bzw. in der Entwicklung unserer Gesellschaft erstmals deutliche Spuren, so auch in den Siedlungsstrukturen. Vermehrte Leerstände in Altortbereichen, aber auch in älteren Neubaugebieten sowie teilweise ein kräftiger Rückgang bei der Nachfrage nach Baugrundstücken für Eigenheime in jüngst baureif gemachten Neubaugebieten kennzeichnen diese Phänomene. Die ländlichen, strukturschwächeren Räume sind hiervon per se deutlich stärker betroffen, aber auch die begünstigteren Strukturräume machen Erfahrungen mit einer veränderten Nachfrage.

Gegenläufige Entwicklungen und Prognosen, wie z.B. die weiter steigende Wohnfläche pro Person, die Erhöhung der Eigentumsquote und die steigende Gesamtanzahl von Haushalten können diesen Wandel nicht ausreichend kompensieren. Die Schere zwischen Angebot und Nachfrage geht räumlich und bautypologisch auseinander. Dies betrifft in erster Linie das große Segment der klassischen Eigenheime, die hinsichtlich Größe und Zuschnitt für die Familie mit 3 und mehr Personen ausgelegt sind und die Siedlungsstruktur in dem siedlungsgeographisch ländlich geprägten Bundesland RLP bestimmen. Dieses bedeutende Segment wird deutlich abnehmen. Die nachfolgenden Fakten sollen dies belegen:

- Die Auswertung des Jahrbuches 2009 des statischen Bundesamtes ergibt, dass im Jahr 2007 in RLP ein statistisch erfasster Bestand von 1.115 298

Wohngebäuden vorhanden war. Davon waren 69 % Einfamilienhäuser (768 961) und 20,5 % Zweifamilienhäuser (228 536)[11].

- Auf der anderen Seite stieg in der Zeit zwischen 1998 und 2006 die Anzahl der Haushalte in Rheinland-Pfalz von 1.646 900 auf 1.804 100 an (+ 9,5 %). Dabei nahm die Zahl der 1-Personenhaushalte um 15,8 % und die Zahl der 2-Personenhaushalte um 4,5 % zu, während die Zahl der Haushalte mit 3 und mehr Personen um insgesamt 16,6 % zurück ging[12]. Der Trend zu mehr und kleineren Haushalten wird sich auch auf Bundesebene insbesondere in den alten Ländern fortsetzen.

Abbildung 2: Prognose der Entwicklung von Haushaltsgrößen in Deutschland von 2010–2025[13]

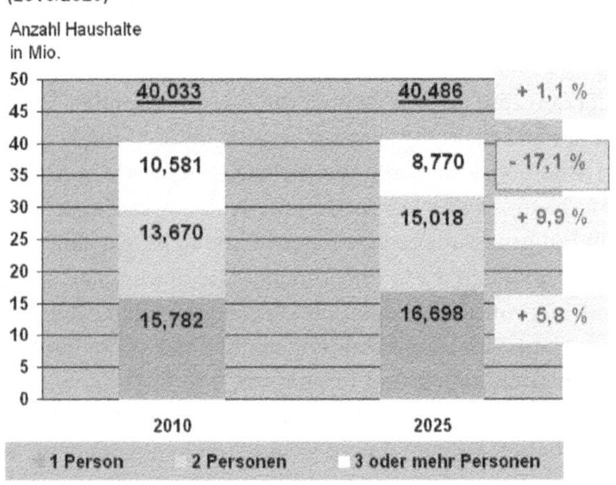

Aus diesen Zahlen ist zu folgern, dass in der Überlagerung mit den bekannten Bevölkerungsverlusten und Überalterungen, die sich in vielen Teilräumen anhand

11 Stat. Bundesamt (2009): 288.

12 Stat. Landesamt Rheinland-Pfalz (2009): 232.

13 Statistisches Bundesamt (2007): Eigene Darstellung als Auswertung der Entwicklung der Privathaushalte bis 2025 (Ergebnisse der Haushaltsvorausberechnung).

vorliegender Prognosemodellierungen[14] verstärkt fortsetzen werden, in Zukunft ein quantitatives Überangebot – vorrangig an Eigenheimen – bestehen wird (Leerstände). Das vorhandene Angebot wird zudem den neuen Haushaltsstrukturen und allgemeinen zeitgemäßen Standards anzupassen sein. Denn für den Bestand besteht insgesamt ein erheblicher Modernisierungs- Umbaubedarf, wenn man bedenkt, dass rund 70 % aller Wohnungen in Rheinpfalz älter als 32 Jahre (Baujahr vor 1978) sind und somit mehr als eine Generation dazwischen liegt.[15] Obwohl Daten über die Sanierungsbedürftigkeit nicht differenziert nach Bauformen vorliegen, so bestehen wegen dem hohen Bestand an Ein- und Zweifamilienhäusern in RLP enorme Handlungsbedarfe. Um diesen Bestand gilt es sich zur Aufrechterhaltung vitaler Siedlungen verstärkt zu kümmern. Die nachstehende Abbildung verdeutlicht die Dimension bei Ein- Zweifamilienhäusern, in denen sich im Jahr 2006 rund 1,2 Mio. Wohnungen befanden, von denen wiederum 850 Tsd. vor dem Jahr 1978 errichtet wurden.

Abbildung 3: Wohnungen in Ein- Zweifamilienhäusern nach Baujahr in Rheinland-Pfalz – Stand 2006[16]

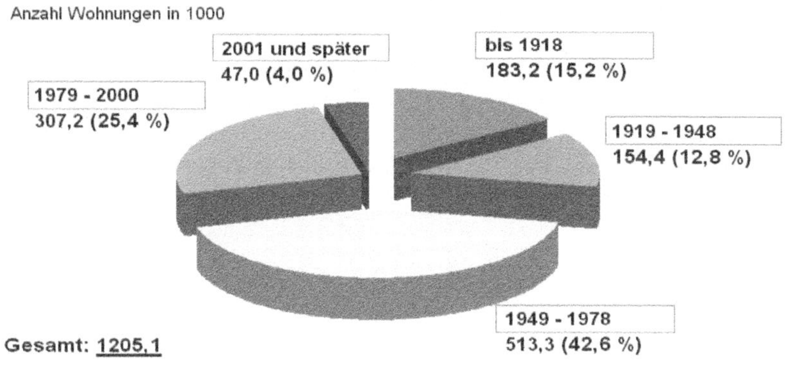

14 Vgl. dazu stat. Landesamt Rheinland-Pfalz (2004): Rheinland-Pfalz 2050, Zeitreihen, Strukturdaten, Analysen, II. Auswirkungen der demographischen Entwicklung oder >http://www.statistik.rlp.de/analysen/demografie/pdf/rp2050.pdf< (Basisjahr 2006).

15 Stat. Landesamt Rheinland-Pfalz (2009): 230.

16 Stat. Landesamtes Rheinland-Pfalz (2009): 230 (nach gleichen Verhältnissen errechnete Anteile auf der Grundlage von Daten über Baualtersklassen von Wohnungen in allen Wohngebäuden in Rheinland-Pfalz).

Eine Bewältigung zunehmender Leerstände im städtebaulichen Kontext der baulichen Innentwicklung muss jedoch im Gesamtzusammenhang der bisherigen Praxis bei der Siedlungsentwicklung gesehen werden. Ein unerlässlicher (erster) Schritt ist eine umsichtige Handhabung der Außenentwicklung als entscheidende Voraussetzung für eine planungspolitische Hinwendung zur Stärkung der Innenentwicklung.

Da der generelle Appell und die propagierte Planungsstrategie „Innen- vor Außenentwicklung" in den letzten rund 20 Jahren weit hinter der praktischen Umsetzung zurück geblieben ist, muss die operative Ausfüllung wesentlich ernsthafter angegangen und vor allem von den kommunalen Entscheidungsträgern gewollt werden. Dabei kommt die gegenwärtige Markt- und Nachfrageentwicklung diesem operativen Prozess entgegen. Von 1988 bis zum Jahr 2008 hat der Flächenverbrauch – vorrangig verursacht durch die Ausweisung neuer Baugebiete – nicht abgenommen. Er lag durchschnittlich bei über 5 ha pro Tag[17]. Ab 2009 sank die Flächeninanspruchnahme und betrug im Jahr 2010 nur noch 0,63 ha pro Tag.

Die Außenentwicklung, d.h. ob und in welchem Umfang neue Baugebiete entwickelt werden, liegt fast ausschließlich in der Hand der Gemeinden als Träger der Bauleitplanung. Dabei konnten in der Vergangenheit vielfach die Eigentümer von „Ackerland", aber auch die Gemeinden mit dieser „Bodenveredelung" direkt oder indirekt Geld verdienen, so dass an dieser Planungsstrategie einvernehmliches Interesse bestand. Im deutlichen Gegensatz dazu stand bzw. steht die Innenentwicklung. Die Umsetzung privater Maßnahmen zur Verwirklichung von innerörtlichen Sanierungszielen oder Dorferneuerungskonzepten war stets ein zäher, mit viel Einzelarbeit verbundener Prozess, der auf den Einsatz öffentlicher Fördermittel angewiesen war. Daran wird sich auch in Zukunft bei der Vitalisierung der innerörtlichen Baubestände oder Bewältigung von Leerständen grundsätzlich nichts ändern.

> „Im Vergleich zur Baulandbereitstellung bewegt sich die Entwicklung im Bestand in wesentlich stärkerem Maße in einem Geflecht von Interessen, Abhängigkeiten, Zwängen und Bindungen. Angesichts dessen ist die Innenentwicklung i.d.R. kleinteiliger, arbeitsaufwändiger als die Bereitstellung von neuen Baugebieten am Siedlungsrand. Umso mehr erfordert dies bei den Gemeindeverantwortlichen eine klare Linie und die Notwendigkeit, die ansässige Bevölkerung auf diesem Weg mitzunehmen."[18]

Den Weg der mühsamen Innenentwicklung konsequent zu gehen bzw. gehen zu müssen, wird nicht nur auf Freiwilligkeit, Sensibilisierung und Einsicht bei den kommunalen Entscheidungsträgern beruhen können, sondern auch dadurch, dass die Außenentwicklung einerseits stärker durch die Regionalplanung als direktes

17 Stat. Landesamt Rheinland-Pfalz (2009): Pressemitteilung Nr. 96 vom 15. Juli 2009.
18 Bay. Staatsministerium Landwirtschaft und Forsten, Hrsg. (2006): 15.

Bindeglied zur kommunalen Bauleitplanung eingeschränkt und andererseits die im Rahmen der Eigenentwicklung verbleibenden Spielräume mit mehr Bewusstsein für negative Erst- und Folgeschäden ausgefüllt werden.

Nachfolgend wird dies präzisiert und mit Konsequenzen belegt.

3. Radikale Einschränkung und Abkehr von der Ausweisung und Entwicklung neuer Baugebiete

Die Ausweisung neuer Wohngebiete und das damit verbundene Flächen- und erhoffte Einwohnerwachstum hat die kommunale Planungspraxis, das politische Handeln und Denken in den letzten rund 5 Dekaden stark geprägt.

Selbst kleine und peripher gelegene Gemeinden konnten – wenn auch im geringeren Maße – an diesem Wachstumsprozess partizipieren. Durch diese insgesamt quantitativ positiven Entwicklungen – insbesondere gestützt durch die Nachfrage jüngerer Familienhaushalte – konnten auch negative Folgen dieser Außenentwicklung, die sich bereits ab Mitte der 70er Jahre in Form von Leerständen in den Altortlagen zeigten, zusätzlich durch die Etablierung städtebaulicher Förderprogramme (Sanierung, Dorferneuerung) für Stadt- und Dorfkerne erfolgreich aufgefangen werden.

Das Flächenwachstum der Orte hat aber auch dazu geführt, dass die technischen Infrastrukturanlagen durch den Bau neuer Straßen und Ver- Entsorgungssystemen im Verhältnis zur Einwohnerzahl wesentlicher stärker anwuchs.

Die Tragweite künftiger Lasten bzw. Lastenverteilungen auf Einwohner infolge von Schrumpfungs- und Überalterungsprozessen ist in den Einzelheiten wenig untersucht. Jeder Quadratmeter neue Gemeindestraße und jeder Meter neuer Leitungssysteme erhöhen diese Lasten.

Da aber die Denkstrukturen der Kommunalpolitik rund 50 Jahre von den o.g. Planungsaufgaben und Planungserfolgen geprägt wurde, ist zu verstehen, dass eine Umkehr von fest verankerten Strukturen schwierig und zäh ist. So konnte durch Gespräche und Begutachtungen vor Ort immer wieder festgestellt werden, dass gerade in Gemeinden mit strukturellen Standortnachteilen und fehlender Grundversorgung auch in jüngster Zeit verhältnismäßig große Neubaugebiete baureif gemacht wurden bzw. werden. Als Argument wird angeführt, dass mit der Ausweisung neuer attraktiver Bauplätze die spürbaren negative Entwicklungen (Einwohnerverluste, Überalterung) umgekehrt und junge Familien gewonnen oder im Ort gehalten werden sollen.

Dabei kann an mehreren Beispielen verdeutlicht werden, dass die Mehrzahl aller Gemeinden in RLP überhaupt keine Außenentwicklung nach sozioökonomisch vertretbaren Maßstäben mehr betreiben können, da die unmittelbar wirksamen Baureifmachungskosten (u.a. Planungs-, Umlegungs- und Erschließungskosten) die aktuell erzielbaren Grundstückspreise gerade noch decken oder bereits übersteigen. Wenn diese Grundstücke darüber hinaus (dauerhaft) nicht nachgefragt werden, führt dies zu enormen Vorfinanzierungskosten für die Gemeinde und private Eigentümer. Nach einer aktuellen Veröffentlichung der GLL Oldenburg beträgt in großen Teilen von RLP der Bodenpreis für erschlossenes Bauland weniger als 50 Euro/qm[19]. Diese Werte stellen das Ergebnis der 36 Gutachterausschüsse von Rheinland-Pfalz dar. Vor diesen niedrigen Baulandpreisen sind die Landkreise Südwestpfalz, Kusel, Birkenfeld, Bernkastel-Wittlich, Vulkaneifel, Cochem-Zell sowie der Donnersbergkreis, Rhein- Hunsrückkreis und Rhein-Lahnkreis betroffen.

Ein Betrag von 50,- €/qm reicht bisweilen nicht einmal zur Deckung der Erschließungskosten aus. Als ein Beispiel sei die verbandsfreie Gemeinde Morbach (LK Bernkastel– Wittlich) genannt. In einigen Ortsbezirken dieser Gemeinde wird voll erschlossenes, im Besitz der Gemeinde befindliches Bauland aktuell für 35,60 Euro/qm angeboten[20]. Nach Aussage der Verwaltung ist dieser Bodenpreis subventioniert.

Neben diesen negativen fiskalischen Folgen führen die nur punktuell bebauten Neubaugebiete auch zu städtebaulichen Missständen infolge von baulich- räumlichen Auflösungserscheinungen und entfalten den Charakter von „Geisterneubaugebieten“. Schlussendlich bleibt der über Benutzungsgebühren finanzierte Betrieb der technischen Infrastruktur (Kanal, Wasser) defizitär und muss von der Gesamtbevölkerung mitgetragen werden.

Zur raumspezifischen und systematischen Bewältigung des Themas der „Außenentwicklung“ – hier Ausweisung neuer Wohnbaugebiete –, das in der operativen Handhabung nicht gelöst ist, wird vorgeschlagen, eine Typisierung nach *drei Risikoklassen* vorzunehmen und zwar einzig und allein nach dem Indikator „Wirtschaftlichkeit“ bei der Erstherstellung. Gemäß vorherigem Verweis führt in diesem Kontext das Land Rheinland-Pfalz das Modellprojekt „Folgekostenrechner im Praxistest“ durch. Dafür konnten sich Städte und Gemeinden bewerben. Insgesamt wurden nach Interessensbekundung 7 Städte, 9 Verbandsgemeinden und separat 3 Gemeinden ausgewählt, in denen beispielhaft die fiskalischen Langzeitauswirkungen, die sich durch die Entwicklung neuer Baugebiete ergeben, untersucht wurden. Dieses Modellprojekt reiht sich in das Projekt „Raum+ Rheinland-Pfalz 2010“ im Rahmen des vom BMBF geförderten Forschungsschwerpunktes

19 GLL (Behörde für Geoinformation, Landentwicklung und Liegenschaften) Oldenburg (2009): veröffentlicht im Stern Nr. 15 vom 08. April 2010 aus Immobilienmarktbericht Deutschland 2009, Zahlen/Daten/Fakten der Gutachterausschüsse.

20 >http://www.morbach.de/Baugebiete.html<

REFINA (Reduzierung der Flächeninanspruchnahme durch nachhaltiges Flächenmanagement) als Teil der nationalen Nachhaltigkeitsstrategie ein. Da aber die Ermittlung sämtlicher direkter und indirekter Folgekosten (langfristige Ausgaben- Einnahmebilanz) über einen Betrachtungszeitraum von ca. 20-25 Jahren ein komplexer Vorgang darstellt und zudem mit Annahmen (u.a. Dauer Aufsiedlungsphase, Einflüsse auf Schlüsselzuweisungen und Einkommenssteueranteile), operiert werden muss, erscheinen diese Zahlen weniger belastbar als die Ermittlung der einmaligen Kosten, die im Rahmen der Baureifmachung anfallen. Für die Erstellung einer Wirtschaftlichkeitsberechnung mit Aussagen über die anfallenden Erstherstellungskosten liegen i.d.R. konkrete Kenndaten und Zahlenwerte vor, so dass die Ergebnisse genauer und politisch belastbarer sind. Methodisch ist es sinnvoll zunächst die Rentabilität der Erstherstellung zu bilanzieren, bevor überhaupt Folgekostenbilanzen erstellt werden.

Die Kalkulationsparameter für die Zusammenstellung von Erstherstellungs-Baureifmachungskosten setzen sich vereinfacht zusammen aus:

1. Planungskosten (u.a. Bebauungsplan, Umweltbericht, Gutachten, Planung Straßen, Ver- Entsorgung; Grundlage: HOAI, Erfahrungswerte),
2. Umlegungskosten (Umlegungsverfahren, Einmessung; Grundlage: Vorgaben durch Umlegungsstelle),
3. Erschließungskosten (beitragsfähige/nicht beitragsfähige Anteile für Straßen, Ver- Entsorgungsanlagen je nach Erschließungsmodell unterschiedlich; Grundlage: Erfahrungswerte über Abrechnung vergleichbarer Baugebiete),
4. Ausgleichsmaßnahmen (zu 100 % refinanzierbar, vgl. §§ 135a – c BauGB).

Es wird daher vorgeschlagen, drei Risikoklassen in Form einer Art Neubaugebietsampel anhand der Bilanzergebnisse (Indikator für Zuordnung) über die Erstherstellungskosten zu bilden (von unwirtschaftlich/defizitär bis wirtschaftlich/rentabel) und mit klaren planerischen Forderungen zu verknüpfen, d.h. mit überörtlichen und örtlich verbindlichen Planungszielen.

Tabelle 2: Baureifmachung von Neubauflächen: Risikoklassen nach Wirtschaftlichkeit (Ersterstellung)

Typisierung nach Risikoklassen			
Typen:	Typ 1	Typ 2	Typ 3
Beschreibung Indikator: Bilanz der Wirtschaftlichkeit (Ersterstellungskosten)	Aktuell Bilanz der Ersterstellungskosten negativ, Baureifmachungskosten höher als Bodenricht- bzw. erzielbare Marktwerte, Negativbilanz tendenziell zunehmend	Aktuell Bilanz neutral bis positiv (Wertschöpfungsquote (0 – 30 %), tendenziell mit Umkehreffekten zur Negativbilanz	Aktuell Bilanz positiv (Wertschöpfungsquoten > 30 %), langfristig Positivbilanz, auch bei Rückgang der Grundstückspreise wahrscheinlich (Nachfrageabhängig)
Planerische Empfehlung Handlungsbedarf auf örtlicher Ebene	Sofortiger Stopp aller Planungen – Vorhaben zur Entwicklung bzw. Baureifmachung neuer Wohnbauflächen im Außenbereich, Konzentration auf die potentielle Entwicklung von bereits voll erschlossener Bestandsimmobilien (Gebäude, Grundstücke) vor dem Hintergrund der (schwierigen) Nachfragestruktur	Kritische Überprüfung von Planungen – Vorhaben zur Entwicklung neuer Wohnbauflächen im Außenbereich bzgl. Flächengröße, Teilung in Realisierungsabschnitte, Angebotsspektrum und Kostenrisiken, Ermittlung und umsetzungsorientierte Prüfung von Potentialen im Bestand	Ausweisung neuer Flächen unter besonderer Beachtung des Standorts innerhalb der Siedlungs-Raumstruktur (Stichworte: kompakter Siedlungskörper, kurze Wege zu wichtigen Daseinsfunktionen/ÖPNV ...), energieeffizienter Städtebau, nachfrageorientiert

Typisierung nach Risikoklassen			
Typen:	Typ 1	Typ 2	Typ 3
Planungsarbeit-Steuerungsinstrumente auf Ebene der Raumordnung (Regionalplanung)	Informell: Ermittlung aller Teilräume / Gemeinden dieses Typs i.V. mit subtiler, aber unverfälschter Ergebnisoffenlegung und Öffentlichkeits-, Beratungs- Sensibilisierungsarbeit etc. Formell: Gemeinde- oder teilraumbezogene Grundsatzaussagen / Hinweise der Regionalplanung auf die Risiken der Baureifmachung von (bereits) im FNP dargestellten oder als Schwellenwert[21] zugewiesener Wohnbauflächenausweisungen, (Rücknahme von Bauflächen im FNP schwierig)	Informell: Ermittlung ausgewählter Teilräume / Gemeinden dieses Typs i.V. Aufklärungs- Beratungskampagnen über Langzeitrisiken, Gegenüberstellungen Neubaugebiet versus Bestand Formell: Gemeindebezogene Festlegungen von Schwellenwerten in RROP i.V. mit Hinweisen zum langfristigen Risikopotential, stark nachfrageorientierte Bauleitplanung	Informell: Überprüfung von Standorten und Zeitfenstern, interkommunale Kooperation zur Reduzierung der „Raumzusatzbelastungen“ Formell: Gemeindebezogene Festlegung von Schwellenwerten für die Wohnbaulandausweisung in RROP
Anreize - Förderung	Erhöhte Förderung von Maßnahmen der Innenentwicklung in diesen Gemeinden Auswahl Modellgemeinden – Modellprojekte mit Langzeitmonitoring – Unterstützung	Spezielle Anreize bei (Teil)verzicht auf Ausschöpfung von regionalplanerisch festgelegten Schwellenwerten i.V. mit Verlagerung auf Innenentwicklungsmaßnahmen	Anreize bei (Teil)verzicht auf Ausschöpfung von regionalplanerisch festgelegten Schwellenwerten i.V. mit Verlagerung auf Innenentwicklungsmaßnahmen

21 Die Regionalen Raumordnungspläne in RLP werden aktuell zur Anpassung an die Ziele des Landesentwicklungsprogramms neu aufgestellt. Dabei wird landesweit eine gemeindespezifische Zuweisung von Schwellenwerten eingeführt. Z.B.nach dem ROP IV der Region Westpfalz errechnen sich die Schwellenwerte für das Zieljahr 2020 aus einem angebotsorientierten Bedarfswert abzüglich vorhandener und aktivierbarer Potentialflächen im Innen- und Außenbereich. Den Potentialflächen liegen die Ergebnisse aus dem Projekt Raum+ zugrunde.

Abbildung 4: Erschlossene Bauplätze in der Gemeinde Morbach, Ortsbezirk Rapperath zu 35,60 Euro/qm[22]

Morbach – Ortsbezirk Rapperath – erschlossene Bauplätze : 35,60 Euro !!

22 >http://www.morbach.de/baugebiet_rapperath.html<

Für die Aktivierung oder Umlenkung der baulichen Innenentwicklungsmöglichkeiten sind in erster Linie die Kommunen im Rahmen ihrer Planungshoheit gefordert. Der überörtlichen Raumplanung bzw. dem Land kommt dabei aber die wichtige Rolle zu, für diesen Prozess zu sensibilisieren. Eine Unterstützung sollte sich in einer ersten Phase auf Kampagnen, Modellprojekte und fachliche Erstberatung beziehen.

Gerade in den Gemeinden des Typs 1 wäre die weitere Baureifmachung von Grundstücken in der Erstherstellung, geschweige denn hinsichtlich den Folgekosten unverantwortlich. Eine ortsspezifische Kostenbilanz kann mit geringem Aufwand treffsicher erstellt und den Entscheidungsträgern vor Augen geführt werden.

An einem, das Thema abschließenden Beispiel, das stellvertretend für bekannte reale Fälle[23] steht, sollen die katastrophalen, fiskalischen Auswirkungen überdimensionierter Baulandreifmachung von Wohnbaugebieten demonstriert werden.

Tabelle 3: Bilanz für eine Beispielgemeinde anhand folgender Ausgangsdaten:

Raumkategorie– Gemeindetyp nach LEP IV:	Ländlicher Raum mit disperser Siedlungsstruktur
Gemeindegröße:	1.200 EW
Gemeindeausstattung:	Grundversorgung nicht mehr gesichert
Baureifmachung:	Jahr 2005
Größe:	7 ha
Anzahl Baugrundstücke insgesamt:	80
Anzahl gemeindeeigene Grundstücke nach Umlegung:	30
Durchschnittliche Grundstücksgröße:	ca. 750 qm
Verkaufte Gemeindegrundstücke bis Mitte 2010:	7
Erschließungskosten:	38,- Euro/qm
Vermarktungspreis:	61,- Euro/qm
Gemeindliche Baureifmachungskosten (Planung, Umlegung, Erschließung eigene Grundstücke und 10 % Anteil für Fremdgrundstücke):	ca. 1,2 Mio. Euro
Gemeindliche (Negativ) Bilanz (= abzüglich verkaufter Grundstücke):	ca. *– 0,9 Mio. Euro*

23 Vgl. z.B.: >http://www.rodalben.de/buergerservice/index_bau.htm<

Abbildung 5: Seit 2005 erschlossenes Baugebiet mit sehr geringer Nachfrage – Beispiel Gemeinde Merzalben (Südwestpfalzkreis)[24]

Diese negativen Folgen der jüngeren Vergangenheit sind nicht überall als lehrreich angekommen. So hat z.B. jüngst die Gemeinde Thallichtenberg mit rund 700 EW im ebenfalls stark vom Nachfragerückgang betroffenen Landkreis Kusel ca. 17 Wohnbaugrundstücke baureif gemacht, von denen 12 im Besitz der Gemeinde sind. Nach Aussage der zuständigen Verbandsgemeindeverwaltung Kusel bietet die Gemeinde die Grundstücke zum Preis von 20,- Euro/qm zuzüglich der Kosten für die Erschließung und naturschutzrechtlichen Ausgleichsmaßnahmen an. Diese weiteren Kosten betragen laut Auskunft der Beitragsstelle insgesamt rund 47,- €/qm (18,- €/qm für Ver-Entsorgung, 26,- €/qm für Straße und 3,- €/qm für Ausgleichmaßnahmen), so dass der Quadratmeter erschlossenes Bauland 67,- Euro kosten wird. In Thallichtenberg liegt – unabhängig von der Nachfrage – der durchschnittliche Bodenrichtwert nach Gutachterausschuss[25] für erschlossenes Wohnbauland aber nur bei 55,- €/qm[26].

Es wird folglich die Auffassung vertreten, dass nur dann Innenentwicklung i.V. mit Leerstandsaktivierung eine spürbare Tragweite bekommen kann, wenn „einvernehmlich", d.h. auch interkommunal abgestimmt, die Außenentwicklung eingestellt oder zumindest deutlich reduziert wird. Durch diese Verknappung des Baulandpotentials bestünden i.V. mit weiteren innerörtlichen Maßnahmen (Bodenordnung, (Teil)abriss) auch Chancen für eine Stabilisierung von Grundstücks- und Immobilienpreisen.

24 Ziegler (2010): Eigene Aufnahmen.

25 >http://www.lvermgeo.rlp.de/boriwe/boriwe_wohnen/wohnbaufl.php?anzeigen=param&vgv_num=33603000<

26 >http://vg.kusel.de/downloads/bebauungsplaene/Thallichtenberg/1/2_Freie_Bauplaetze.pdf<

Dabei darf nicht unerwähnt bleiben, dass selbst bei einer radikalen Hinwendung zur Innenentwicklung in bestimmten Gemeinden wegen Nachfragedefizit und geringen Immobilienpreisen aktive Maßnahmen mit baulich-funktionalem „Mehrwert“ schwer werden.

Nachstehende Ausführungen versuchen für die Problematik der Leestandbewältigung Lösungsansätze von der Planung bis zur Umsetzung aufzuzeigen.

4. Bauliche Innenentwicklung

Leerstände – ein zunehmender und besonders gravierender Missstand erfordert operative Lösungen

Eine räumlich und bautypologisch differenzierte Erfassung des Anteils von aktuell leerstehenden Wohngebäuden bzw. Wohnungen in Rheinland-Pfalz liegen nicht vor. Die Auswertung des Jahrbuches 2009 des stat. Bundesamtes ergibt für Rheinland-Pfalz[27], dass im Jahr 2007 rund 8 % der Wohnungen in Wohngebäuden nicht bewohnt waren. Bei einer Differenzierung wird deutlich, dass in der Masse vor allem Einfamilienhäuser betroffen sind, da dieser Bautyp – wie zuvor dargelegt – dominiert. Insgesamt wird geschätzt, dass rund 65.000 Einfamilienhäuser nicht bewohnt waren (8,4 %).

In eigenen Studien[28] konnte bislang diese Zahl aber nicht bestätigt werden. So betrug die durchschnittliche Zahl der gegenwärtigen Leerstände rund 5 % und die Objekte konzentrierten sich auf die Altortbereiche. Bei den drohenden Leerständen (Objekte nur noch bewohnt von Personen > 75 Jahren) lagen die Werte aber deutlich über 10 %, so dass künftig in stark durch Einwohner- und Nachfragerückgang betroffenen Gemeinden mit Leerstandsquoten von rund 20 % zu rechnen ist.

Ausgangssituation und Entwicklungsszenarien von Leerständen sind als städtebauliche Missstände im Sinne des § 136 BauGB einzustufen und erfordern ein öffentliches Handeln.

27 Stat. Bundesamt (2009): 288-290.

28 Z.B. Landkreis Kusel.

Abbildung 6: Dimension Leerstände – ein komplettes Ortszentrum steht leer – Beispiel Gemeinde Urweiler, Landkreis St. Wendel [29]

Die Bewältigung dieser zunehmenden Leerstandsproblematik steht noch am Anfang.

Voraussetzung aber für die Umsetzung operativer Maßnahmen ist die Erarbeitung von Planungsgrundlagen anhand einer geeigneten Systematik mit dem Ziel ein Planungskonzept für die Entwicklung des Baubestandes einer Gemeinde mit z.B. Aussagen über die Erhaltung, Modernisierung, Umnutzung, Nachverdichtung, den Teilabriss oder Komplettabriss i.V. mit erforderlichen Bodenordnungsmaßnahmen für (alle) Bestandsobjekte zu erstellen. Mit diesem Konzept können Gespräche mit den Eigentümern und sonstige Maßnahmen (Programme, Instrumente) für die Umsetzung vorbereitet werden.

Konzept: Beispielhafte planerische Arbeitsschritte

1. Schritt: Strukturdaten – Bedarfe/Nachfrage

- Zusammenstellung und Auswertung aktueller Strukturdaten (Gemeinde und Region) mit Ableitung planerischer Konsequenzen für die Ortsentwicklung (allgemeine Nachfragestrukturen, Bedarfe) *Sonderthema:* Sporadische Erfassung und Bewertung des Grundstücks- und

29 Ziegler (2010): Eigene Aufnahme im Rahmen einer Rundfahrt mit Herrn Weber von der Agentur Ländlicher Raum – Saarland.

Immobilienmarktes (Bodenrichtwerte, durchschnittliche Immobilienpreise und Marktgängigkeit bestimmter Bauformen), Berechnung der Chancen und Risiken bei der potentiellen Baureifmachung eines neuen Baugebietes (Erst- und Folgekosten für Gemeinde und Grundstückseigentümer).

2. Schritt: Leerstandskataster – Problemimmobilien

- Ermittlung von aktuellen und über die Altersstruktur abgeleiteten potentiellen Leerständen sowie von Problem- Schrottimmobilien. *Anmerkung:* Gegenwärtig werden in einigen Gemeinden von Rheinland-Pfalz Leerstandskataster erstellt. Obwohl dieser Schritt – trotz Diskussionen über unterschiedliche Erfassungsmethoden und Umgang mit Datenschutz – eine Fleißarbeit darstellt, ist er absolut unerlässlich, um die Dimension und Tragweite allen Beteiligten bewusst zu machen. Bei eigenen Studien konnte festgestellt werden, dass vor allen in den Neubaugebieten der 60er – 80er Jahre in Zukunft größere Leerstände drohen.

3. Schritt: Bewertung von Leerständen und Problemimmobilien

- Vollständige Bewertung von aktuellen Leerständen sowie exemplarische Bewertung von Problemobjekten mit dem Ziel einen Rahmen für die funktionale, gestalterische und zielgruppenbezogene Entwicklungsfähigkeit zu formulieren. *Anmerkung:* Die Beurteilung der Verwertbarkeit bzw. Entwicklungsfähigkeit von leerstehenden oder potentiell leerstehenden Anwesen ist bislang ein unterbesetztes Feld, aber zur Vorbereitung der Entscheidung über sinnvolle Maßnahmen unerlässlich. Eine Objektbewertung bzw. Objektverwertungsempfehlung kann z.B. in Form von Grundstücks- und Gebäudesteckbriefen erstellt werden.

4. Schritt: Konzepte – Testentwürfe – Wirtschaftlichkeitsberechnung

- Ausarbeitung von Entwurfskonzepten (Testentwürfen) anhand exemplarischer, repräsentativer Objekte mit überschlägiger Ermittlung der notwendigen Investitionskosten zur Einschätzung der Wirtschaftlichkeit. *Anmerkung:* Die anschließende Erarbeitung von Konzepten i.V. mit der Erstellung überschlägiger Wirtschaftlichkeitsbilanzen wird entscheidend sein, um gegenüber
  - Eigentümern für Verwertungsoptionen und Immobilienwerte,
  - Gemeindevertretern für die Wahrnehmung von Planungsaufgaben (z.B. Dorfumbaukonzept, innerörtlicher Bebauungsplan etc.) und
  - Öffentlichen Geberstellen für den Einsatz von Förderprogrammen

  Umsetzungserfolge auf breiterer Basis zu erzielen.

5. Schritt: Örtliches Gesamtkonzept „Bauliche Innenentwicklung"

- Synoptische Zusammenstellung der konzeptionellen Ergebnisse in einem Plan für den Gesamtort als Grundlage für die systematische Vorbereitung und Umsetzung von Maßnahmen der baulichen Innenentwicklung.

Abbildung 7: Beispielhafte Zusammenstellung aller baulichen Innenentwicklungspotentiale – Gemeinde Freiensteinau als Ergebnis differenzierter Erhebungen[30]

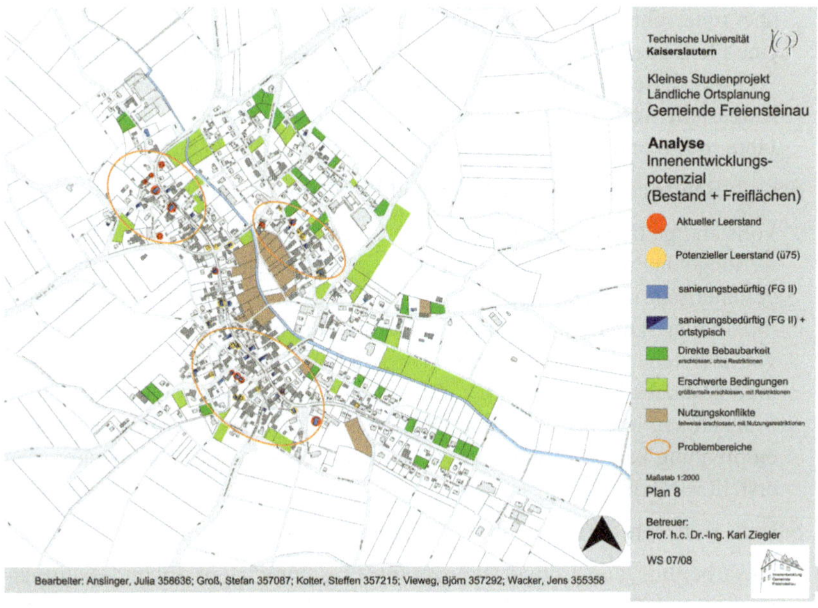

Differenzierte Lösungen für differenzierte Leerstände mittels Clusterbildung

Abschließend soll der Teilaspekt, der die Entwicklungs-Marktfähigkeit von Leerständen oder auch sonstigen Bestandsimmobilien beurteilt (vgl. Schritt 3) methodisch ausdifferenziert werden. Denn die praktischen Erfahrungen hinsichtlich dem

30 Anslinger/Groß/Kolter/Vieweg/Wacker (2008): Auszug aus einer Studienarbeit an der TU Kaiserslautern.

Bestand an leerstehenden bzw. potentiell leerstehenden (Wohn)gebäuden belegen, dass diese Leerstände eine bunte Mischung mit individuellen, unterschiedlichen Merkmalen (Ursachen, Probleme, Randbedingungen) darstellen und grundsätzlich differenziert zu behandeln sind.

Bei der Betrachtung und Selektion von Gemeinsamkeiten können diese individuellen Objekte zu Falltypen zusammengefasst werden. Danach lassen sich zwei Hauptgruppen (Clusters) wie folgt unterscheiden:

Gruppe 1: In dieser Gruppe werden die sogenannten *„Schrott- oder Problemimmobilien"* zusammengefasst. Dies sind Objekte, die aufgrund von negativen Merkmalen, die von außen erkennbar sind, starke, oft nicht überwindbare Restriktionen für eine zeitgemäße und nachhaltige Nutzung aufweisen. Dabei spielt ihre strukturräumliche Lage (von hoch verdichteten Bereichen bis hin zu Ländlichen Bereichen mit disperser Siedlungsstruktur) nur insofern eine Rolle, als dass nachhaltige Verwertungs- Nachnutzungschancen in den Niedrigpreisregionen bzw. in gering nachgefragten Teilräumen extrem schwierig sind und ohne ein Handeln Dauerleerstand, ein Abwohnen oder die Übernahme durch sozial schwächere Gruppen die Entwicklungsrichtung vorgeben.

Dies betrifft vorrangig Wohngebäude mit

- extrem kleinen Grundstücken,
- hohen Immissionsbelastungen (vorrangig Straße) und
- sehr schlechter Bausubstanz (unrentable Renovierung).

Im ungünstigsten Fall kommt es zu einer Überlagerung aller drei Restriktionsfaktoren.

Abbildung 8: Beispiel für extrem kleine, dicht bebaute Grundstücke – Bereich Südliche Weinstraße[31]

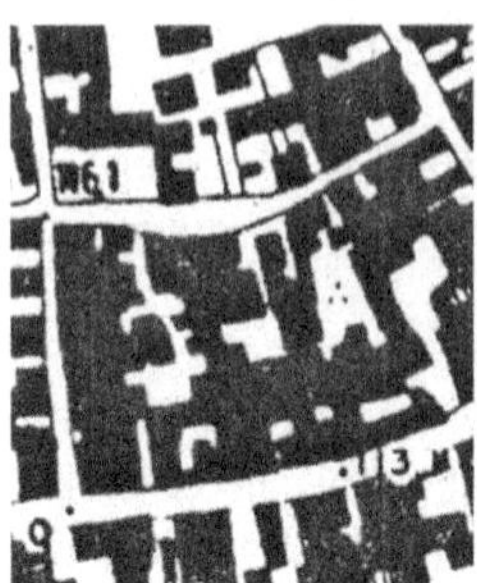

Abbildung 9: Beispiel für langfristig hohe Verkehrsbelastung – Beispiel Gemeinde Herxheimweyher[32]

Gruppe 2: Diese Gruppe umfasst Immobilien, die tatsächlich oder theoretisch aufgrund günstiger Grundstückstücks-, Gebäude- und Umfeldbedingungen entwicklungsfähig wären, aber entweder

- nicht dem Marktpreisgefüge entsprechen (hoher Kaufpreis),
- keinen Markt haben oder
- dem Markt nicht zur Verfügung gestellt werden (Sozialbindung).

Sie werden mit dem Arbeitsbegriff *„Depotimmobilien"* bezeichnet. Gerade das letztgenannte Merkmal ist in seiner Dimension nicht zu unterschätzen. Bei Rund-

31 Ziegler (2010): Eigene Karte und Aufnahmen.
32 Ziegler (2010): Eigene Aufnahme.

gängen und Gesprächen mit politischen Entscheidungsträgern – vornehmlich in kleineren Gemeinde – konnten zahleiche Leerstände identifiziert werden, die entweder nicht angeboten oder nur noch die Nebengebäude/Scheunen genutzt werden.

Für diese unterschiedlichen Typen, die es innerhalb eines Raumes, einer Gemeinde systematisch oder exemplarisch zu ermitteln gilt, können auf der Basis der zuvor genannten planerischen Arbeitsergebnisse erforderliche Maßnahmen für eine geordnete und schrittwiese Umsetzung vorgeschlagen werden.

Der Grad einer erfolgreichen Umsetzung wird ganz entscheidend von der Mitwirkungsbereitschaft der Eigentümer abhängen. Mit der Durchführung von Modell-Pilotprojekten sollten dafür Erfahrungen gesammelt, Akteure angeregt und ein beispielhafter Pool von „Best-Practice“ gebildet werden.

Praxisprojekte der Innenentwicklung

Neben dem gemeindlichen Bewusstsein eines Paradigmenwechsels von der Außen- zur Innenentwicklung haben Städte und Gemeinden in Rheinland – Pfalz und dem benachbarten Saarland mit planerischen Arbeiten und (modellhaften) Umsetzungen begonnen.

So erließ die *Stadt Illingen* im Rahmen des vom Saarland geförderten Programms MElanIE[33] (angesiedelt beim Wirtschaftsministerium, Agentur Ländlicher Raum) ein *kommunales Abrissprogramm*. Gegenstand dieses Programms ist die Förderung des Abrisses nicht mehr verwertbarer Bausubstanz zur Beseitigung von Missständen, d.h. die Vermeidung des drohenden Gestalt- und Funktionsverlustes ganzer Straßenzüge oder Ortsteilbereiche (Werterhaltung des Bestandes).

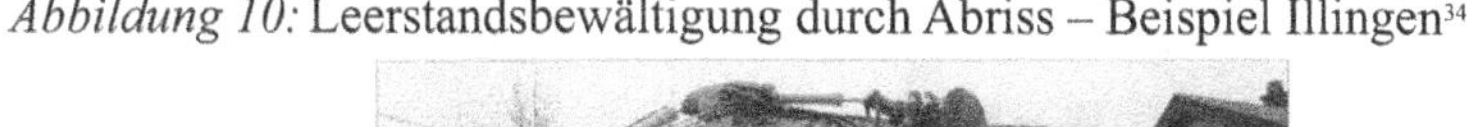

Abbildung 10: Leerstandsbewältigung durch Abriss – Beispiel Illingen[34]

33 MELanIE = „Modellvorhaben zur Eindämmung des Landschaftsverbrauchs durch innerörtliche Entwicklung“, Landesprogramm des Saarlandes seit 2005.

34 Ministerium für Wirtschaft und Wissenschaft des Saarlandes, Agentur Ländlicher Raum, Hrsg. (2010): 23-24.

Für eine langfristige Finanzierung ist jedoch noch keine Lösung gefunden. Diskutiert werden unterschiedliche Möglichkeiten, wie z.B. die Umschichtung bei vorhandenen Förderprogrammen oder die Beteiligung von (lokalen) Banken (Fondsmodell), die an der Werterhaltung von (beliehenen) Bestandsimmobilien Interesse haben.

Die *Stadt Neustadt* hat die *Initiative Innenentwicklung* – finanziert als ExWoSt Projekt durch das Finanzministerium Rheinland-Pfalz – und ab 2008 zusätzlich eine Innenstadtoffensive, die als Pilotprojekt der Nationalen Stadtentwicklungspolitik anerkannt wurde und vom Bund (BBR) gefördert wird, gestartet. Innerhalb dieser Innenstadtoffensive wurde eine Innenstadtagentur gegründet, die sich gebündelt mit der Erfassung und aktiven Vermarktung sämtlicher, dem Markt zur Verfügung stehenden Immobilen kümmert.

Abbildung 11: Beispielhafte Erfassung innerörtlicher (Bau)potentiale nach Typen im Stadtteil Neustadt – Geinsheim[35]

Das innerörtliche Baupotential – bestehend aus Leerständen, Umnutzungsmöglichkeiten, Baulücken und Innenentwicklungsflächen – beträgt in dem Stadtteil Geinsheim mit 2.035 Einwohnern rund 18 ha. Bei einer Dichte von 25 WE/ha entspricht dies einem potentiellen Angebot von rund 450 Wohneinheiten.

35 Innenentwicklungskonzeption Neustadt an der Weinstraße (2008): 23.

Die Gemeinde Weilerbach (LK Kaiserslautern) hat zur Förderung der Ortskernentwicklung eine Art „kommunale Eigenheimzulage“ mit dem aus eigenen Haushaltsmitteln finanzierten Programm „Jung kauft Alt“ im Jahr 2010 aufgelegt. Für den Kauf einer mindestens 30 Jahre alten und spätestens zwei Jahre nach dem Kauf selbst genutzten Immobilie im Ortskernbereich zahlt die Gemeinde über eine Zeit von 6 Jahren einen max. Zuschuss von 1.500,- Euro/Jahr.[36]

Derartige kommunale Förderkulissen als Anreiz für (bauliche) Maßnahmen der Innenentwicklung existieren auch in anderen Gemeinden von Rheinland-Pfalz (z.B. Gemeinde Morbach, LK Birkenfeld) sowie anderen Bundesländern.

5. Ausblick

Die Ausführungen belegen, dass sich in vielen Gemeinden die baulichen Planungsaufgaben in Zukunft darauf konzentrieren werden, wie vital und mit welcher Qualität der Baubestand gehalten und erneuert werden kann. Dies wird zunehmend ein wichtiger Gradmesser einer erfolgreichen Ortsentwicklung werden.

Die instrumentelle Bewältigung dieser Aufgaben war für Städte schon immer die Domäne der städtebaulichen Sanierung und für Dörfer die der Dorferneuerung.

Mit Sicherheit wird es notwendig werden diese zentralen Programme den neuen Anforderungen einer verstärkten baulichen Innenentwicklung anzupassen. Die Etablierung eigenständiger, paralleler Förderinstrumentarien ist weder sinnvoll, noch in Anbetracht der öffentlichen Finanznot machbar.

Insgesamt wird deutlich, dass vor allem für den wachsenden Aufgabenbereich der Leerstandsbewältigung es planerische Wege und Lösungen gibt, gleichwohl im Bewusstsein, dass in der Praxis eine stringent konsequente Herangehensweise an dieses heikle, städtebaulich sensible und wirtschaftlich oftmals negativ besetzte Thema nicht einfach sein wird.

Der vermehrt wahrnehmbare Hilfeschrei von Kommunen und Immobilieneigentümern wird jedoch weiter den Weg ebnen und muss nicht nur als Chance, sondern als Pflichtaufgabe für einen Paradigmenwechsel von der Außen- hin zu einer mit Ausdauer zur verfolgenden Innenentwicklung genutzt werden.

---

36 >http://www.weilerbach.de/cms/upload/pdf/Amtsblatt/2010_KW28_web.pd<, S. 5f.

Quellen

Bayerisches Staatsministerium für Landwirtschaft und Forsten, Ländliche Entwicklung in Bayern (2006): Aktionsprogramm Dorf vital, Innenentwicklung in der Dorferneuerung, Materialien zur ländlichen Entwicklung, Materialienheft 40/2006, München.

BBR (Bundesamt für Bauwesen und Raumordnung) (2005): Raumordnungsbericht 2005, Berichte Band 21, Bonn.

(Ehemaliges) Bundesministerium für Raumordnung Bauwesen und Städtebau (1993): Baulandbericht, Bonn.

Neustadt an der Weinstraß (2008): Innenentwicklungskonzeption Neustadt an der Weinstraße, Abschlussbericht.

Planungsgemeinschaft Westpfalz (2010): Handreichung zum Regionalen Raumordnungsplan IV (Entwurf zur Anhörung und Beteiligung), Westpfalz-Informationen, Ausgabe Nr. 131.

Rheinland-Pfalz, Ministerium des Inneren und für Sport (2008): Landesentwicklungsprogramm IV, Mainz.

Rheinland-Pfalz, Ministerium des Inneren und für Sport (2009): Raumordnungsbericht 2008, Mainz .

Saarland, Ministerium für Wirtschaft und Wissenschaft, Agentur Ländlicher Raum, Hrsg. (2010): Dokumentation „Modellprojet – Revitalisierung der Brückenstraße 2007 – 2009".

Statistisches Bundesamt (2009): Statisches Jahrbuch 2009 für die Bundesrepublik Deutschland, Wiesbaden.

Statistisches Landesamt Rheinland-Pfalz (2004): Rheinland-Pfalz 2050, Zeitreihen, Strukturdaten, Analysen, II. Auswirkungen der demographischen Entwicklung, Bad Ems.

Statistisches Landesamt Rheinland-Pfalz (2009): Statisches Jahrbuch 2009, Bad Ems.

Lebensbedingungen und Wohnwünsche älterer Menschen – Ergebnisse aus der Stadt Pirmasens

Annette Spellerberg und Pia Gerhards

Im Jahr 2009 wurde in der rheinland-pfälzischen Stadt Pirmasens eine Studie zur Analyse der Lebensbedingungen und Wohnwünsche älterer Menschen durchgeführt. Ziel des Projektes war es, eine sozial differenzierte, bedürfnisgerechte Seniorenplanung und die Vernetzung der Institutionen und Akteure zu unterstützen. Dazu wurden drei unterschiedliche Methoden eingesetzt: eine repräsentative Befragung älterer Menschen (n=2.000), Experteninterviews mit Vertreterinnen und Vertretern von Einrichtungen für Seniorinnen und Senioren (n=21) und das Beteiligungsverfahren Zukunftswerkstatt, das sechsmal in verschiedenen Stadtgebieten durchgeführt wurde. Es konnten jeweils spezifische Problemlagen identifiziert und ein nachhaltiger Diskussions- und Kooperationsprozess angestoßen werden, um die Seniorenfreundlichkeit der Stadt zu verbessern.

1. Rahmenbedingungen: Alterung und Wandel der Lebensphase Alter

Die Zahl der älteren Menschen in der Bevölkerung wächst. Für Deutschland geht die 12. koordinierte Bevölkerungsvorausberechnung von einem Anstieg des Anteils der 60-Jährigen und Älteren von 19 Prozent im Jahr 2005 auf zwischen 36 und 37 Prozent im Jahr 2030 aus (vgl. Statistisches Bundesamt 2009: 39ff.). Dabei wird die Gesamtbevölkerung um 2 bis 6 Prozent zurückgehen. Auch die Zahl Älterer, die auf Hilfe angewiesen sind, wird weiter steigen.

Hinzu kommt, aufgrund sich wandelnder Familienstrukturen (bspw. durch hohe Scheidungsraten, geringe Kinderzahl, steigende Frauenerwerbsquote), eine Veränderung des familiären Hilfe- und Pflegepotenzials. Familienbeziehungen sind zwar nach wie vor die zentrale Unterstützungsinstanz, sie werden aber zunehmend überlastet (vgl. Deutscher Bundestag 2002). Diese Prozesse wirken sich in den verschiedenen Bereichen der Angebote der sozialen Infrastruktur für ältere Menschen aus, etwa auf den Bereich der ambulanten und stationären Pflege sowie der Hilfs- und Unterstützungsangebote (vgl. Deutsches Institut für Angewandte Pflegeforschung 2010; Statistische Ämter des Bundes und der Länder 2010: 26 ff.). Aber auch andere Angebote, etwa der Beratung oder auch im Freizeitbereich sind betroffen (Brinkmann 2004; Kolland 2010: 360). Denn die Lebensphase Alter wandelt sich und damit ändern sich auch die Bedarfe von Seniorinnen und Senioren. Insbesondere die Zahl älterer Menschen ohne Hilfe- oder Pflegebedarf steigt an.

Aufgrund der Heterogenität der Gruppe der älteren Menschen ist eine Differenzierung der Lebensphase „Alter" notwendig, die aussagekräftiger ist als das biologische Alter. Der Wiener Soziologe Leopold Rosenmayr unterteilt das Alter nach dem Grad der Abhängigkeit in eine chancenreiche Phase, in der die Fähigkeit der Leistungserbringung für andere Menschen noch besteht, eine eingeschränkte Phase, in der Kompetenzen abnehmen und schließlich eine von Hilfe und Pflege abhängige Phase (vgl. Rosenmayr 1996: 35). Insbesondere die sogenannten „jungen Alten" sind heute häufig mobil, gestalten ihr Leben selbstständig und verfügen über einen guten Gesundheitszustand. Die zunehmende Alterung bietet aber daher auch große Chancen für die Gesellschaft. Ältere Menschen verfügen über vielerlei Ressourcen und Potenziale, die etwa im Bereich des Ehrenamtes oder bei der Gestaltung des Lebensumfeldes genutzt werden können (vgl. z. B. Braun/Bischoff 1999: 67ff.; Deutscher Bundestag 2002a: 101; Schmidt 2004; BMFSFJ 2010: 19). Viele ältere Menschen wollen aktiv am Leben in der Gemeinschaft teilhaben und es mitgestalten (vgl. Heetderks/Nell 2008: 22). Auch Einstellungen und Lebensstile haben sich gewandelt. Begriffe wie „Senioren" oder „Alt sein" werden von nahezu allen Älteren für ihre Selbstbeschreibung abgelehnt. Aus diesem Grund gehören nicht nur der Bereich der Versorgung im Alter zu den zukünftigen kommunalen Aufgaben, sondern auch Möglichkeiten zur Gestaltung der Lebensbedingungen und die Schaffung der aktiven Teilhabe am Leben für ältere Menschen.

Nicht nur die Angebote der sozialen Infrastruktur sind zentral, wenn es um die Aktivierung und Erhaltung der Lebensqualität Älterer geht. Eine Reihe von Studien belegt, dass viele Ältere den Großteil ihrer Zeit in ihrer Wohnung oder der unmittelbaren Wohnumgebung verbringen (vgl. z. B. Engstler et al. 2004: 236). Wohnbedingungen und die Qualität des Umfelds sind daher von gesteigerter Bedeutung. Zugleich wird immer wieder darauf hingewiesen, dass ältere Menschen so lange wie möglich selbstständig und selbstbestimmt in ihren vertrauten Wohnungen wohnen bleiben möchten (vgl. z. B. Banse et al. 2008: 42). Der Verwirklichung dieses Wunsches steht allerdings oft eine Reihe von Hürden im Wege, die in der Gestaltung und Ausstattung von Wohnung und Wohnumfeld bestehen.

Eine wichtige Rolle spielt daher auch die Gestaltung des öffentlichen Raums in der Wohnumgebung. Hierauf lag der Schwerpunkt im hier dargestellten Projekt.

2. Untersuchungsgebiet Pirmasens und Anlage der Untersuchung

Die kreisfreie Stadt Pirmasens ist ein Mittelzentrum in der Region Südwestpfalz. Sie liegt westlich des Pfälzerwaldes und hat insgesamt rund 41.000 Einwohner (Stand 2009). Einige Stadtteile sind ehemals eigenständige Vororte, die einen eher dörflichen Charakter haben. Pirmasens ist mit rund 30 Prozent Seniorenanteil (Personen über 60 Jahre) an der Gesamtbevölkerung die derzeit „älteste" Stadt in Rheinland-Pfalz, was durch den starken Bevölkerungsrückgang vor allem bei Jüngeren begründet ist. Die aktuelle Situation in Pirmasens ist – neben den deutschlandweit auftretenden Trends der negativen natürlichen Bevölkerungsentwicklung und der Suburbanisierung – eine Folge der wirtschaftlich schwierigen Lage vor Ort. Als ehemalige Schuhmetropole ging es der Stadt bis in die 1970er Jahre wirtschaftlich sehr gut. Mit der zunehmenden wirtschaftlichen Globalisierung wurde der Stadt seit den 1980er Jahren aber mehr und mehr die Grundlage ihrer Industrie genommen. Es kam zu einem nachhaltigen Verlust von Arbeitsplätzen und einer anhaltend starken Abwanderung junger und mobiler Bevölkerungsgruppen. Der Abzug des amerikanischen Militärs in den 1990er Jahren verschlechterte die Arbeitsmarktsituation zusätzlich, die zu einem andauernden negativen Wanderungssaldo der jüngeren Bevölkerung führte.

Zukünftig wird sich der Anteil Älterer in Pirmasens, wie auch in vielen anderen Städten und Regionen Deutschlands, noch erhöhen. In Rheinland-Pfalz wird nach Daten des BBSR (2010) der Anteil der Personen ab 60 Jahre 2025 bei 32 Prozent liegen, bei einem Bevölkerungswachstum von einem Prozent. In Pirmasens liegt die Quote der ab-60-Jährigen 2025 bei 36 Prozent, bei einem Fortgang der Schrumpfung von 10 Prozent in den nächsten 15 Jahren. Die geringere Zunahme des Anteils der Älteren (um etwa 7 Prozent; im Vergleich zu 30 Prozent in Rheinland-Pfalz) ist darauf zurückzuführen, dass die Bevölkerung bereits heute sehr stark gealtert ist.

Um die Überlegungen für die zukünftige Gestaltung der Lebens älterer Bürgerinnen und Bürger in Pirmasens auf eine solide Grundlage stellen zu können, wurde die TU Kaiserslautern, Lehrgebiet Stadtsoziologie mit der Durchführung der wissenschaftlichen Begleitung der Planung für Senioren beauftragt. Das Anliegen der Studie war es zunächst, einen Überblick über die Lebenssituation und die soziale Lage der älteren Menschen in Pirmasens zu geben. Auch die Wünsche und die Kritik der Seniorinnen und Senioren sollten erfragt werden. Ziel des

Projektes war außerdem, die Vernetzung der Institutionen und Akteure zu unterstützen. Schließlich sollten die Betroffenen selbst zur Mitwirkung an der Umgestaltung in ihren Wohngebieten aktiviert werden. Zu diesem Zweck wurde ein Vorgehen gewählt, das folgende Bausteine umfasste:

- Durchführung und Auswertung einer repräsentativen postalischen Befragung von Seniorinnen und Senioren,
- Experteninterviews mit Vertretern relevanter Einrichtungen für Seniorinnen und Senioren und
- ein Beteiligungsverfahren mit sechs Zukunftswerkstätten.

Hierdurch konnten verschiedene Gruppen von Senioren und Seniorinnen betrachtet und ihre Bedarfe ermittelt werden. Außerdem konnten Versorgungslücken aufgedeckt, das Zusammenwirken der Institutionen untersucht und schließlich Handlungsempfehlungen abgeleitet werden. Zur Umsetzung der geäußerten Veränderungswünsche konnten durch die Zukunftswerkstätten Freiwillige gewonnen werden.

Die postalische Befragung und die Experteninterviews wurden von März bis Juni 2009 durchgeführt, die Zukunftswerkstätten fanden im September und Oktober 2009 statt. Das Vorgehen erfolgte in enger Abstimmung mit der Stadt Pirmasens, dem Seniorenbüro und dem Seniorenbeirat. Im März 2010 wurde der Abschlussbericht vorgelegt (vgl. Spellerberg/Krickel 2010). Er beschreibt die aktuelle Situation der älteren Menschen in Pirmasens und gibt Handlungsempfehlungen für die Verbesserung der Lage von Seniorinnen und Senioren vor Ort.

3. Ältere Menschen: vorwiegend materiell gesichert, engagiert und teilweise hilfebedürftig

Die Befragung der Pirmasenser Seniorinnen und Senioren ab 60 Jahre erfolgte anhand eines Fragebogens, der an 5.000 zufällig aus dem Einwohnermelderegister ausgewählte Personen verschickt wurde, die zum Befragungszeitpunkt selbstständig in einer Wohnung bzw. einem Einfamilienhaus lebten. Es handelt sich um eine repräsentative Stichprobe, die nach dem Anteil der Seniorinnen und Senioren in den verschiedenen Stadtteilen gewichtet wurde. Der Rücklauf betrug 1.988 Fragebögen. Somit wurden insgesamt 40 Prozent der Fragebögen ausgefüllt zurückgeschickt. Dieser Rücklauf ist als hoch einzuschätzen (vgl. dazu Diekmann 2002: 441) und deutet darauf hin, dass mit der Befragung ein Thema angestoßen wurde, für das ein großes Interesse besteht und das von den Befragten als wichtig erachtet wird.

3.1 Sozialstruktur der Bevölkerung 60+

Das Durchschnittsalter der Befragten beträgt 73 Jahre. Bemerkenswerterweise wurden mit der Befragung sowohl die bereits hochaltrigen Seniorinnen und Senioren erreicht, als auch diejenigen, die als „junge Alte" bezeichnet werden können. Insgesamt 55 Prozent der Befragten sind weiblich, was dem Frauenanteil dieser Altersgruppe in der Stadt entspricht. 64 Prozent leben in Zwei-Personen-Haushalten, davon die große Mehrheit mit dem (Ehe-)Partner. Fast jeder Dritte wohnt allein. Nur ein geringer Anteil von 7 Prozent lebt mit drei oder mehr Personen in einem Haushalt. Insgesamt 12 Prozent von allen Befragten leben zusammen mit ihren Kindern.

Abbildung 1: Haushaltseinkommen pro Person der Befragten und in Westdeutschland

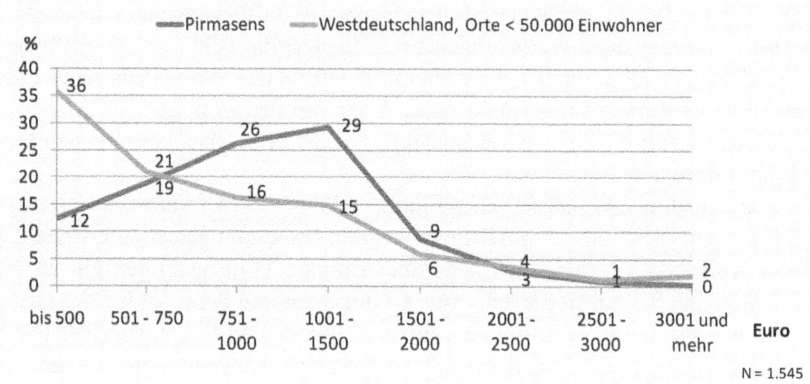

Quelle: Eigene Erhebung: Seniorenbefragung in Pirmasens; Westdeutschland: ALLBUS 2008, Befragte über 60 in westdeutschen Orten < 50.000 Einwohner.

Das monatliche Einkommen der Befragten liegt im Durchschnitt höher als bei der zum Vergleich herangezogenen Bevölkerungsgruppe im ALLBUS 2008 (westdeutsche Orte unter 50.000 Einwohner) (siehe Abbildung 1), mit 1.060 Euro haben sie durchschnittlich 220 Euro mehr zur Verfügung. Eine mögliche Erklärung liegt darin, dass in Pirmasens nur wenige Personen nie berufstätig waren. Auch die Frauen waren sehr häufig in der Schuhindustrie tätig, haben so in die Rentenkasse eingezahlt und erhalten dadurch heute eine eigene Rente. Die meisten Haushalte verfügen also, da sie überwiegend Paarhaushalte sind, über zwei Einkommen. Allerdings gibt es auch Personen mit sehr geringem Einkommen: Bei Betrachtung der ärmsten 20 Prozent der Befragten zeigt sich, dass in dieser Gruppe ein durchschnittliches Einkommen von nur 450 Euro pro Person zur Verfügung steht.

3.2 Gesundheit und Hilfebedarf

Nur 7 Prozent aller Befragten sind nach eigenen Angaben pflegebedürftig. Allerdings geben 18 Prozent an, durch ihren Gesundheitszustand stark eingeschränkt zu sein. Bei den 75-Jährigen und Älteren beträgt der Anteil der stark Eingeschränkten 31 Prozent. Insbesondere Einschränkungen beim Gehen werden häufig genannt. Auch die Beeinträchtigung der Sinne nimmt im hohen Alter zu: Etwa jede/r Siebte ab 75 Jahren hat Einschränkungen beim Sehen, etwa jede/r Sechste hört schlecht, was Unterhaltungen und auch den Medienkonsum erschwert. Ungefähr jede/r Achte ist in der Bewegung von Armen und Händen eingeschränkt. Dies deutet auf einen erhöhten Bedarf an hauswirtschaftlicher Unterstützung hin. Allerdings zeigen diese Werte umgekehrt auch, dass das Bild vom gebrechlichen alten Menschen nicht zutrifft, denn über zwei Drittel der älteren Pirmasenser berichten keine starken Einschränkungen. Auch von den Befragten im Alter von 75 Jahren und älter ist die Hälfte (subjektiv) nicht von starken körperlichen Einschränkungen betroffen.

Bei zunehmenden körperlichen Einschränkungen werden oftmals vielfältige Unterstützungsleistungen im Alltag notwendig. Insgesamt geben 49 Prozent der Befragten an, dass sie bei mindestens einer Tätigkeit Hilfe benötigen. Die meiste Unterstützung benötigen die befragten Seniorinnen und Senioren bei der Hausarbeit, wie kleinen Reparaturen (29 Prozent), Putzen und Einkaufen (jeweils 25 Prozent). Weniger Hilfebedarf besteht dagegen bei Tätigkeiten, die auf stärkere Einschränkungen hindeuten, wie Treppensteigen, Körperpflege oder Spazierengehen. Ein Hilfebedarf wird hier nur von 8 bis 10 Prozent der Befragten genannt. Der Hilfebedarf steigt erwartungsgemäß mit schlechterem Gesundheitszustand sowie mit zunehmendem Alter an. Hervorzuheben ist auch, dass der Bedarf an Unterstützung höher ist, wenn mehrere Personen im Haushalt leben. Dieses Ergebnis kann darauf zurückgeführt werden, dass Personen mit größerem Hilfebedarf häufiger in Mehrpersonenhaushalt leben, da sie dort direkt unterstützt werden können.

3.3 Freizeit und Engagement

Unter den Freizeitaktivitäten, die von über 50 Prozent der Befragten mindestens einmal in der Woche ausgeübt werden, befinden sich neben häuslichen Aktivitäten wie Fernsehen, Radio-/Musikhören, Lesen und Rätsel lösen auch Tätigkeiten, die einen höheren Aktivitätsgrad erfordern, wie Einkaufen, Treffen mit Nachbarn, Freunden oder Verwandten, Spazierengehen sowie Handarbeit, Handwerken und Gartenarbeit. 42 Prozent der Senioren gehen mindestens einmal in der Woche einer aktiven sportlichen Betätigung nach. Immerhin jede/r siebte geht mindestens einmal im Monat ins Theater, bildet sich oder geht künstlerischen Aktivitäten nach. Es zeigt sich also eine aktive Seniorenschaft. Allerdings hängt das Aktivitätsniveau zusammen mit dem Gesundheitszustand, der Einbindung in soziale Netze, dem Alter, der Ausstattung der Wohnumgebung und dem Bildungsniveau (siehe zu diesen Ergebnissen Gerhards 2010).

Von den befragten Seniorinnen und Senioren sind 36 Prozent ehrenamtlich tätig. Dieser Wert liegt etwa höher als der, den der Freiwilligen-Survey 2004 für diese Gruppe ausweist. Demnach sind es in der Altersgruppe 60+ deutschlandweit 30 Prozent, die sich freiwillig engagieren (vgl. BMFSFJ 2005: 213). Vor allem jüngere Personen sind unter den Engagierten, ab dem Alter von 75 Jahren sinkt der Anteil ab, er liegt aber immer noch bei 28 Prozent. Besonders stark vertreten sind mit jeweils über 10 Prozent die Bereiche Sport und Bewegung, Freizeit und Geselligkeit sowie kirchlicher und religiöser Bereich. Außerdem bekunden weitere 6 Prozent der Befragten (127 Personen) Interesse an einem Ehrenamt. Sie wünschen sich vor allem Tätigkeiten im sozialen Bereich. Genannt werden etwa die Mitarbeit bei der „Tafel“, Tätigkeiten als „Lese-Oma“ oder bei der Betreuung älterer Menschen. Allerdings geben auch viele Befragte an, dass Ihnen Informationen fehlen, wo ihr Engagement gebraucht würde.

3.4 Wohnsituation

Mit 61 Prozent besteht ein hoher Anteil von Eigentümern unter den Befragten. Im Vergleich sind es in Westdeutschland bei den 66-Jährigen und Älteren 53 Prozent, die im Wohneigentum leben (vgl. Statistisches Bundesamt 2008: 227). Die Eigentümerquote erscheint zunächst ungewöhnlich hoch, da es sich hier um ein städtisches Gebiet handelt. Es zeigt sich bei näherer Betrachtung, dass Eigentümer vor allem in den Vororten stark vertreten sind – hier sind es 76 Prozent. In den Stadtteilen der Innenstadt sind es aber immerhin noch 48 Prozent.

Im Durchschnitt stehen den Befragten 62 qm Wohnfläche pro Person zur Verfügung. Mieter verfügen über 51 qm, Eigentümer über 70 qm. Für Westdeutschland weist der Datenreport des Statistischen Bundesamtes für die 66-Jährigen und Älteren insgesamt einen Wert von 51 qm pro Person aus (vgl. Statistisches Bundesamt 2008: 229). Die verfügbare Wohnfläche der alleinstehenden Frauen ab 65 Jahre in Westdeutschland beträgt laut dieser Studie 61 qm; in der Pirmasenser Befragung liegt der Wert für diese Gruppe (Frauen ab 65 Jahre) bei 84 qm. Insbesondere alleinstehende Frauen wohnen also in sehr großen Wohnungen bzw. Häusern.

Trotz des hohen Wohnstandards im Hinblick auf die Fläche, zeigt sich, dass knapp die Hälfte der Befragten ihre Wohnungen nicht für das hohe Alter als geeignet ansehen (siehe Abbildung 2). Entweder vermuten sie, dass es zukünftig Probleme geben wird oder geben könnte (37 Prozent), oder sie geben an, dass es bereits aktuell Probleme gibt (11 Prozent). Nur wenige Befragte (n=19) geben an, bereits in einer Wohnanlage für Seniorinnen und Senioren zu wohnen.

Abbildung 2: Eignung der Wohnungen der Befragten bis ins hohe Alter

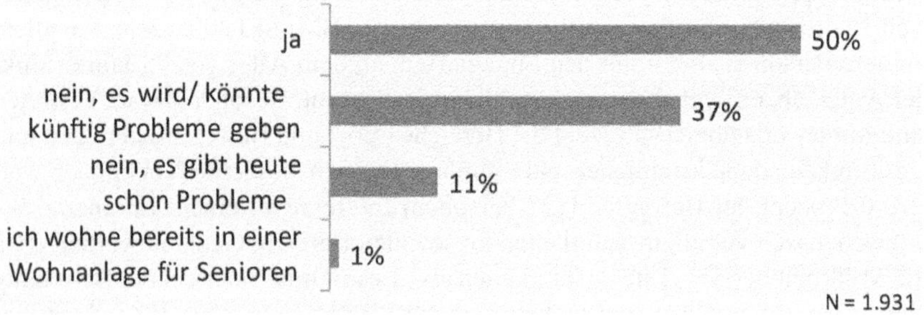

Quelle: Eigene Erhebung: Seniorenbefragung in Pirmasens.

Viele Wohnungen und Häuser sind nicht barrierefrei, d.h. es sind z.B. Treppen oder Schwellen am Eingang zu überwinden oder bei Wohnungen in den oberen Etagen existiert kein Aufzug. Nur knapp jeder fünfte Befragte hat einen barrierefreien Zugang zum Haus bzw. zur Wohnung. 7 Prozent können einen Aufzug im Treppenhaus nutzen. 5 Prozent besitzen ein behindertengerechtes Bad, 4 Prozent eine Notrufanlage und 1 Prozent einen Treppenlift. Dies weist darauf hin, dass viele Häuser und Wohnungen nicht oder nur eingeschränkt geeignet sind für ein mit körperlichen Einschränkungen verbundenes Leben im hohen Alter.

3.5 Wohnwünsche

Die Ergebnisse der Frage nach den Wohnwünschen zeigen trotz der oben beschriebenen Mängel in Ausstattung und Gestaltung, dass die meisten Befragten ihre derzeitige Wohnsituation beibehalten möchten. Über die Hälfte möchte in

Zukunft gerne (weiterhin) mit dem Partner in der bisherigen Wohnung wohnen. Dieser Wert ergibt sich aus der hohen Zahl von Befragten, die in Paarhaushalten leben und die dies nahezu alle angeben. Auch Alleinlebende wünschen sich mehrheitlich (zu 63 Prozent), die aktuelle Wohnform weiterhin aufrecht zu erhalten. Insgesamt können sich 32 Prozent aller Befragten vorstellen, zukünftig (auch) allein in der bisherigen Wohnung zu leben (siehe Abbildung 3).

Im Unterschied hierzu geben von den Personen, die aktuell mit ihren Kindern oder mit anderen Verwandten wohnen (dies ist jeder zehnte Befragte, also etwa 200 Personen) nur 30 Prozent an, dass sie sich dies auch für die Zukunft vorstellen können – nicht einmal ein Drittel derer, die aktuell mit ihren Kindern wohnen, möchte dies auch zukünftig. Bei denen die aktuell nicht mit ihren Kindern zusammen wohnen, sind es sogar nur 6 Prozent, die sich dies für die Zukunft wünschen.

Von den speziellen Wohnformen für Seniorinnen und Senioren ist das betreute Wohnen mit 20 Prozent am stärksten unter den Wohnwünschen vertreten. Beim Seniorenheim sind es 12 Prozent, bei der seniorengerechten Wohnung 11 Prozent und bei der Wohngemeinschaft immerhin noch 5 Prozent, die sich eine solche Wohnform für die Zukunft vorstellen können. Hierunter finden sich vor allem Personen, die aktuell allein leben.

Abbildung 3: Wohnwünsche der Befragten (Mehrfachnennungen)

Quelle: Eigene Erhebung: Seniorenbefragung in Pirmasens.

Allerdings ist es dabei wichtig zu berücksichtigen, dass bei dieser Frage Mehrfachnennungen möglich waren, so dass die Werte nicht dem tatsächlichen zukünftigen Bedarf entsprechen. Außerdem wird nicht bei allen Befragten der Bedarf nach einer speziellen Wohnform in der Zukunft akut werden. Insgesamt lässt sich aus diesen Ergebnissen die Tendenz ableiten, dass das selbstständige Wohnen für die große Mehrheit der Befragten hohe Priorität ha

3.6 Verkehrsmittelnutzung

Die PKW-Nutzung besitzt bei den 60-Jährigen und Älteren mit 65 Prozent Anteil einen sehr hohen Stellenwert (siehe Abbildung 4). Dies ist insbesondere bei Männern der Fall (hier sind es sogar 82 Prozent, die einen PKW nutzen), denn Frauen, die heute dieser Altersgruppe angehören, besitzen häufig keinen Führerschein. Dies wird sich aber in den kommenden Altengenerationen sehr wahrscheinlich ändern (vgl. Reiterer/Amann 2006: 26). In der Altersgruppe der 75-Jährigen und Älteren nutzen nur noch 34 Prozent das Auto. Gerade für diese Gruppe ist daher der öffentliche Nahverkehr sehr wichtig, ebenso wie eine ausreichende Nahversorgung. Neben dem Geschlecht und dem Alter wirkt sich auch das Einkommen auf die Nutzung eines PKW aus. Wer ein höheres Einkommen hat, fährt eher Auto.

Abbildung 4: Verkehrsmittelnutzung der Befragten (Mehrfachnennungen)

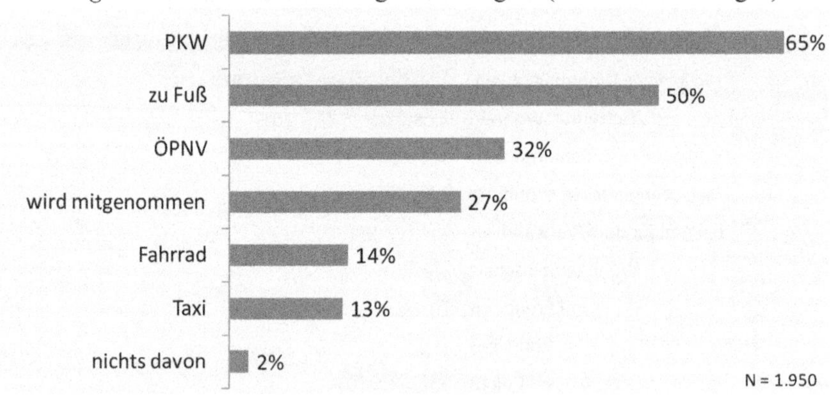

Quelle: Eigene Erhebung: Seniorenbefragung in Pirmasens.

Die Hälfte der Befragten ist (auch) zu Fuß unterwegs. Diese Art der Mobilität ist nach der PKW-Nutzung die zweitstärkste. Nur knapp ein Drittel der Befragten nutzt den öffentlichen Nahverkehr. Hierbei handelt es sich eher um Frauen und um Personen mit schlechterem Gesundheitszustand. Fragen nach den bestehen Barrieren, die Seniorinnen und Senioren an der Nutzung hindern, sowie nach Möglichkeiten zu deren Beseitigung, scheinen hier zentrale Ansatzpunkte der Planung für Senioren zu sein. Dabei ist zu berücksichtigen, dass die Nutzung öffentlicher Verkehrsmittel insbesondere den Älteren schwerfällt, die bisher keine Erfahrung damit haben (vgl. Rosenbaum 2007: 362). Etwas mehr als jeder vierte Befragte wird von anderen Personen im PKW mitgenommen.

Zusätzlich wurden die Seniorinnen und Senioren gefragt, ob sie generell mit den öffentlichen Verkehrsmitteln zufrieden und was ggf. Gründe für Unzufriedenheit seien. 11 Prozent der Befragten äußerten Unzufriedenheit mit den öffentlichen Verkehrsmitteln. Auf die offenen Frage nach den Gründen wurden häufig folgende Punkte genannt: Viele Personen kritisierten die ihrer Meinung nach zu hohen Kosten für den Nahverkehr. Auch Streckenführung und Anschlussmöglichkeiten führten in vielen Fällen zu einer negativen Bewertung. Häufig wird darüber hinaus bemängelt, dass die Nutzung bei körperlichen Einschränkungen schwierig sei, etwa wenn bei Bussen keine Einstiegshilfen verfügbar sind. Ein weiterer Kritikpunkt war mangelnde Rücksichtnahme der Fahrer und/ oder anderer Fahrgäste auf ältere Menschen.

3.7 Wohngebiete: Erreichbarkeit von Einrichtungen und Zufriedenheit

Die Befragten wurden gebeten anzugeben, welche Einrichtungen sie fußläufig erreichen können. Die Daten zeigen, dass auch die Entfernungen zu Einrichtungen der Versorgungsinfrastruktur wie Post, Arzt, Apotheke und Einkaufsmöglichkeiten für viele Ältere unangemessen hoch sind. Dieses Problem beschränkt sich nicht nur auf bestimmte Teile der Stadt, sondern scheint ein stadtübergreifendes zu sein.

Insgesamt gesehen sind vor allem Einrichtungen schlecht erreichbar, die der Freizeitgestaltung dienen. Betrachtet man nur die Personen, die angeben, dass es Ihnen wichtig sei, die jeweiligen Einrichtungen zu erreichen, dann schwächen sich diese Zahlen etwas ab. Es zeigt sich das in Abbildung 5 wiedergegebene Bild: Insbesondere bei der Post geben viele der Befragten an, dass sie nicht erreichbar, dies ihnen aber wichtig sei. Aber auch hier werden Begegnungsstätten und Freizeitmöglichkeiten häufig genannt. Als gut erreichbar stellten sich vor allem Bushaltestellen heraus, was auf eine gute Ausstattung im gesamten Stadtgebiet hindeutet. Allerdings nutzen, wie bereits angesprochen, nur wenige Ältere den öffentlichen Nahverkehr.

Abbildung 5: Einrichtungen, die die Befragten in ihrer Wohnumgebung nicht erreichen können

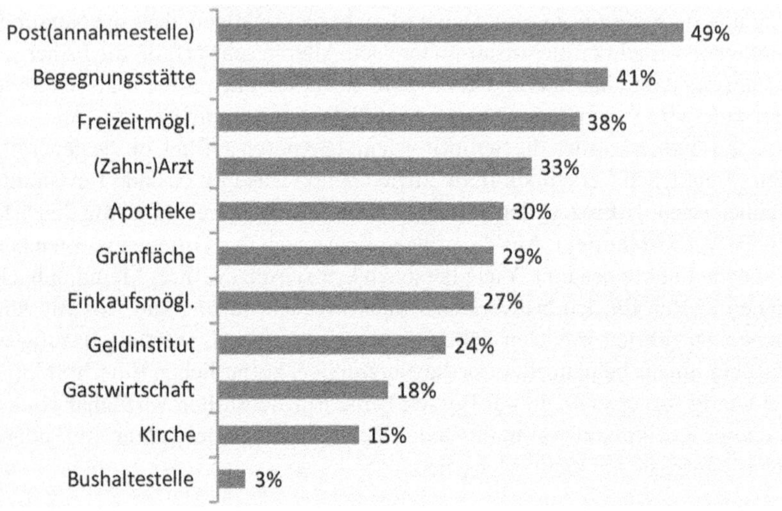

Quelle: Eigene Erhebung: Seniorenbefragung in Pirmasens, N = 866 bis 1.445 (nur Befragte, die angeben, dass ihnen die Erreichbarkeit der jeweiligen Einrichtung wichtig ist).

Trotz den Mängeln, die teilweise in der Ausstattung bestehen, äußern viele der befragten älteren Menschen Zufriedenheit mit ihren Wohnumgebungen. Insbesondere die Beziehungen zu Nachbarn werden von vielen positiv bewertet (91 Prozent sind im Hinblick darauf sehr oder eher zufrieden). Höhere Unzufriedenheit besteht dagegen mit (fehlenden) Sitzbänken, fast die Hälfte gibt an, damit sehr oder eher unzufrieden zu sein. Auch die Sauberkeit der Straßen und Gehwege wird von 38 Prozent schlecht bewertet. Die Versorgungssituation in Bezug auf Lebensmittel ist für ein Viertel der Befragten nicht zufriedenstellend. Mit steigendem Lebensalter sind die Befragten mit ihrer Wohnumgebung zufriedener. Allerdings weisen solche Personen höhere Unzufriedenheitswerte mit ihrer Wohnumgebung auf, die einen schlechteren Gesundheitszustand haben. Gesundheitliche Einschränkungen erschweren möglicherweise die Mobilität und Bewegung im öffentlichen Raum, so dass Defizite als besonders hinderlich erlebt werden.

Bei den Zufriedenheitswerten zeigen sich darüber hinaus deutliche Unterschiede je nach Wohnlage in der Stadt (siehe Abbildung 6): Mit der Versorgungssituation sind vor allem die Befragten in den Vororten unzufrieden (36 Prozent). Die Befragten in den Stadtrandgebieten bemängeln in erster Linie die mangelnden Sitzmöglichkeiten im öffentlichen Raum. 59 Prozent sind diesbezüglich unzufrieden. Diese werden aber auch in den beiden anderen Gebieten von vielen Befragten als ungenügend angesehen. Für viele Bewohner der Innenstadt scheinen außerdem die Sauberkeit von Straßen und Grünanlagen und die Sicherheit der Gegend problematisch zu sein. Dies ist in den Vororten sowie den Randgebieten in viel geringerem Ausmaß gegeben. Geringfügige Unterschiede zeigen sich bei der – in allen Gebieten durchschnittlich hohen – Zufriedenheit mit den Nachbarn. In der Innenstadt erscheinen die Nachbarschaftskontakte etwas weniger zufriedenstellend (insgesamt 9 Prozent äußern Unzufriedenheit).

Abbildung 6: Unzufriedenheit der Befragten mit der Wohnumgebung nach Wohnlage (sehr/ eher unzufrieden)

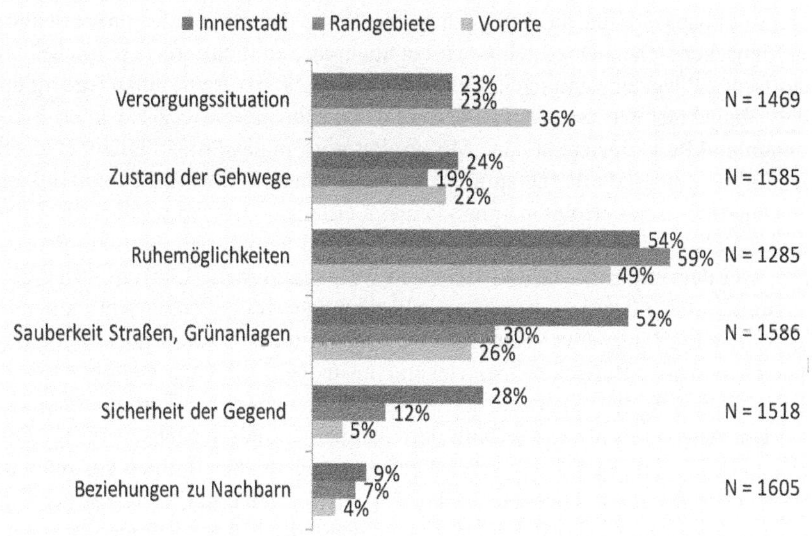

Quelle: Eigene Erhebung: Seniorenbefragung in Pirmasens, N = 1.285 bis 1.605.

Die Ergebnisse der Befragung 60+ zeigen insgesamt, dass selbstbestimmtes Wohnen ein zentrales Anliegen der älteren Pirmasenser Bürgerinnen und Bürger ist. Die große Mehrheit der Befragten zieht es vor, auch zukünftig in ihren jetzigen Wohnungen zu bleiben und dort mit dem Partner oder allein zu wohnen. Allerdings zeigen sich sowohl in der seniorengerechten Gestaltung der Wohnungen älterer Menschen, als auch ihrer Wohnumgebung Mängel, die dies erschweren. Die barrierefreie Gestaltung des Wohnumfelds ist insbesondere für die hochaltrigen Frauen aufgrund ihrer eingeschränkten Mobilität wichtig. Es zeigte sich außerdem, dass in der älteren Bevölkerung viele ehrenamtliche und freiwillige Tätigkeiten erbracht werden. Darüber hinaus besteht weiteres Potenzial für Engagement bei Personen, die bisher nicht ehrenamtlich tätig sind, sich dies aber wünschen. Viele Menschen möchten sich ehrenamtlich engagieren, es fehlt ihnen aber an Information und Anleitung, wo sie sich sinnvoll einsetzen können.

4. Experteninterviews: Armut und Immobilität als spezifische Notlagen

Ergänzend zu der Befragung der Seniorinnen und Senioren wurden 21 persönliche Interviews mit Personen aus seniorenrelevanten Bereichen geführt. Es handelte sich dabei um Vertreterinnen und Vertreter verschiedener Einrichtungen in der Stadt Pirmasens, die auf unterschiedliche Weise dauerhaft in Kontakt mit älteren Menschen stehen. Dazu gehören unter anderem Seniorentreffs (kirchliche und städtische), Pflegeeinrichtungen, Beratungsstellen, Sportvereine und pflegeergänzende Angebote, wie Essen auf Rädern und Hausnotrufdienste. Ziel war es, Meinungen und Problemsichten von „Multiplikatoren" in das Projekt einzubeziehen und darüber hinaus die Vernetzung der Institutionen und Akteure zu unterstützen.

Die Interviews erfolgten anhand eines Leitfadens. Erfragt wurden die Sicht auf die Versorgungssituation der Seniorinnen und Senioren in der Stadt Pirmasens, von den Expertinnen und Experten wahrgenommene Lücken in den zur Verfügung stehenden Angeboten sowie Problemlagen der älteren Menschen. Die Ergebnisse der Interviews zeigen, dass die Struktur der Versorgung von älteren Menschen in allen Bereichen überwiegend positiv beurteilt wird. Dennoch bestehen nach Ansicht der Experten auch Ansatzmöglichkeiten für Verbesserungen.

Die Angebote haben innerhalb der Gruppe der älteren Menschen sehr differenzierte Zielgruppen. Sie werden aber vorrangig von bestimmten Personen in Anspruch genommen. Hierunter fallen vor allem Frauen und Hochaltrige. Um einen größeren Kreis von Personen zu erreichen, die bisher nicht an Veranstaltungen und anderen Angeboten für Ältere teilnehmen, sei unter anderem deren ausreichende Information zentral. Zwar würden bereits viele Wege der Informationsverbreitung genutzt, es seien dennoch neue Möglichkeiten zu finden, durch die bisher nicht erreichte Personengruppen auf Angeboten aufmerksam gemacht werden können. Eine Zielgruppe, die von fast allen Einrichtungen nicht oder nur selten erreicht wird, ist die der älteren Migrantinnen und Migranten. In Zukunft ist mit einem steigenden Anteil von Migrantinnen und Migranten im Seniorenalter zu rechnen, da die nachfolgenden Generationen deutlich mehr Personen umfassen werden (vgl. Schopf/Naegele 2005: 385; Waltz 2010: 217f.). Nach Meinung der Experten sollten daher Wege gefunden werden, auch diese für die bestehenden Angebote zu interessieren und schließlich zu integrieren. Auch für mobilitätseingeschränkte Personen ist nach Expertenmeinung die Zugänglichkeit verschiedener Einrichtungen zu verbessern, einerseits durch die Erreichbarkeit über den öffentlichen Nahverkehr oder Fahrdienste, andererseits durch barrierefreie Gestaltung der Räumlichkeiten.

Versorgungsprobleme bestehen laut der Expertinnen und Experten vor allem bei den Einkaufsmöglichkeiten in vielen Gebieten der Stadt. Aufgrund dessen wird ein Ausbau von Fahr- und Begleitdiensten gewünscht, der Ältere unterstützt. Zudem sei durch eine bessere Ausgestaltung des öffentlichen Nahverkehrs dessen Akzeptanz unter den älteren Menschen zu stärken. Ein Mangel wird auch bei speziellen ambulanten Pflegeangeboten gesehen, etwa Tages- und Nachtpflege.

Vernetzungen zwischen den Institutionen bestehen bereits in vielfältiger Weise. Ein wichtiger Faktor ist dabei ein Netzwerk, das sich mit dem Themenfeld Demenz befasst. Es umfasst viele Einrichtungen innerhalb und außerhalb der Stadt. Allerdings ist die Kooperation der Einrichtungen untereinander dennoch in anderen Bereichen ausbaufähig. Mehrfach angesprochen wurde etwa die Notwendigkeit, dass Anbieter von Freizeit und Beratungsveranstaltungen für Ältere sich terminlich abstimmen, um Konkurrenzsituationen zu vermeiden. Zudem sollten aus Sicht der Experten generationenübergreifende Angebote gestärkt werden, indem die Zusammenarbeit mit Institutionen der Kinder- und Jugendarbeit gesucht wird.

Als Probleme von Seniorinnen und Senioren werden in erster Linie schlechte finanzielle Verhältnisse und Vereinsamung angeführt. Zudem wird mangelnde Mobilität als Einschränkung ihrer Teilhabe am Leben in der Gesellschaft wahrgenommen. Dabei spielt die Barrierefreiheit des öffentlichen Nahverkehrs und der Wohnumgebung eine große Rolle. Darüber hinaus wird kritisch gesehen, dass es älteren Menschen häufiger nicht möglich ist, im hohen Alter in ihren Wohnungen zu verbleiben, da diese nicht barrierefrei gestaltet sind. Deshalb seien frühzeitige Wohnberatung und der Abbau von Vorurteilen in der Bevölkerung gegenüber alternativen Wohnformen angeraten. Ein zentraler Veränderungswunsch der Expertinnen und Experten in Bezug auf die Gesamtsituation in Pirmasens ist außerdem die Stärkung des Ehrenamts bzw. Engagements, insbesondere bei Besuchs- und Begleitdiensten für ältere Menschen.

Die Sichtweise der Expertinnen und Experten ist, entsprechend des jeweiligen Aufgabengebiets, eher an Problemgruppen orientiert. Sie berichten verstärkt von Schwierigkeiten und Mängeln, die in der oben dargestellten quantitativen Erhebung nur nachgeordnete Bedeutung hatten, wie sich beispielsweise im Bezug auf die Wahrnehmung von finanziellen Schwierigkeiten zeigt. In vielen Bereichen aber stimmt die Wahrnehmung von Mängeln und Schwierigkeiten in beiden Erhebungen überein.

5. Zukunftswerkstätten: Von der Kritik zur Idee und zur Umsetzung

Das an die Seniorenbefragung und die Experteninterviews anschließende Beteiligungsverfahren fand im Oktober und November 2009 statt. Dazu wurden insgesamt sechs Zukunftswerkstätten von jeweils etwa drei bis vier Stunden Dauer in verschiedenen Teilen der Stadt durchgeführt.

Bei einer Zukunftswerkstatt werden gemeinsam mit interessierten Bürgerinnen und Bürgern Ideen zur Lösung von Problemen gesammelt, Perspektiven für die Zukunft entwickelt und erste Schritte zur Erreichung der Ziele geplant. So werden die Teilnehmerinnen und Teilnehmer motiviert, selbst an der Lösung sie betreffender Problemen mitzuwirken. Im Rahmen der Zukunftswerkstätten sammelten die interessierten Bürgerinnen und Bürger aus den verschiedenen Stadtteilen Ideen und Vorschläge für eine seniorengerechte Gestaltung ihrer Wohnumgebungen. Dabei wurde nach einem Konzept vorgegangen, das in den 1960er Jahren von Robert Jungk entwickelt wurde (vgl. zu der Methode Zukunftswerkstatt z. B. Jungk/Müllert 1997 und Kuhnt/Müllert 2006): Es wurden nach einem dreiteiligen Vorgehen zunächst Kritikpunkte gesammelt, anschließend Wünsche ermittelt und schließlich konkrete Projektvorschlägen entwickelt.

Ein wichtiges Anliegen der Seniorinnen und Senioren, das auf allen sechs Veranstaltungen angesprochen wurde, war die Verkehrssituation und -beruhigung. In vier Zukunftswerkstätten wurden Projektideen zu diesem Themenbereich entwickelt. Das zweitwichtigste Thema war die soziale Einbindung im Wohngebiet und das Verhältnis innerhalb der Nachbarschaft. Zwar wurde dahingehend kaum Kritik geübt, dennoch wurden bei drei der sechs Zukunftswerkstätten Wünsche geäußert, die auf die Verbesserung sozialer Netzwerke abzielten und in allen drei Fällen Projektideen erarbeitet. Es wurde gewünscht, Kontaktmöglichkeiten und Begegnungsräume für Alteingesessene und Zugezogene, ältere und jüngere Menschen zu schaffen. Ein weiteres dominantes Thema war die ungenügende

Versorgung mit bzw. die schlechte Erreichbarkeit von Einkaufsmöglichkeiten für den täglichen Bedarf und anderen Versorgungseinrichtungen (z. B. Post, Geldinstitut). In zwei Fällen entwickelten sich aus den Wünschen der Teilnehmerinnen und Teilnehmer Projektideen. Darüber hinaus wurde bei mehreren Veranstaltungen die Ausgestaltung von Spazier- und Wanderwegen sowie das Aufstellen von Bänken entlang dieser Wege als relevant identifiziert, was in zwei Fällen zur Entwicklung von Projektideen führte. Außerdem wurde häufig die Verschmutzung von Straßen und Grünanlagen kritisiert oder die Gestaltung von Plätzen mit Blumen gewünscht, es entstanden allerdings keine Projektvorschläge. Dies trifft auch auf die Kritik an den Verbindungen und der Ausgestaltung des öffentlichen Nahverkehrs zu. In diesem Zusammenhang ist auch die mangelnde Barrierefreiheit von Wegen und Straßen in der Wohnumgebung zu nennen.

Mit der Umsetzung der Projektideen wurde in den meisten Fällen in den Tagen nach den Veranstaltungen begonnen. Dabei wurden die Engagierten unterstützt durch Mitarbeiter der Stadtverwaltung aus dem Bereich Soziales und dem Seniorenbüro. So konnte sichergestellt werden, dass die Wünsche nicht nur Wünsche bleiben, sondern auch im Rahmen der Möglichkeiten verwirklicht werden.

Die Projekte, die weiterer Unterstützung durch Politik und Verwaltung benötigten (etwa der Bau verkehrsberuhigender Maßnahmen), wurden im Seniorenbeirat und im Stadtrat diskutiert und anschließend von den zuständigen Fachstellen weiterbearbeitet. Zur Umsetzung vieler Maßnahmen war darüber hinaus Kommunikation und Kooperation beispielsweise mit den betrauten Fachplanungen, anderen Verwaltungsstellen und politischen Gremien notwendig (vgl. Selle 1996: 61). Einbezogen wurden etwa das Garten- und Friedhofsamt, verschiedene Ortsbeiräte und regionale Einzelhändler.

Nach Rücksprache mit der Stadt Pirmasens zeigte sich etwa ein Jahr nach Abschluss des Projektes, dass nahezu alle Ideen weiterverfolgt und -entwickelt wurden und teilweise bereits abgeschlossen werden konnten. Als Beispiel für eine erfolgreich umgesetzte Idee der Seniorinnen und Senioren kann das Projekt „Wanderwege" angeführt werden, das in der Umsetzung breite Aufmerksamkeit und eine rege Beteiligung bei den Anwohnerinnen und Anwohnern gefunden hat. In einer der Zukunftswerkstätten wurde eine Gruppe gebildet, als deren Ziel benannt wurde, gemeinsam mit Mitarbeitern der Stadt Wanderwege aufzuwerten. Im ersten Schritt wurden Spenden für Material gesammelt, anschließend wurden in Eigenarbeit Sitzbänke aufgestellt. Auch ein Nachbarschaftstreff von Älteren organisierte sich bereits während einer Veranstaltung, der nun regelmäßig stattfindet.

Weitere Ideen können in Zukunft bei der neu eingerichteten „Ehrenamtsbörse" des Seniorenbüros aufgenommen und gemeinsam mit freiwilligen Engagierten umgesetzt werden. Somit sind über die motivierend wirkenden Einzelprojekte hinaus dauerhafte Unterstützungsstrukturen geschaffen worden, die gewährleisten, dass ein Teil der Arbeit der Freiwilligen nachhaltig wirken kann. Ziel dieser Einrichtung ist, neben der Unterstützung bei der Umsetzung von Projekten, als Vermittlungsstelle zwischen Angebot und Nachfrage nach freiwilligem Engagement zu fungieren. Ein Schwerpunkt liegt derzeit auf der Vermittlung von freiwilligen „Seniorenbegleitern" an ältere Menschen, die sich Unterstützung im Alltag wünschen, etwa beim Spazierengehen oder Einkaufen.

6. Zusammenfassung und Empfehlungen

Pirmasens kann mit Blick auf seine bereits heute starke Alterung der Bevölkerung als Vorreiterstadt angesehen werden. Viele deutsche Regionen werden zukünftig in ähnlicher Weise vom demographischen Wandel betroffen sein. Insofern sind die in der beschriebenen Studie identifizierten Ergebnisse und Ansätze zur Gestaltung des Wandels beispielhaft und wegweisend auch für andere Städte.

Im Unterschied zum Image von Pirmasens (hohe Arbeitslosigkeit, Verschuldung, Abwanderung) haben die dort befragten Älteren einen vergleichsweise hohen Lebensstandard. Die überwiegende Mehrheit der Seniorinnen und Senioren äußert sich zufrieden und nimmt aktiv am gesellschaftlichen Leben teil. Aber auch Risikogruppen konnten identifiziert werden. Dazu zählen insbesondere körperlich eingeschränkte Ältere, die beispielsweise Schwierigkeiten haben, Versorgungseinrichtungen zu erreichen.

Es hat sich zudem herausgestellt, dass viele Häuser und Wohnungen älterer Menschen nicht oder nur eingeschränkt für ein mit körperlichen Einschränkungen verbundenes Altern geeignet sind. Beratung und eine gut Informationspolitik hinsichtlich der Möglichkeiten zum Wohnen im Alter in den eigenen vier Wänden (Umbaumaßnahmen, Hilfsmittel) ist deshalb wichtig, aber auch Informationen zum Wohnen im Alter allgemein und möglichen alternative Wohnformen sind von Bedeutung.

Andererseits zeigt sich auch die Wohnumgebung in vielen Fällen als nicht seniorengerecht. So sind etwa Versorgungseinrichtungen und Freizeitmöglichkeiten schlecht erreichbar. Zwar sind die Vororte verstärkt betroffen, aber dieser Mangel wird auch in der Innenstadt häufiger angesprochen. Die Tatsache, dass so viele Befragte ihre derzeitige Wohnsituation beibehalten wollen, lässt die Wichtigkeit einer seniorengerechten Gestaltung von Wohnungen und Wohnumgebung erkennen. Diese ist zentral, um auch im hohen Alter – das heißt wenn Bewegungseinschränkungen und Hilfebedarf eintreten – ein Leben dort zu ermöglichen.

Die Expertinnen und Experten vor Ort bewerten die Versorgungsstruktur für Senioren mehrheitlich als gut. Sie sehen es unter anderem als Aufgaben für die Zukunft an, ältere Migrantinnen und Migranten verstärkt in die verschiedenen Angebote einzubeziehen und die Erreichbarkeit von Einrichtungen und Einkaufsmöglichkeiten zu verbessern, etwa durch Fahr- und Begleitdienste. Dies soll dazu beitragen, die Mobilität und damit die Teilhabe älterer Menschen zu erhalten und zu fördern.

In den Zukunftswerkstätten wurden Missstände und Zukunftswünsche aus Sicht der Älteren selbst benannt. Die durchgeführten Veranstaltungen zeigten spezifische Probleme nach Wohnlage und entsprechende Lösungsansätze auf. Gemeinsam mit den Betroffenen wurden konkrete Projekte erarbeitet. So konnte durch den Einbezug von Bürgerinnen und Bürgern eine Vielzahl neuer Ideen und Vorschläge zur Gestaltung in den verschiedenen Wohngebieten gesammelt und umgesetzt werden. Beispielsweise wurden Projekte entwickelt zur Förderung der Kontakte in der Nachbarschaft, zu örtlichen Verkehrsproblemen und zur Ausgestaltung von Wanderwegen. Die hohe Beteiligung der älteren Menschen an den Veranstaltungen, wie auch im gesamten Projekt, weist darauf hin, dass ein großes Potenzial für bürgerschaftliches Engagement in der Stadt besteht.

In der Gesamtbetrachtung der Ergebnisse aus allen drei Arbeitsschritten des Projektes hat sich als zentrales Thema die Erhaltung von Selbstständigkeit und Mobilität der Seniorinnen und Senioren herausgestellt. Die Verbesserung des Wohnumfeldes und Barrierefreiheit stellen daher zukünftig eine besondere Aufgabe für Pirmasens dar. In Bezug darauf ist auch die Gestaltung des öffentlichen Nahverkehrs relevant: Die Erreichbarkeit von Bushaltestellen ist zwar für fast alle Befragten gegeben, allerdings nutzen nur wenige die öffentlichen Verkehrsmittel. Daher ist zu überlegen, wie das Busfahren für diese Zielgruppe attraktiv gestaltet werden kann. Zudem ist die Unterstützung sozialer Kontaktnetze in der Nachbarschaft zentral, um so Einsamkeit und Isolation vorzubeugen. Auch das subjektive Sicherheitsgefühl kann sich durch eine starke Gemeinschaft der Bewohnerinnen und Bewohner verbessern. Wichtig ist außerdem, dass Versorgungseinrichtungen, wie z. B. Einkaufsmöglichkeiten, gut erreichbar sind für Personen, die in ihrer Mobilität eingeschränkt sind. Auch die Sauberkeit des Umfeldes ist vielen Seniorinnen und Senioren wichtig. Dies weist darauf hin, dass die Wohnqualität nicht nur von Merkmalen der Ausstattung abhängig ist, sondern auch von der symbolischen Wirkung der Wohnumgebung beeinflusst wird.

Der angewandte Methodenmix hat sich im beschriebenen Projekt als sehr ertragreich erwiesen. Es konnten erstens vertiefte Informationen über die Lebenssituation der Zielgruppe gewonnen und Problemgruppen identifiziert werden, zweitens konnten die Sichtweisen unterschiedlicher Akteure einbezogen werden und drittens mit den Zukunftswerkstätten gezielt die betroffenen älteren Menschen selbst aktiviert werden. Die Zukunftswerkstätten haben sich in der hier angewandten Weise als effiziente Methode herausgestellt, um einerseits Bedürfnisse, Wünsche und Ideen der Seniorinnen und Senioren vor Ort in Erfahrung zu bringen und diese auch langfristig in den Planungsprozess der Kommune einzubeziehen. Die Hinweise auf Unzufriedenheiten, die sich aus der postalischen Befragung und Experteninterviews ergeben hatten, konnten in den Zukunftswerkstätten wiedergefunden werden. Auch das Ergebnis, nach dem ein hohes Potenzial an Engagement in der älteren Bevölkerung der Stadt besteht, konnte bestätigt werden. Die benannten Veränderungswünsche waren aber im Vergleich mit denen aus der Seniorenbefragung wesentlich detaillierter und bezogen sich auf konkrete nahräumliche Gegebenheiten. Die erarbeiteten Projektideen gehen weit über die Ergebnisse hinaus, die nur mit der alleinigen Durchführung der postalischen Befragung oder der Experteninterviews hätten erzielt werden können.

Die weitere Zusammenarbeit mit den älteren Bürgerinnen und Bürgern wird – in Pirmasens wie auch in anderen Städten, die vom demographischen Wandel stark betroffen sind – eine Schwerpunktaufgabe für die Zukunft sein. Angesichts der oft schwierigen finanziellen Lage der Kommunen können Zukunftswerkstätten in der beschriebenen Form eine Möglichkeit darstellen, Gestaltungsmöglichkeiten zu erhalten und zu erweitern, auch wenn diese selbst mit Kosten verbunden sind. Die Zukunftswerkstätten bieten einige Vorteile: Einerseits wird den Betroffenen gezeigt, dass ihre Probleme ernst genommen werden, wodurch die Zufriedenheit und auch die Identifikation der Bürger mit ihrer Stadt erhöht werden kann. Andererseits können Informationen ermittelt werden über die Situation und Bedürfnisse der Betroffenen und es kann gemeinsam mit ihnen über Lösungswege diskutiert werden. Vorhandene Kompetenzen und Kenntnisse vor Ort werden genutzt. Es entsteht außerdem Motivation zur Eigeninitiative, was langfristiges unentgeltliches und produktives Engagement hervorbringt, das an den Bedürfnissen der Betroffenen ansetzt und damit zu einer höheren Lebensqualität beiträgt. Zur Stärkung des langfristigen Engagements ist es allerdings wichtig, dass den Freiwilligen dauerhafte Strukturen zur Unterstützung der freiwilligen Arbeit, kompetente Ansprechpartner und aktuelle Informationen zur Verfügung gestellt werden. Somit erscheint ein Wandel in der Stadtentwicklung hin zu einem direkteren Einbezug der betroffenen älteren Menschen selbst angeraten.

Literatur

Aner, Kirsten; Karl, Ute (Hrsg.) (2010): Handbuch Soziale Arbeit und Alter. Wiesbaden: VS Verlag für Sozialwissenschaften.

Banse, Juliane; Möbius, Martina; Deilmann, Clemens (2008): Wohnen im Alter 60+. Ergebnisse einer Befragung in der Stadt Dresden. IÖR Texte, Band 156. Dresden.

Bundesinstitut für Bau-, Stadt- und Raumforschung (2010): INKAR 2009 – Indikatoren, Karten und Graphiken zur Raum- und Stadtentwicklung in Deutschland und in Europa. CD-ROM.

Bundesministerium für Familie, Senioren, Frauen und Jugend (2010): Sechster Bericht zur Lage der älteren Generation. Altersbilder in der Gesellschaft. Berlin.

Bundesministerium für Familie, Senioren, Frauen und Jugend (2005): Freiwilliges Engagement in Deutschland 1999–2004. Ergebnisse der repräsentativen Trenderhebung zu Ehrenamt, Freiwilligenarbeit und bürgerschaftlichem Engagement. München.

Braun, Joachim; Bischoff, Stefan (1999): Bürgerliches Engagement älterer Menschen: Motive und Aktivitäten. Engagementförderung in Kommunen – Paradigmenwechsel in der offenen Altenarbeit. Stuttgart u. a.: Kohlhammer.

Brinkmann, Dieter (2004): Freizeit und Erholung in einer alternden Gesellschaft. In: Frevel (2004): 151-162.

Deutscher Bundestag (2002): Schlussbericht der Enquete-Kommission „Demographischer Wandel – Herausforderungen unserer älter werdenden Gesellschaft an den Einzelnen und die Politik". Berlin.

Deutsches Institut für Angewandte Pflegeforschung (Hrsg.) (2010): Pflege und Unterstützung im Wohnumfeld. Innovationen für Menschen mit Pflegebedürftigkeit und Behinderung. Hannover: Schlütersche.

Diekmann, Andreas (2002): Empirische Sozialforschung. Grundlagen, Methoden, Anwendungen. Reinbek bei Hamburg: Rowohlt.

Engstler, Heribert; Menning, Sonja; Hoffmann, Elke; Tesch-Römer, Clemens (2004): Die Zeitverwendung älterer Menschen. In: Statistisches Bundesamt (2004): 216-246.

Frevel, Bernhard (Hrsg.) (2004): Herausforderung Demographischer Wandel. Wiesbaden: VS Verlag für Sozialwissenschaften.

Gerhards, Pia (2010): Planung für Senioren -- Ergebnisse einer Studie zum Freizeitverhalten. In: Planerin. Fachzeitschrift für Stadt-, Regional- und Landesplanung 2/2010. 52-53.

Heetderks, Gerrit; Nell, Karin (2008): Für, mit und von Ältere(n). Neue Rollenprofile von hauptamtlich und freiwillig Tätigen in der sozialen und kulturellen Arbeit. In: Sozial Extra 32. Heft 5-6. 22-25.

Jungk, Robert; Müllert, Norbert R. (1997): Zukunftswerkstätten. Mit Phantasie gegen Routine und Resignation. München: Heyne.

Kolland, Franz (2010): Freizeit im Alter. In: Aner; Karl (2010): 355-360.

Kuhnt, Beate; Müllert, Norbert R. (2006): Moderationsfibel Zukunftswerkstätten – verstehen – anleiten – einsetzen. Neu-Ulm: AG SPAK.

Reiterer, B.; Amann, A. (2006) Frauen, Verkehrsmobilität und Alter. In: Zeitschrift für Gerontologie und Geriatrie 39. Heft 1. 22-32.

Reuschke, Darja (Hrsg.) (2010): Wohnen und Gender. Theoretische, politische, soziale und räumliche Aspekte. Wiesbaden: VS Verlag für Sozialwissenschaften.

Rosenbaum, Wolf (2007): Mobilität im Alltag – Alltagsmobilität. In: Schöller et al. (2007): 549-572.

Rosenmayr, Leopold (1996): Altern im Lebenslauf. Soziale Position, Konflikte und Liebe in den späten Jahren. Göttingen: Vandenhoeck & Ruprecht.

Schmidt, Renate (2004): Förderung der Potenziale im Alter als Zukunftsthema der Politik. In: Sozialer Fortschritt 53. Heft 11-12. 326-328.

Schöller, Oliver; Canzler, Weert; Knie, Andreas (Hrsg.) (2007): Handbuch Verkehrspolitik. Wiesbaden: VS Verlag für Sozialwissenschaften.

Schopf, Christine; Naegele, Gerhard (2005): Alter und Migration – ein Überblick. In: Zeitschrift für Gerontologie und Geriatrie 38. Heft 6. 384-395.

Spellerberg, Annette; Krickel, Pia (2010): Planung für Senioren in Pirmasens. Empirische Studien und sozialwissenschaftliche Begleitung. Kaiserslautern. Online unter http://d-nb.info/1001097254/34/.

Statistische Ämter des Bundes und der Länder (Hrsg.) (2010): Demografischer Wandel in Deutschland. Auswirkungen auf Krankenhausbehandlungen und Pflegebedürftige im Bund und in den Ländern. Wiesbaden.

Statistisches Bundesamt (Hrsg., 2004): Alltag in Deutschland. Analysen zur Zeitverwendung. Stuttgart.

Statistisches Bundesamt (Hrsg.) (2008): Datenreport 2008. Ein Sozialbericht für die Bundesrepublik Deutschland. Bonn: Bundeszentrale für politische Bildung.

Statistisches Bundesamt (Hrsg.) (2009): Bevölkerung Deutschlands bis 2060. 12. koordinierte Bevölkerungsvorausberechnung. Wiesbaden.

Waltz, Viktoria (2010): Ältere Migranten und Migrantinnen – Wo wohnen sie, wie leben sie, wie wünschen sie sich ihr Leben im Alter? In: Reuschke (2010): 215-236.

Wohneigentum im Wandel: Generationenwechsel in Siedlergemeinschaften

Annette Spellerberg und Tobias Woll

Der ökologische, wirtschaftliche, soziale und demographische Wandel stellt viele suburbane Siedlungen der Nachkriegszeit vor große Herausforderungen. In dem Forschungsprojekt „Wohneigentum für Generationen. Siedlungen zukunftsfähig gestalten und entwickeln" wurden Wohngebiete untersucht, die gemeinsam von ihren späteren Bewohnern in organisierter Gruppenselbsthilfe errichtet wurden. Diese Eigentümer- und Siedlergemeinschaften zeigen aufgrund lang gepflegter Nachbarschaften und der Organisation in Verein und Verband eine vorteilhafte Ausgangslage. Es stellt sich die Frage, ob unter diesen Bedingungen die nachbarschaftliche Unterstützung besser gelingen kann als in sonstigen Vorort- oder Stadtrandsiedlungen. In dem Projekt wurden fünf Siedlergemeinschaften des Verbands Wohneigentum Rheinland-Pfalz schriftlich befragt mit dem Ergebnis, dass gemeinschaftliche Aktivitäten nach wie vor stark ausgeprägt sind, so dass nachbarschaftliches Engagement ein besonderes Potenzial – auch für die Städte – darstellt.

1. Einleitung

Leben in den eigenen vier Wänden – das ist für viele Menschen in Rheinland-Pfalz Realität. Rund 57 % der rheinland-pfälzischen Haushalte lebten im Jahr 2008 im eigenen Haus oder in einer Eigentumswohnung. Damit liegt die haushaltsbezogene Eigentümerquote des Bundeslandes deutlich über dem Bundesdurchschnitt von 43 % (Statistisches Landesamt Rheinland-Pfalz 2010). Mit 89 % ist auch der Anteil der Ein- und Zweifamilienhäuser in Rheinland-Pfalz höher als im Bundesdurchschnitt (83 %)[1] (Statistisches Bundesamt 2010: 13).

In den Nachkriegsjahrzehnten ist Wohneigentum mit steigendem Wohlstand der Bevölkerung vor allem am Rand der Städte, im Stadtumland oder im ländlichen Bereich entstanden. Somit gilt die kleine, in mehreren Etappen erfolgte Orts-

---

1 Zahlen für 2009.

erweiterung aus freistehenden Einfamilienhäusern als Prototyp für den Städtebau des selbst genutzten Wohneigentums in der Bundesrepublik (Jessen/Simon 2001: 353). Mit steigendem Alter der Bewohner und der Häuser stehen diese Eigenheimsiedlungen gegenwärtig vor großen Herausforderungen. Das Bundesinstitut für Bau-, Stadt- und Raumforschung (BBSR) weist in einer Studie zwar darauf hin, dass Wohnquartiere der 1960er und 1970er Jahre mit einem hohen Anteil an Einfamilienhausbebauung nicht per se problematisch sind. Allerdings können diese Wohnquartiere aufgrund der städtebaulichen Qualität, schlechter Infrastrukturausstattung und der absehbaren demographischen Entwicklung zukünftig vor unterschiedlichen Herausforderungen stehen (BBSR 2009: 18). Aktuelle Herausforderungen und Zukunftsaufgaben von Ein- und Zweifamilienhausgebieten sind Energiesparen, Anpassung des Baubestands an heutige Bedürfnisse, die seniorenfreundliche Gestaltung sowie die Bewältigung des Generationenwechsels.

In diesem Aufsatz werden Ergebnisse des praxisorientierten Forschungsprojekts „Wohneigentum für Generationen. Siedlungen zukunftsfähig gestalten und entwickeln“ vorgestellt, in dem eine besondere Form von Eigenheimsiedlungen untersucht wurde. Es handelt sich um Wohngebiete, die gemeinsam von ihren späteren Bewohnern in organisierter Gruppenselbsthilfe errichtet wurden. Fünf solcher Eigentümer- und Siedlergemeinschaften des Verbands Wohneigentum Rheinland-Pfalz wurden detailliert untersucht und bei der Lösung von Zukunftsaufgaben beraten.

2. Eigentümer- und Siedlergemeinschaften im Wandel

Die Anfänge der Siedlerbewegung reichen bis ins Jahr 1918 zurück. Um die Wohnverhältnisse der ärmeren Bevölkerung und Teile der unteren Mittelschicht zu verbessern, schuf der Staat mit der Verabschiedung einer Reihe von Gesetzen die Voraussetzungen für den Bau von Kleinsiedlungen und Kleinwohnstätten. Das Preußisches Wohnungsgesetz (1918), das Reichssiedlungsgesetz (1919) und das Reichsheimstättengesetz (1920) sind Beispiele dafür, wie in der Weimarer Republik der Eigenheimbau durch sozialstaatliche Maßnahmen für breite Schichten der Bevölkerung initiiert wurde. Kriegsteilnehmer, Kriegsbeschädigte, Kriegerwitwen sowie kinderreiche Familien waren in der Anfangszeit der Heimstätten- und Kleinsiedlungsbewegung die Zielgruppe für die Schaffung gesunder Wohnverhältnisse. Neben dem Selbstbau war die Selbstversorgung der Bevölkerung durch Gartenbewirtschaftung und Kleintierhaltung eine wichtige Zielsetzung der Siedlerbewegung. Die Siedlungen sind daher häufig durch vergleichsweise kleine Häuser, Seitenanbauten und große Gärten gekennzeichnet (Hafner

1996: 559-562; Kuhn 2001: 195; Rauch 2010: 21). In der Zeit der Weimarer Republik konnte aber insgesamt nur in rund 20.000 Fällen Eigentum geschaffen werden (Hafner 1996: 559-562).

Auch in der Zeit des Nationalsozialismus sind Kleinsiedlungen entstanden, allerdings verlagerte sich der Schwerpunkt der Bautätigkeit von den Großstädten auf kleine und mittlere Gemeinden und in dünn besiedelte oder grenznahe Gebiete. Im Sinne einer Subsistenzwirtschaft spielten Gartenbewirtschaftung und Kleintierhaltung eine zentrale Rolle. Generell verfolgte die Wohnungspolitik im Nationalsozialismus das Ziel, der (Wieder-)Verwurzelung des Menschen mit Grund und Boden. Es entstanden jedoch entgegen der Propaganda (100.000 Eigenheime pro Jahr) nur etwa 140.000 Kleinsiedlerstellen insgesamt (Harlander 2001: 261). Die Kleinsiedlung und die Heimstätte entwickelten sich im Dritten Reich zu einem wichtigen Teil der nationalsozialistischen Familienideologie. Dabei wurde die Kleinsiedlung in den Kontext der nationalsozialistischen Blut- und Bodenideologie gerückt. Beispielsweise wurden Heimstätten und Kleinsiedlungen als „Keimzelle des Staates“ oder als „bewahrendes Element des Volkskörpers und der Rasse“ gesehen. Im Dritten Reich öffnete sich die Kleinsiedlungs- und Heimstättenbewegung stärker dem Mittelstand, um privates Kapital zu nutzen. Zudem spielte bei der Auswahl der Siedler auch die Rassenzugehörigkeit und die Parteimitgliedschaft eine Rolle, d. h., dass vor allem jüdische Siedler ihr Eigentum verlassen und aufgeben mussten (Hafner 1996: 584-585; Harlander 2001: 258-259).

Zu Zeiten der Wohnungsnot in den 1950er und 1960er Jahren erlebte der Bau von Kleinsiedlungen eine neue Blüte, wobei an die Traditionen der Weimarer Republik angeknüpft wurde. In der Nachkriegszeit war das Bauen in organisierter Selbsthilfe Voraussetzung dafür, dass sich untere und mittlere Einkommensschichten Wohneigentum leisten konnten. Für die Errichtung der meist einheitlich gestalteten und kompakten Siedlerhäuser in Stadtrandlagen, übernahmen die Siedler Bauleistungen mit einem Selbsthilfeanteil, der oftmals zwischen 1.500 und 2.500 Stunden lag. Planung und Bau der Siedlungen erfolgte einheitlich durch einen Bauträger, meist Siedlervereine oder gemeinnützige Siedlungsbaugesellschaften. Durch die Selbsthilfe ergaben sich schon vor dem Einzug unter den Siedlern enge Kontakte, was zur Stärkung des geselligen Lebens, der Siedlergemeinschaften als Verein, hoher Ortsbindung und engen Nachbarschaftsbeziehungen führte (Hafner 1996: 567-568; Jessen/Simon 2001: 356; Szypulski 2008: 117-118).

1935 wurde der Deutsche Siedlerbund als alleinige Vertretung aller Heim- und Eigenheimbesitzer anerkannt. Nach dem Zweiten Weltkrieg wurde der Siedlerbund auf demokratischer Basis neu aufgebaut. Im Jahr 2005 erfolgte die Umbenennung in Verband Wohneigentum, weil der Begriff Siedler im Alltagsgebrauch der deutschen Sprache kaum noch auftaucht – zumindest nicht im Kontext bundesrepublikanischen Wohnens – und die Zukunft mehr in den Mittelpunkt rücken sollte. Der Verband Wohneigentum, mit gegenwärtig rund 370.000 Mitgliedern der größte Verband selbstnutzender Wohneigentümer in Deutschland, setzt sich für die Förderung des Baus und des Erwerbs sowie die Sicherung des Erhalts von selbstgenutztem Wohneigentum ein. Zudem vertritt der Verband die Interessen der selbstnutzenden Wohneigentümer gegenüber Politik und Gesetzgeber.

Wie andere Einfamilienhausgebiete stehen auch die Siedlungen des Verbands Wohneigentum vor großen Herausforderungen. Die Ein- und Zweifamilienhäuser der Mitglieder im Verband Wohneigentum sind nur unzureichend auf die Bedürfnisse der älter werdenden Bewohnerschaft ausgerichtet. Beim Bau der Häuser stand die rasche Schaffung von Wohnraum im Vordergrund, Überlegungen zum altengerechten Wohnen spielten hingegen keine Rolle. Daher ist für viele Bestandsgebäude in diesen Siedlungen ein erhöhter Modernisierungsaufwand festzustellen, will man Anforderungen an altersgerechtes Wohnen erfüllen (Szubin 2009). Auch Anpassungen der Siedlerhäuser an moderne Energiestandards sind notwendig. Der Verband Wohneigentum fordert die Stärkung von einfachen und wirksamen Förderprogrammen zur energetischen Modernisierung, lehnt aber eine gesetzliche Pflicht zur energetischen Sanierungen ab (Rauch 2010: 40). In vielen Siedlergemeinschaften steht aufgrund der Altersstruktur der Bewohner ein Generationenwechsel unmittelbar bevor oder hat sich bereits teilweise vollzogen. In diesem Zusammenhang tritt der Verband Wohneigentum als Lobbyverein vor allem dafür ein, dass selbstgenutztes Wohneigentum steuerfrei an die Erben weitergegeben werden kann.

Da gegenwärtig keine Gruppensiedlungen mehr in organisierter Selbsthilfe gebaut werden, stehen auch die örtlichen Siedlervereine und Siedlergemeinschaften vor neuen Aufgaben. Der Anteil der Erstsiedler wird altersbedingt abnehmen und neue Eigentümer, ohne die Erfahrung der Gruppenselbsthilfe während der Bauzeit, müssen in die bestehende Gemeinschaft integriert werden. Darüber hinaus zeichnet sich ab, dass sich die Siedlergemeinschaften sowie der Verband Wohneigentum zunehmend als Institutionen des Verbraucherschutzes sehen. Sie leisten Rechts- und Finanzberatung und beraten im Hinblick auf Gartennutzung, Energieeffizienz und barrierereduziertes Wohnen (Rauch 2010: 41). Weitere wichtige Zukunftsaufgaben der Siedlervereine sind (Uertz 2010: 17): Leerstandsprävention, die Verbesserung der Wohnqualität in den Siedlungen, die Stärkung der lokalen sozialen Netze und das gemeinsame Wirtschaften (z. B. als Einkaufsgenossenschaft oder als Nutzer gemeinsamer Geräte und Einrichtungen).

Aktuelle Zukunftsaufgaben standen auch im Fokus des 24. Bundeswettbewerbs für Eigenheimsiedlungen im Jahr 2009. Unter dem Wettbewerbsmotto „Wohneigentum – heute und morgen" rückte der Verband Wohneigentum die Zukunftsthemen Klimaschutz und Ökologie, Energieeffizienz, flächensparender Städtebau, Zukunft des bürgerschaftlichen Engagements und Ökonomie des Wohneigentums in den Blickpunkt. Wettbewerbe auf Bundesebene werden vom Verband Wohneigentum (früher vom Deutschen Siedlerbund) seit dem Jahr 1952 in regelmäßigen Abständen ausgelobt und sind von großer Bedeutung für die Präsenz der Kleinsiedlungen in der städtebaulichen Diskussion und der Bundesbaupolitik (Jessen/Simon 2001: 356).

3. Forschungsprojekt „Wohneigentum für Generationen": Forschungsfragen, Vorgehensweise und Methoden

Wohneigentum in Siedler- und Eigentümergemeinschaften stellt insofern einen interessanten Forschungsgegenstand dar, weil aufgrund lang gepflegter und stabiler Nachbarschaften, gefestigten Kommunikationsstrukturen und der Organisation in Verein und Verband eine vorteilhafte Ausgangslage für die Bewältigung der aktuellen Zukunftsaufgaben gegeben ist. Es stellt sich die Frage, ob unter diesen Bedingungen den Siedlergemeinschaften die energetische und bauliche Sanierung oder auch der Generationenwechsel besser gelingen kann als in herkömmlichen suburbanen Wohngebieten der Nachkriegszeit.

In dem Forschungsprojekt „Wohneigentum für Generationen. Siedlungen zukunftsfähig gestalten und entwickeln" werden fünf Eigenheimsiedlungen des Verbands Wohneigentum Rheinland-Pfalz e. V. in den Städten Boppard, Lahnstein, Wittlich und Worms sowie der Gemeinde Waldböckelheim (Landkreis Bad Kreuznach) untersucht. Ziel ist es, gemeinsam mit den Eigentümern umsetzungsfähige Konzepte und Strategien zur zukünftigen Entwicklung der Siedlung zu erarbeiten. Die aktive Mitwirkungs- und Gestaltungsbereitschaft der Bewohnerinnen und Bewohner der fünf Siedlungen war in dem praxisnahen Projekt von zentraler Bedeutung. Das Vorhaben wurde von den Fachdisziplinen Stadtsoziologie und Städtebau und Ortsplanung der Technischen Universität Kaiserslautern sowie der rheinland-pfälzischen Landesenergieagentur EOR durchgeführt. Das Finanzministerium des Landes Rheinland-Pfalz förderte das Projekt mit Mitteln aus dem Programm „Experimenteller Wohnungs- und Städtebau" (ExWoSt). Der Verband Wohneigentum Rheinland-Pfalz e. V. unterstützte das Projekt und fungierte als Gatekeeper.

Für den Projektbereich Soziales wurden folgende Forschungsfragen formuliert:

- Welche Besonderheiten im Unterschied zu sonstigen Stadtrand- und Vorortsiedlungen können identifiziert werden?
- Was bedeutet die Alterung der Bevölkerung für die Siedlungen?
- Was bedeutet Nachbarschaft und Nachbarschaftshilfe in den Siedlungen?
- Gestalten die Siederinnen und Siedler ihre Freizeit gemeinsam und welchen Einfluss hat ein Bewohnerwechsel?
- Haben Siedlergemeinschaften bei Generationenwechsel Bestand?

Um diese Forschungsfragen beantworten zu können, wurden verschiedene sozialwissenschaftliche Methoden angewandt. Im Dezember 2009 wurde eine schriftliche Umfrage zu den Themenfeldern Wohnen, Wohnzufriedenheit, Nachbarschaft und gemeinschaftliche Aktivitäten durchgeführt. Auf diese Weise konnten Bedürfnisse, Wünsche, Potenziale und Defizite in den Siedlungen identifiziert werden. In Zukunftswerkstätten konnten die Bewohnerinnen und Bewohner Stärken und Schwächen der Siedlung benennen und konkrete Projekte erarbeiten (Frühsommer 2010). In einem dritten Schritt wurden Expertengesprächen mit den Bürgermeistern und Vertretern der Stadtplanungs- und Bauämter geführt, um die Wahrnehmung der Siedlung im Gemeindekontext zu erfahren und die Realisierbarkeit der von den Siedlerinnen und Siedlern erarbeiteten Projektideen einschätzen zu lassen (Herbst 2010).

4. Ausgewählte Siedlungen

Für die Studie wurden die folgenden fünf Eigenheimsiedlungen des Verbands Wohneigentum Rheinland-Pfalz e. V. ausgewählt, die sich hinsichtlich Lage, Infrastrukturausstattung, Alter, Größe und Altersdurchschnitt der Bewohnerinnen und Bewohner unterscheiden:

- Die Siedlung *Leiswiese* in *Boppard* ist in den Jahren 1960 bis 1965 im neu gegründeten Ortsteil Buchenau (1952) entstanden. Die Bauwilligen konnten bis zu 2.500 Arbeitsstunden leisten, um Baukosten zu sparen. Beim Aufbau der Siedlung waren auch freiwillige Helfer des Internationalen Bauordens (IBO), einer gemeinnützigen Organisation zur Behebung der Wohnungsnot, im Einsatz (Hoß 1977: 8-9).

  Die Siedlung Leiswiese ist gekennzeichnet durch ein sehr homogenes Erscheinungsbild mit weitgehend erhaltener Gestaltung aus der Entstehungszeit. Die kompakten Siedlungshäuser mit offenen Vorgärten sind durch einen

Rundweg verbunden. In der Siedlung Leiswiese gibt es einen großen Anteil an Erstsiedlern. Das Wohngebiet zeichnet sich durch eine gute Nahversorgung aus, weil Supermärkte fußläufig zu erreichen sind.

- In den Jahren 1966 bis 1973 wurde die Siedlung *Am Allerheiligenberg* in *Lahnstein* in Eigenleistung errichtet. Bereits im Jahr 1963 kam es zur Gründung der Siedlergemeinschaft. Heute leben noch die meisten Erstbewohner in der Siedlung, entsprechend hoch ist der Altersdurchschnitt (2010: 65 Jahre).

  Die Siedlung Allerheiligenberg befindet sich in exponierter Lage am Hang über dem Rhein und ist abgeschnitten vom Zentrum Lahnsteins. Die Siedlung ist geprägt durch die Erstbebauung und damit durch ein homogenes Erscheinungsbild. Vorherrschend sind Gebäude im Bungalow- oder Split-Level-Stil. Infrastruktur ist nicht vorhanden, denn es fehlen Post, Banken und Einkaufsmöglichkeiten für den täglichen Bedarf. Auch die Anbindung an den öffentlichen Nahverkehr ist ungenügend.

- Die Siedlung *Auf Bühl* in der Gemeinde *Waldböckelheim* (Landkreis Bad Kreuznach) ist die jüngste der untersuchten Siedlungen. Sie ist in den 1970er Jahren als klassisches Neubaugebiet entstanden. Die Siedlergemeinschaft wurde erst im Jahr 1975 gegründet, als bereits die Hälfte der Gebäude der Siedlung fertiggestellt war, um Baumaterial und Gartengeräte gemeinsam zu erwerben und zu verwalten.

  Die Siedlung Auf Bühl erscheint durch die verschiedenen Bauformen und Baugestaltungen uneinheitlicher als die anderen Siedlungen. Auch hier gibt es Defizite bei der Nahversorgung und der Anbindung an den öffentlichen Verkehr.

- Die *Weilersiedlung* in *Wittlich* ist in der Zeit des Nationalsozialismus in den Jahren 1939 bis 1942 als SA-Dankopfersiedlung entstanden. Bereits 1937 wurde die Wittlicher Siedlergemeinschaft als Ortsgruppe des Deutschen Siedlerbundes gegründet. Viele Häuser sind erst nach ihrer Fertigstellung den Siedlerfamilien zugeteilt worden. Darüber hinaus waren die Erstsiedler zur Kleintierhaltung verpflichtet (Trierischer Volksfreund vom 21.01.2004).

  Die Weilersiedlung ist gekennzeichnet durch die erhaltene Erstbebauung und einen hohen Grün- und Freiflächenanteil (zentrale Grünfläche mit Spielplatz). Aufgrund des Alters der Siedlung ist der Generationenwechsel bereits vollzogen. Auch bauliche Veränderungen (Renovierungen, Anbauten, Aufstockungen) sind erkennbar. Im Jahr 2003 wurde ein gemeinsam errichtetes Siedlerheim eingeweiht.

- Die *Nikolaus-Ehlen-Siedlung* in *Worms-Horchheim* ist mit 239 Eigenheimgrundstücken und 489 Einwohnerinnen und Einwohnern (Verband Wohneigentum 2009: 54) die größte der untersuchten Siedlungen. Die Siedlung wurde zwischen 1950 und 1964 in organisierter Gruppenselbsthilfe errichtet. Bauträger war die Wormser gemeinnützige Siedlungsbaugesellschaft „Das familiengerechte Heim". Leitbild beim Aufbau waren die Ziele, die der Pionier des Selbsthilfe-Siedlungsbaus Nikolaus Ehlen und der Stifter und Gründer der Siedlungsbaugesellschaft „Das familiengerechte Heim" Karl Kübel vorgegeben haben. Beider Anliegen war es, in Gruppenselbsthilfe Eigenheime für Familien mit geringem Einkommen und Eigenkapital sowie für Heimatvertriebene und Flüchtlinge in einem familiengerechten Wohnumfeld zu errichten. Das Prinzip der Gruppenselbsthilfe verpflichtete beispielsweise die Siedler des ersten Bauabschnitts (1950 bis 1951) dazu, rund ein Viertel der Baukosten der Häuser in Selbsthilfe zu erarbeiten. Die Siedlergemeinschaft der Nikolaus-Ehlen-Siedlung wurde im Jahr 1951 gegründet. Im Jahr 1970 wurde das gemeinsame Siedlerheim eingeweiht, das seitdem mehrmals erweitert wurde (Kübel-Sorger 2001a: 9-10; Kübel-Sorger 2001b: 14).

  Die Nikolaus-Ehlen-Siedlung ist geprägt durch Reihenhausbebauung und freistehende Einfamilienhäuser mit großzügigen Gärten und Vorgärten. Die Altersstruktur der Bewohner ist ausgewogen. Die Nikolaus-Ehlen-Siedlung ist gut an den öffentlichen Nahverkehr angebunden, hinzu kommt eine gute Versorgung mit Einkaufsmöglichkeiten. Die Nikolaus-Ehlen-Siedlung errang im Jahr 2008 bei dem Landeswettbewerb „Wohneigentum – heute und morgen", der dem Bundeswettbewerb 2009 vorgeschaltet war, den ersten Platz.

5. Leben und Wohnen in Siedlergemeinschaften

Sozialstruktureller Hintergrund der befragten Eigentümer

An alle Haushalte in den fünf Siedlungen des Verbands Wohneigentum Rheinland-Pfalz (Anzahl: n=528) wurde ein standardisierter Fragebogen „Leben in Siedlungen" verteilt. 233 Eigentümerhaushalte haben sich an der schriftlichen Befragung beteiligt. Um die Bereitschaft zur Teilnahme an der schriftlichen Befragung zu erhöhen, sind die Bewohnerinnen und Bewohner der Siedlungen vorab schriftlich und durch die Siedlervorstände informiert worden. Die Resonanz auf die Befragung war sehr positiv, es konnte eine Rücklaufquote von 44 % erzielt werden.

- Die Befragten sind im Durschnitt 61 Jahre alt, die Altersspanne reicht von 27 bis 90 Jahre. Damit liegt das Durchschnittsalter der Antwortenden deutlich über dem Bundesdurchschnitt von 43 Jahren (Jahr 2009).
- Entsprechend dem höheren Alter leben mehr als die Hälfte der Befragten (57 %) in Zwei-Personen-Haushalten (Rheinland-Pfalz 36 % im Jahr 2009). Lediglich 14 % leben in Ein-Personen-Haushalten und 29 % in Familienhaushalten mit drei und mehr Personen, wobei in jedem fünften Haushalt minderjährige Kinder leben. Dieser Wert entspricht in etwa dem Bundesdurchschnitt.
- Die Fragebögen wurden mehrheitlich von Männern ausgefüllt, die sich möglicherweise als Haushaltsvorstand verstehen und zuständig fühlten (63 % Männer und 37 % Frauen)
- Die Bildungsabschlüsse sind demgegenüber gleichmäßiger verteilt. 39 % haben einen niedrigen Bildungsabschluss (höchstens Haupt- bzw. Volkschulabschluss), 36 % geben an, Fachabitur oder einen höheren Abschluss zu haben und ein Viertel hat die Schule mit der mittleren Reife abgeschlossen. Während bei den älteren Siedlern die Volksschule überwiegt, liegen bei den jüngeren Befragten höhere Schulabschlüsse vor. Dies ist ein erster Hinweis auf die Attraktivität der Siedlungen für mittlere soziale Schichten.

Abbildung 1: Siedlung Allerheiligenberg in Wittlich
(Aufnahmen: Karl Ziegler)

Wohnsituation und Wohnzufriedenheit

Den Haushalten in den Siedlungen stehen im Durchschnitt 123 Quadratmeter Wohnfläche zur Verfügung. Damit ist die durchschnittliche Wohnfläche höher als im Bundes- und Landesdurchschnitt (106 m² in RLP und 92 m² Wohnungsgröße in der BRD 2009 insgesamt) (Statistisches Bundesamt 2010). Nicht nur die verfügbare Wohnfläche, auch die Ausstattung der Häuser ist vorteilhaft. Es wurden im Laufe der Zeit Anpassungen und Modernisierungen vorgenommen, so dass die Wohnqualität in den fünf untersuchten Eigenheimsiedlungen insgesamt positiv eingeschätzt wird. Zugleich zeigt sich ein Bedarf an weiteren baulichen Maßnahmen und Sanierungsbedarf, denn 36 % der Befragten planen Schönheitsreparaturen und 20 % umfassende Modernisierungen.

Die hohe Wohnqualität führt zu einer hohen subjektiven Wohnzufriedenheit. Der Großteil der Befragten in allen fünf Siedlungen (84 %) ist mit der Größe ihres Hauses zufrieden, nur 9 % sind der Meinung, das Haus sei zu klein und 7 % finden, ihr Haus sei zu groß. Rund drei Viertel der Befragten (74 %) beurteilen auch den baulichen Zustand als sehr gut oder gut, also als weitgehend ohne bauliche Mängel und Schäden. Hohe Zufriedenheit unter den Eigentümer herrscht auch im Hinblick auf die Ausstattung, das Aussehen sowie den Grundriss des Hauses. Auf dem letzten Platz rangiert die Zufriedenheit mit dem Energieverbrauch (sechs von zehn; siehe Abbildung 2).

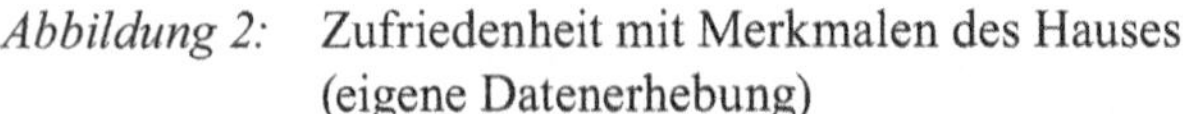

Abbildung 2: Zufriedenheit mit Merkmalen des Hauses (eigene Datenerhebung)

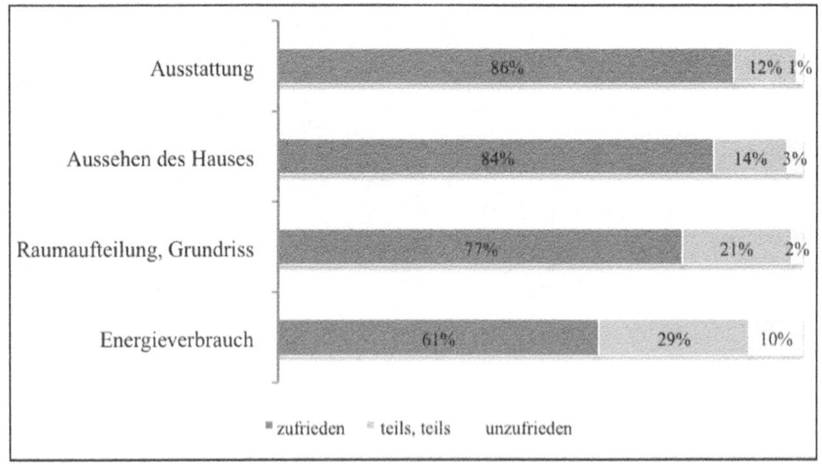

Die befragten Eigentümer leben meist sehr lange in ihrer Siedlung, die mittlere Wohndauer liegt bei 29 Jahren, sie reicht von 23 Jahren in Waldböckelheim bis hin zu 36 Jahren in Lahnstein. 43 % der Befragten in den Siedlungen leben länger als die Hälfte ihres Lebens im Wohnquartier. Allein die lange Wohndauer der Befragten lässt auf eine hohe Ortsbindung und eine hohe Identifikation mit dem Wohnort schließen. 91 % stimmen den Aussagen zu: „Ich lebe gerne hier und möchte nirgendwo anders leben" und „Ich lebe gerne hier". Ein etwa gleich hoher Anteil (89 %) ist entsprechend zufrieden mit der Wohnumgebung.

Die Bewertung spezifischer Merkmale der Wohnumgebung, wie z. B. Einkaufsmöglichkeiten, Erreichbarkeit des öffentlichen Nahverkehrs oder Ansehen und Ruf der Wohngegend, unterscheidet sich je nach Siedlung und weist auf die jeweiligen Stärken und Schwächen hin. Mehrheitlich zufrieden sind die befragten Eigentümer in den fünf Siedlungen mit dem Ansehen und dem Ruf der Siedlung (86 %). Aufgrund der peripheren Lage der Siedlungen im Stadtraum bemängeln die befragten Eigentümer insbesondere die Erreichbarkeit des öffentlichen Nahverkehrs (51 % nicht zufrieden). In der Siedlung Allerheiligenberg in Lahnstein, die exponiert am Hang liegt und von der Kernstadt abgeschnitten ist, ist keiner der Befragten mit der Anbindung an den öffentlichen Nahverkehr zufrieden.

Im Ergebnis beurteilen die Eigentümerinnen und Eigentümer ihre Wohnverhältnisse ausgesprochen positiv. Mängel ergeben sich eher aus der unzureichenden nahräumlichen Versorgungssituation als aus baulichen oder gestalterischen Aspekten des Eigenheims.

Abbildung 3: Siedlerhäuser in Boppard und Wittlich (Aufnahmen: Karl Ziegler)

Seniorenfreundliche Maßnahmen

Der Großteil der Häuser in den untersuchten Siedlungen ist in den 1950er bis 1970er Jahren errichtet worden und wurde für junge Menschen und junge Familien geplant. Heute wird vielfach davon ausgegangen, dass die Häuser in Eigenheimsiedlungen aus dieser Zeit nur unzureichend auf die Bedürfnisse der mittlerweile gealterten Bewohner zugeschnitten sind. Experten fordern daher häufig Umbauten, um beispielsweise bei körperlichen Einschränkungen möglichst lange im eigenen Haus bleiben zu können. In den fünf Siedlungen hat bereits jeder fünfte Befragte einen Umbau des Badezimmers (z. B. Einbau einer ebenerdigen Dusche) vorgenommen und weitere 16 % geben an, dies in naher Zukunft zu planen. Ein barrierefreier Zugang zum Haus wurde bisher von jeder bzw. jedem Achten realisiert. Notrufsystem und Treppenlift wurden kaum verwirklicht und werden auch nur von einer kleinen Minderheit gewünscht. Die Ergebnisse lassen den Schluss zu, dass aktuell die Bereitschaft zum seniorenfreundlichen Umbau der Bestandsgebäude gering ist bzw. als nicht notwendig angesehen wird (siehe Abbildung 4).

Abbildung 4: Seniorenfreundliche Maßnahmen (eigene Datenerhebung)

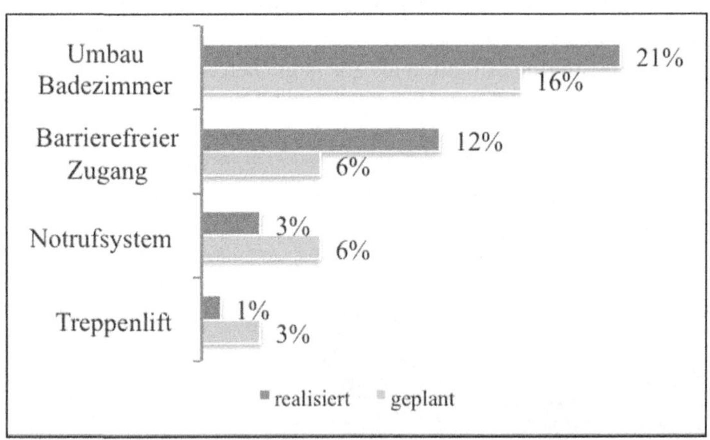

Generationenwechsel

In vielen Siedlergemeinschaften vollzieht sich aufgrund der Altersstruktur der Bewohnerschaft und aufgrund des Alters der Siedlung gegenwärtig ein Bewohnerwechsel. Der Zuzug neuer Bewohnerinnen und Bewohner geht oftmals einher mit einer Pluralisierung von Lebensstilen und Lebensgewohnheiten in den Siedlungen sowie veränderten Ansprüchen an Wohnfläche oder Wohnungsausstattung. Ein Eigentümerwechsel in den Siedlungen beeinflusst auch die Nachbarschaftsbeziehungen, und kann sich auf gemeinschaftliche Aktivitäten und das bürgerschaftliche Engagement auswirken.

Rund die Hälfte der Befragten in den fünf untersuchten Siedlungen gibt an, ihr Haus noch selbst neu gebaut zu haben (siehe Abbildung 5). Allerdings hat bereits rund ein Drittel (36 %) das Haus gekauft und 13 % haben das Haus durch Erbschaft oder Schenkung erhalten.

Abbildung 5: Erhalt des Hauses (eigene Datenerhebung)

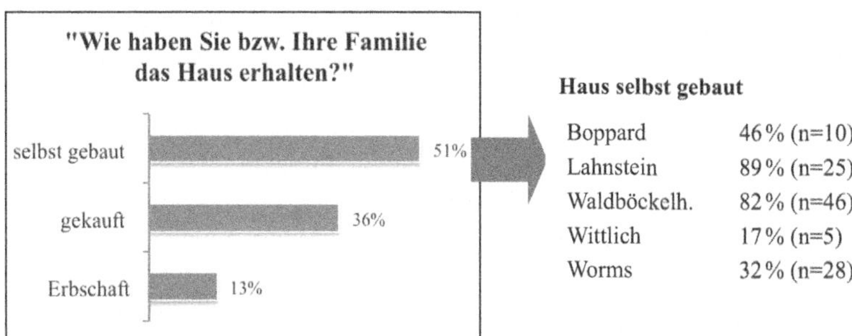

In den einzelnen Siedlungen ist der Generationenwechsel unterschiedlich weit fortgeschritten. Während in der Siedlung Allerheiligenberg in Lahnstein fast alle Befragten ihr Haus noch selbst gebaut haben, sind es in der Weilersiedlung in Wittlich nur noch fünf der 23 Befragten. Damit ist in der Weilersiedlung, die Ende der 1930er Jahren entstanden ist, der Generationenwechsel weitestgehend vollzogen.

Freiwerdende Häuser in den Siedlungen werden häufiger verkauft als vererbt. Dieses Ergebnis steht allerdings im Widerspruch zu dem Wunsch von zwei Dritteln der befragten Eigentümer (67 %), die ihr Haus am liebsten vererben möchten. Offensichtlich spielt die Verkaufsoption keine große Rolle, denn nur 5 % beabsichtigen das Haus zu verkaufen. Dieses Ergebnis spricht für eine hohe emotionale Bindung der Eigentümer an das eigene, selbst gebaute Haus. Auffallend ist der hohe Anteil an Befragten (28 %), die sich noch keine Gedanken darüber gemacht haben, was in Zukunft aus ihrem Haus wird. Der Altersdurchschnitt dieser Gruppe liegt mit 54 Jahren zwar unter dem aller Befragten, die Alterspanne reicht jedoch bis zu 90 Jahren.

Wohneigentum und Garten

Wohneigentum wird in der gesellschaftlichen Diskussion meist mit einem hohen Maß an individueller Selbstbestimmung, Familienwohnen und Altersvorsorge in Verbindung gebracht. Auf die Frage, welche Bedeutungen das Wohneigentum für die Befragten hat, wurden vor allem die individuellen Gestaltungsmöglichkeiten und die Privatsphäre hervor gehoben (95 % bzw. 94 %: sehr wichtig bzw. wichtig). Wohneigentum bedeutet für fast alle Befragten (93 %) auch günstiges Wohnen, d. h. keine Miete zahlen zu müssen. Auch die Unabhängigkeit wird von der der großen Mehrheit der Befragten (91 %) als wichtiges Element von Wohneigentum herausgestellt. Darüber hinaus betonen acht von zehn die Aspekte Heimat und Familienwohnsitz. Gerade in der Kleinsiedlerbewegung kommt dem Begriff des familiengerechten Heims traditionellerweise eine wichtige Bedeutung zu.

Abbildung 6: Zier- und Nutzgärten prägen die Siedlungen (Aufnahmen: Karl Ziegler)

In den Anfangszeiten der Heimstätten- und Kleinsiedlerbewegung und in der unmittelbaren Nachkriegszeit spielten Kleintierhaltung und Gartenbewirtschaftung zur Selbstversorgung der Wohneigentümer eine wichtige Rolle. Die Studienergebnisse zeigen, dass heute der Garten hauptsächlich zur Erholung und Entspannung genutzt wird (siehe Abbildung 7). Von großer Wichtigkeit ist auch die Ästhetik, also der schöne Anblick des Gartens, der maßgeblich auch die Wohnumgebung prägt. Zudem bietet ein Garten bzw. die Gartenarbeit körperlichen Ausgleich und Bewegungsmöglichkeiten. Dagegen ist der Aspekt der Selbstversorgung heute von nachrangiger Bedeutung, er lebt jedoch auf in der Wertschätzung von ungespritztem Gemüse und Obst. Da jede bzw. jeder Fünfte den eigenen Garten aber bereits auch als Belastung und Pflichtaufgabe betrachtet, deutet sich hier ein neuer Problembereich (z. B. Gefahr der Überlastung und Verwahrlosung) an.

Abbildung 7: Bedeutung des Gartens – Mehrfachnennungen (eigene Datenerhebung)

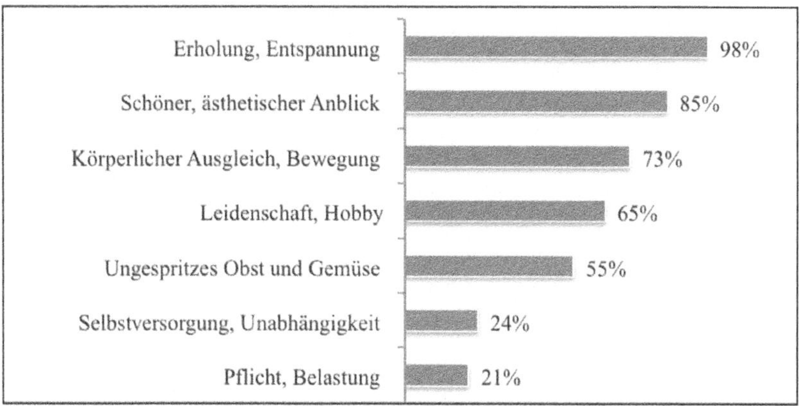

Freizeitaktivitäten

Die Freizeitaktivitäten der Eigentümer sind moderner als der traditionelle Name „Siedlergemeinschaft" nahe legt. Die häufigste Freizeitaktivität ist mittlerweile die Beschäftigung mit einem Computer oder dem Internet (siehe Abbildung 8). Soziale Aktivitäten, Sport und Basteln belegen die nächsten Plätze in der Rangfolge. Dabei üben die Eigentümer selbstverständlich nicht alle Aktivitäten aus, sie verfolgen bestimmte Vorlieben. Computertätigkeiten bilden zum Beispiel mit Restaurantbesuchen und dem Besuch von kulturellen Veranstaltungen einen Lebensstiltyp. Eine andere typische Kombination ist Computerbeschäftigung, Treffen von Freunden, Sport treiben und auswärts essen gehen. Eine weitere Gruppe besucht ebenfalls gerne Freunde und ist ehrenamtlich aktiv, verbringt aber kaum Zeit am Computer. Andere wiederum haben kaum ausgeprägte Hobbys, sondern schauen gern fern, z. B. volkstümliche Sendungen und Serien. Es zeigt sich an diesen

Mustern, dass die Eigentümer vielfältige Lebensstile aufweisen, die nicht leicht zu organisieren und zu gemeinsamen Veranstaltungen zusammenzuführen sind.

Abbildung 8: Freizeitaktivitäten der Siedlerinnen und Siedler (eigene Datenerhebung)

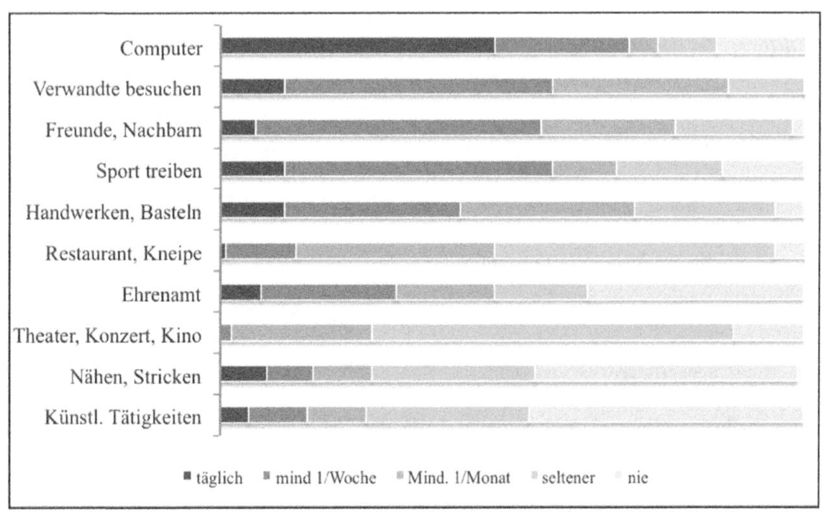

Nachbarschaft und gemeinschaftliche Aktivitäten

Das wohnungspolitische und sozialpolitische Interesse an Nachbarschaften hat in den letzten Jahren deutlich zugenommen. Gerade im Kontext des demographischen Wandels ist die Aktivierung von Nachbarschaften ein Ansatz, der von der Sozialplanung und der Politik unterstützt wird, um Versorgungsdefizite auszugleichen. Fehlende nachbarschaftliche Unterstützung wird als nachteilig für individuelle Integration und gesellschaftliche Kohäsion erachtet. Auf individueller Ebene ist die beliebteste Form von Nachbarschaft die pragmatische, auf Sympathie beruhende Nachbarschaft von Haus zu Haus oder auch von Wohnung zu Wohnung. Der Bedeutungsverlust von lokalen Vereinen und Institutionen und die Privatisierung des sozialen Lebens haben jedoch dazu geführt, dass der soziale Zusammenhalt innerhalb von Nachbarschaften schwieriger zu erreichen ist, was wiederum zu einem neuen Bedürfnis nach Gemeinschaft führt.

Siedlergemeinschaften zeichnen sich in der Regel durch enge und gefestigte Nachbarschaftsbeziehungen aus, die seit der gemeinsamen Bauphase bestehen. Die Ergebnisse der Untersuchung zeigen, dass der Kontakt zu den Nachbarn in den hier vertretenen Siedlungen häufig stattfindet (55 % geben täglichen oder häufigen Kontakt zu ihren unmittelbaren Nachbarn an). Die Qualität der Nachbarschaft wird von den Befragten als gleichbleibend positiv bewertet. Rund drei Viertel (76 %) sind der Meinung, die Nachbarschaftsbeziehungen seien in den letzten Jahren gleichgeblieben. 18 % glauben gar, die Qualität der Nachbarschaft habe sich verbessert. Lediglich 6 % geben an, die Nachbarschaft habe sich in letzter Zeit verschlechtert.

Die gute Nachbarschaft wirkt sich auch positiv auf Unterstützungs- und Hilfeleistungen aus (siehe Abbildung 9). Sieben von zehn Befragten in den fünf Siedlungen geben an, in ihren Nachbarschaftsbeziehungen spielten gegenseitige Hilfeleistungen, wie z. B. der Austausch von kleinen Diensten oder die gegenseitige Hilfe bei Reparaturen, eine Rolle. Weitverbreitet sind auch persönliche Gespräche zwischen den Nachbarn: Die Mehrheit der Befragten (55 %) redet mit ihren Nachbarn über persönliche und familiäre Angelegenheiten.

Abbildung 9: Gemeinschaftliche Aktivitäten in der Nachbarschaft (eigene Datenerhebung)

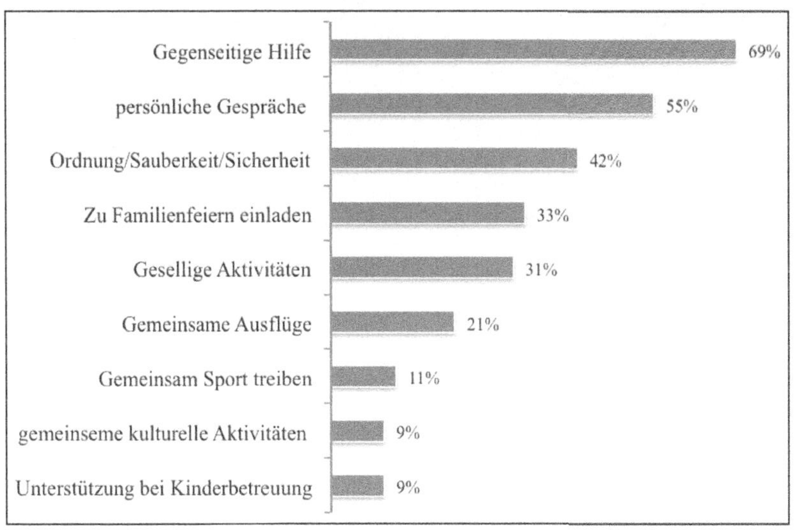

Zudem lässt sich beobachten, dass in den Siedlungen eine große Bereitschaft besteht, bestimmte Hilfen für die Nachbarn zu erbringen. Insbesondere sporadische Hilfeleistungen werden erbracht, wie Post entgegennehmen, Kümmern und „nach dem Rechten sehen" bei Abwesenheit (z. B. Blumen gießen). Die gemeinsame Freizeitgestaltung steht nicht im Mittelpunkt.

Dass Nachbarschaft und Gemeinschaft nicht zwangsläufig mit dem Generationenwechsel in den Siedlungen leiden, zeigt das Beispiel der Weilersiedlung in Wittlich, in der bereits ein Bewohnerwechsel stattgefunden hat. In Wittlich sind gesellige Aktivitäten von großer Bedeutung. Gut die Hälfte der Befragten (52 %, n=17) gibt an, sich öfters zu geselligen Aktivitäten zusammenzufinden. Zudem sind in Wittlich im Siedlungsvergleich viele Befragte der Meinung (28 %), die Qualität der Nachbarschaft habe sich in den letzten Jahren verbessert. Dagegen ist es in großen Siedlungen, wie z. B. in Worms, aufgrund der heterogenen Zusammensetzung der Bewohnerschaft schwieriger, die soziale Gemeinschaft aufrecht zu erhalten. In der Wormser Nikolaus-Ehlen-Siedlung geben nur 16 % (n=15) der Befragten an, gesellige Aktivitäten spielten in ihren Nachbarschaftsbeziehungen eine Rolle.

Abbildung 10: Treffpunkte in den Siedlungen: Siedler-Haus in Wittlich und Siedlerheim in Worms (Aufnahmen: Karl Ziegler)

Leben in einer Siedlergemeinschaft

Vor dem Hintergrund des Generationenwechsels in den fünf untersuchten Siedlungen sind längst nicht mehr alle befragten Eigentümer aktives Mitglied der örtlichen Siedlergemeinschaft. Die Untersuchungsergebnisse zeigen, dass jeweils rund ein Drittel der Befragten aktives (32 %), passives (29 %) oder kein Mitglied

(35 %) einer Siedlergemeinschaft ist. Im Siedlungsvergleich reicht der Anteil aktiver Mitglieder von 20 % (n=18) in Worms, der größten und heterogensten Siedlung, bis hin zu 75 % (n=21) in Lahnstein, der Siedlung mit dem höchsten Anteil an Erstsiedlern. Vor allem die älteren Befragten engagieren sich aktiv in den Siedlervereinen. 40 % der über 60-Jährigen geben an, aktives Mitglied einer Siedlergemeinschaft zu sein. Bei den unter 60-Jährigen sind es dagegen nur 21 %.

Was bedeutet es für die Befragten in einer Siedlergemeinschaft zu leben? Zunächst zeigt sich kein eindeutiges Bild. Jeweils rund die Hälfte der Befragten gibt an, für sie persönlich sei es wichtig (51 %) bzw. nicht wichtig (49 %) in einer Siedlergemeinschaft statt in einem anderen Wohngebiet zu leben. Je nach dem Alter der Bewohnerinnen und Bewohner (siehe Tabelle 1), dem Anteil an Erstsiedlern und dem Aktivitätsniveau des Siedlervereins unterscheidet sich die Identifikation mit der Gemeinschaft (von 85 % in Lahnstein bis hin zu 43 % in der großen Siedlung Worms) (siehe Abbildung 11).

Abbildung 11: Leben in einer Siedlergemeinschaft – differenziert nach Siedlung (eigene Datenerhebung)

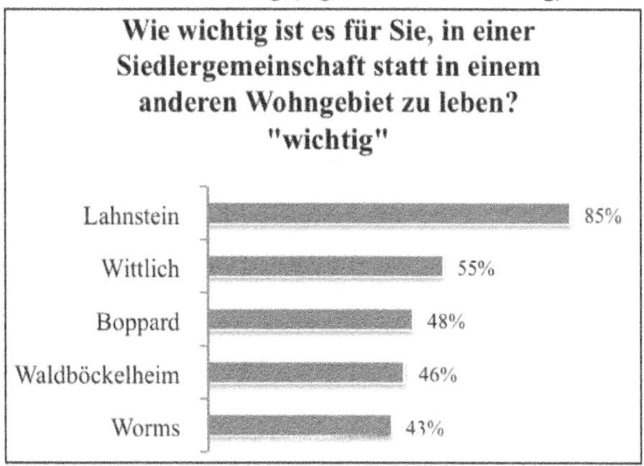

Tabelle 1: Leben in Siedlergemeinschaft – differenziert nach Alter (eigene Datenerhebung)

	unter 60	über 60
wichtig	38 %	62 %
nicht wichtig	61 %	39 %

Mit anderen etwas tun, das einem selbst Freude bereitet – das ist der wichtigste Grund für das Engagement in einer Siedlergemeinschaft. Für zwei Drittel der Befragten (66 %) spielt die Geselligkeit (Menschen treffen, Freunde gewinnen) eine zentrale Rolle (siehe Abbildung 12). Das bedeutet, dass beim Werben um neue Mitglieder oder aktives Mittun der persönliche Nutzen und das emotionale Wohlbefinden und weniger der Appell an Hilfsbereitschaft oder Problemsituationen im Vordergrund stehen sollten. Zeitliche Einschränkungen (45 %) und die Belastung durch andere Dinge (42 %) sind die wichtigsten genannten Gründe, sich nicht aktiv in der Siedlergemeinschaft zu engagieren.

Abbildung 12: Gründe für Engagement in Siedlergemeinschaft (eigene Datenerhebung)

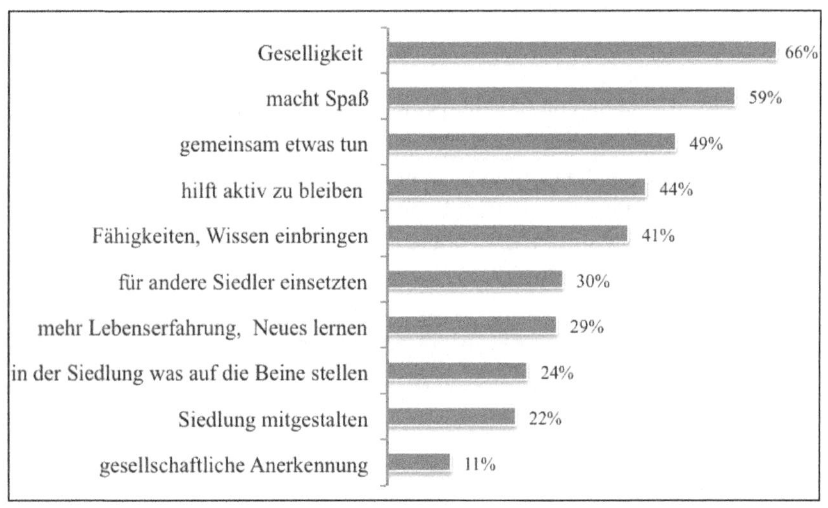

Eine der Schlüsselfragen ist, wie sich das Verhältnis zwischen den Generationen gestaltet. In vielen Siedlergemeinschaften vollzieht sich gegenwärtig ein Generationenwechsel, freiwerdende Häuser werden verkauft oder vererbt und neue Eigentümer ziehen in die Siedlung. Die örtlichen Siedlervereine stehen vor der Aufgabe, auch die neu Hinzugezogenen für ihr Angebot zu interessieren und gegebenenfalls in die bestehende Gemeinschaft zu integrieren. Diese Aufgabe ist nicht leicht zu lösen, wie die unterschiedlichen Aktivitätsniveaus der Altersgruppen gezeigt haben.

Das Verhältnis zwischen den Alteingesessenen und den Bewohnerinnen und Bewohnern, die noch nicht so lange in der Siedlung wohnen, ist nach Meinung der großen Mehrheit der Befragten (82 %) sehr gut oder gut. Allerdings ist nach Einschätzung von rund zwei Drittel der befragten Eigentümer (68 %) die Bereitschaft der Zugezogenen, sich in die bestehende Siedlergemeinschaft zu integrieren und an gemeinschaftlichen Aktivitäten teilzunehmen, nicht sehr stark ausgeprägt. Die große Mehrheit (79 %) gibt dennoch an, sie sei optimistisch, wenn sie an die Zukunft der eigenen Siedlergemeinschaft denke.

„Wie soll unsere Siedlung in 20 Jahren aussehen?"

Neben der schriftlichen Befragung wurden in den Siedlungen auch Zukunftswerkstätten veranstaltet. Das Konzept der Zukunftswerkstatt zielt darauf ab, möglichst viele Menschen an der Gestaltung ihrer eigenen Umwelt zu beteiligen. Unter Anleitung eines Moderators und durch methodisch kreatives Arbeiten bestimmen in einem offenen Prozess die Teilnehmerinnen und Teilnehmer die Inhalte der Zukunftswerkstatt und erarbeiten Lösungswege für konkrete Probleme.

Zukunftswerkstätten gliedern sich in drei Phasen:

1. Beschwerde und Kritik: Kritik üben, Unmut äußern, auf Schwierigkeiten hinweisen.
2. Phantasie- und Utopie: Wünsche formulieren, Ideen sammeln.
3. Verwirklichung und Praxis: konkrete Projektideen erarbeiten.

Unter dem Motto „Wie soll unsere Siedlung in 20 Jahren aussehen?" waren die Bewohnerinnen und Bewohner der Siedlungen im Frühsommer 2010 aufgefordert, Stärken und Schwächen ihres Wohngebiets zu diskutieren und Projektideen für die Zukunft zu entwickeln. Ausgehend von der Frage „Was stört mich in meiner Siedlung?" trugen die Teilnehmerinnen und Teilnehmer in der Beschwerde- und Kritikphase negative Erfahrungen und Kritikpunkte zusammen. In der nachfolgenden Phantasie- und Utopiephase wurden unter der Überschrift „Ich wünsche mir für meine Siedlung …" Ideen und Vorschläge zur Gestaltung der idealen Siedlung gesammelt. In dieser Phase ging es um die Entwicklung von Zukunftsvisionen für die Siedlung ohne Rücksicht auf gesellschaftliche und politische Sachzwänge, wie Geld, Zuständigkeiten, Kompetenzen oder Machtpositionen. In der Verwirklichungs- und Praxisphase wurden die Teilnehmer gebeten, die Ideen aus Phase 2 nach ihrer Dringlichkeit zu bewerten und Projekte zu entwickeln. Mit Hilfe von fünf W-Fragen (Was? Wie? Wer? Wann? Wo?) wurden die Realisierbarkeit der Projektideen diskutiert, Handlungsspielräume aufgedeckt und die Verantwortung für die Weiterarbeit festgelegt.

Abbildung 13: Zukunftswerkstätten – Siedlerinnen und Siedler gestalten aktiv mit (eigene Aufnahmen)

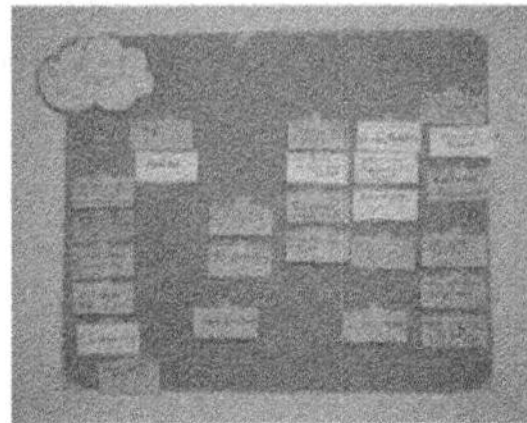

In allen Zukunftswerkstätten wurde auf die Verkehrssituation in der jeweiligen Siedlung hingewiesen. Bemängelt wurden beispielsweise das zu schnelle Fahren, das hohe Verkehrsaufkommen oder der Verkehrslärm in der Siedlung. Auch Probleme mit parkenden Autos wurden angesprochen. Ein weiteres wichtiges Thema der Zukunftswerkstätten war der öffentliche Nahverkehr, der in vier von fünf Siedlungen bemängelt wurde. Entweder existiert gar keine Anbindung an den ÖV, wie in Lahnstein, oder die Anbindung ist unzureichend, wie etwa in Boppard, Wittlich oder Waldböckelheim (vor allem abends und am Wochenende). Auch fehlende und ungenügende Einkaufs- und Versorgungsmöglichkeiten in den Siedlungen oder in deren näherem Umfeld wurden angesprochen (z. B. in Lahnstein und Wittlich). In vier von fünf Siedlungen wurde auch die Gemeinschaft in den Siedlungen thematisiert. Die Eigentümer in Boppard, Lahnstein und Waldböckelheim machten auf das Fehlen eines Treffpunkts aufmerksam. In Worms wurden das geringe Interesse der neu Hinzugezogenen am Siedlerverein und die mangelnde Resonanz trotz vielfältiger Aktivitäten angesprochen. Die jeweiligen Ideen wurden zu folgenden Projekten weiterentwickelt:

- Boppard → Überdachter Gemeinschaftsplatz
- Lahnstein → Bürgerbus für Lahnstein, Briefkasten, fliegende Händler/mobile Dienstleister, Boule-Platz
- Waldböckelheim → Gemeinsamer Treffpunkt: Café mit Blumenladen
- Wittlich → Verkehrsberuhigung und Regelungen für das Parken

- Worms → Zukunft der Gemeinschaft: Schnupper-Mitgliedschaft, Verbesserung von Information und Kommunikation

Verschiedene Projekt befinden sich derzeit (Frühsommer 2011) in der Realisation. Die Siedlergemeinschaft Allerheiligenberg in Lahnstein hat Veranstaltungen mit Verantwortlichen aus der Stadt sowie einem externen Beratungsbüro organisiert, um die Einrichtung eines Bürgerbusses zu erreichen. Darüber hinaus wurde eine Bedarfserhebung für mobile Lebensmittelhändler durchgeführt, die so viel Potential ergab, dass mittlerweile mobile Händler die Siedlung anfahren. Außerdem wurde ein Boule-Platz eingerichtet und ein Briefkasten aufgestellt. In Wittlich setzt sich die Siedlergemeinschaft für die Realisierung von Maßnahmen zur Verkehrsberuhigung in der Siedlung ein und in Worms werden Schnuppermitgliedschaften erprobt.

6. Schlussfolgerungen

Siedlergemeinschaften sind aus der Not heraus entstanden, um auch ärmeren Bevölkerungsschichten familiengerechte Wohnungen bieten zu können. Sie waren mit erheblichen baulichen Eigenleistungen und der Verpflichtung zur Selbstversorgung durch Nutzgärten und Kleintierhaltung verbunden. Heute sind viele Grundrisse veränderten Bedürfnissen angepasst und die Gärten werden als Hobby betrachtet, die ihre Bedeutung dadurch erhalten, dass sie Möglichkeiten zur Selbstverwirklichung, körperlicher Betätigung, Gestaltung und ästhetischem Ausdruck bieten.

Die hohe Wohnqualität in den untersuchten Eigentümergemeinschaften führt zu hoher Wohnzufriedenheit. Frei werdende Häuser werden nicht zuletzt wegen der Gestalt der Siedlungen mit den Freiflächen und damit verbundenen Entfaltungsmöglichkeiten entsprechend schnell wieder bezogen, so dass trotz des vergleichsweise hohen Baualters der Gebäude keine längeren Leerstände zu verzeichnen sind. Eine alternde Bevölkerung und die Bewältigung des Generationenwechsels ist eine zentrale Zukunftsaufgabe in vielen Siedlergemeinschaften, die bisher aber nicht im Mittelpunkt der Vereine steht.

Die fünf untersuchten Siedlungen zeichnen sich insgesamt durch aktive Nachbarschaften und vielfältige Gemeinschaftsaktivitäten aus. Nachbarschaft und Gemeinschaft sind ein wichtiges Potenzial für gegenseitige Hilfe. Allerdings ist zu beobachten, dass Nachbarschaft im Zuge des Generationenwechsels häufiger neutraler und pragmatischer begriffen wird, ähnlich wie in anderen suburbanen Wohngebieten. Wenig überraschend ist entsprechend, dass jüngere Menschen weniger an einer Siedlergemeinschaft interessiert sind als ältere. Gemeinschaft bezieht sich häufiger auf einzelne Bewohnerinnen und Bewohner mit ähnlichen

Interessen, so dass sich eher Aktivitäten Einzelner oder von Kleingruppen entfalten. In großen Siedlungen ist es generell nicht einfach, den sozialen Zusammenhalt aufrecht zu erhalten. Und angesichts der Pluralisierung von Lebensstilen und Freizeitaktivitäten wird es schwieriger, passende Aktivitäten für Viele zu organisieren. Der Verband Wohneigentum steht vor der Aufgabe neue Mitglieder zu rekrutieren, die weniger an vorgefundenen Gemeinschaften als an individuellen Nutzen und „Wahlverwandtschaften" interessiert sind.

Die Zukunftswerkstätten haben ergeben, dass gerade viele ältere Eigentümer überaus aktiv sind, sie entwickeln neue Projektideen und setzen diese auch um. Ältere Menschen in Gemeinschaften haben ein Potenzial, das viele Gemeinden beleben kann – sofern es organisatorisch unterstützt wird. Die Realisierbarkeit der Projektideen aus den Zukunftswerkstätten wird von den befragten Experten[2] überwiegend als gut eingeschätzt. Zudem haben die Vertreter aus Kommunalverwaltung und Kommunalpolitik Unterstützung bei der Verwirklichung verschiedener Projekte zugesagt.

Das ExWoSt-Projekt „Wohneigentum für Generationen" zielte somit auch darauf ab, die Siedlungen in den Fokus der verschiedenen kommunalen und landesweiten politischen Akteure zu rücken. Auf Landes- und Bundesebene hat das Projekt auch mit einem Abschlusssymposium Wirkung erzielt, zu dem Experten zur Wohnsuburbanisierung und energetischen Sanierung referierten und eigene Projektergebnisse präsentierten.

Am Sonderfall „Siedlungen" wurde deutlich, dass sich praktische und politische Akteure auf den verschiedenen Ebenen mit Themen des Projektes beschäftigen, vor allem die Zukunftsfähigkeit einzelner Immobilien und von einzelnen suburbanen Wohngebieten sowie das ehrenamtliche Engagement stehen im Fokus. Das ländlich geprägte Rheinland-Pfalz richtet seine Aufmerksamkeit auf selbstnutzende Eigentümer im Hinblick auf einen energetisch zukunftsfähigen Wohnungsbestand. Das Projekt wurde auch mit dem Ziel gefördert, herauszufinden, ob organisierte Eigentümer eine höhere Bereitschaft zur energetischen Sanierung zeigen als Einzeleigentümer klassischer Wohngebiete. Es hat sich gezeigt, dass trotz Information, Beratung und Hilfe im Rahmen des Forschungsprojekts, auch in Siedlergemeinschaften die Situation der Einzeleigentümer von großer Bedeutung ist. Trotz vorteilhafter Voraussetzungen in den Gemeinschaften, wie Nachbarschaftshilfe und der Organisation in Verein und Verband, ent-

2 Die Wahrnehmung der Siedlungen in der jeweiligen Stadt – gewissermaßen der Blick von außen – wurde in fünf leitfadengestützten Interviews mit Experten aus Kommunalverwaltung und Kommunalpolitik erhoben. Befragt wurden Oberbürgermeister, Bürgermeister oder Verbandsbürgermeister und Mitarbeiter der Stadtplanungs- und Bauämter. In den Gesprächen wurden die Experten auch um eine Einschätzung der Projektideen aus den Zukunftswerkstätten gebeten.

scheiden die individuellen finanziellen Spielräume sowie die altersbedingten und familiären Bedingungen über die energetische Sanierungsbereitschaft. Diese blieb hinter unseren Erwartungen zurück. Das Projekt hat zugleich gezeigt, dass selbstnutzende Eigentümer – auch im höheren Alter – sehr aktiv sind und sich engagiert für ihr Wohngebiet einsetzen. Dieses Potenzial birgt ein großes, bisher weitgehend ungenutztes Potenzial für neue Ideen und Umsetzung für andere Quartiere und Orte. Insofern können die ausgewählten Fallbeispiele eine Vorbildfunktion einnehmen.

Literatur

BBSR – Bundesinstitut für Bau-, Stadt- und Raumforschung (2009): Strategien für Wohnstandorte an der Peripherie der Städte und in Umlandgemeinden. BBSR-Online-Publikation. Nr. 38/2009. Bonn [Download von URL: http://www.bbsr.bund.de/cln_016/nn_23582/BBSR/DE/Veroeffentlichungen/BBSROnline/2009/ON382009.html (letzter Zugriff: 14.03.2011)].

Hafner, Thomas (1996): Heimstätten. In: Kähler (1996): 559-597.

Harlander, Tilmann (2001): Wohnungspolitik – „Eigenes Heim auf eigener Scholle". In: Harlander (2001): 258-267.

Harlander, Tilmann (Hrsg.) (2001): Villa und Eigenheim. Suburbaner Städtebau in Deutschland. Wüstenrot-Stiftung. Stuttgart, München: Deutsche Verlags-Anstalt.

Hoß, Winfried (1977): Die städtebauliche Entwicklung von Boppard-Buchenau. Unveröffentlichte Facharbeit: Boppard.

Jessen, Johann/Simon, Christina (2001): Städtebau – Vom eigenen Haus mit Garten zum suburbanen Wohnquartier. In: Harlander (2001): 350-381.

Kähler, Gert (Hrsg.) (1996): Geschichte des Wohnens. 1918–1945. Reform, Reaktion, Zerstörung. Band 4. Stuttgart: Deutsche Verlags-Anstalt.

Kübel-Sorger, Alfred (2001a): Heimat für über 300 Familien. In: Nikolaus Ehlen Siedlerverein e. V. (2001): 7-12.

Kübel-Sorger, Alfred (2001b): Siedlervater Nikolaus Ehlen. In: Nikolaus Ehlen Siedlerverein e. V. (2001): 13-14.

Kuhn, Gerd (2001): Städtebau – Heimstätten, Kleinhäuser und Kleinsiedlungen. In: Harlander (2001): 184-197.

Nikolaus Ehlen Siedlerverein e. V. (Hrsg.) (2001): 50 Jahre Nikolaus Ehlen Siedlung in Worms Horchheim. 1951–2001. Worms.

Rauch, Hans (2010): Von der Kleinsiedlung zum Eigenheim. Verbandsgeschichte. In: Verband Wohneigentum (2010): 20-41.

Statistisches Bundesamt (2010): Bauen und Wohnen. Bestand an Wohnungen. 31. Dezember 2009. Fachserie 5. Reihe 3. Wiesbaden [Download von URL: http://www.destatis.de/jetspeed/portal/

cms/Sites/destatis/Internet/DE/Content/Publikationen/Fachveroeffentlichungen/BauenWohnen/Wohnsituation/BestandWohnungen,templateId=renderPrint.psml (letzter Zugriff: 30.06.2011)].

Statistisches Landesamt Rheinland-Pfalz (2010): Gut 57 Prozent aller Privathaushalte leben in den eigenen vier Wänden. Pressemitteilung 42/19.03.2010 [Download von http://www.statistik.rlp.de/wirtschaft/wohnungen-bautaetigkeit/pressemitteilungen/einzelansicht/archive/2010/march/article/gut-57-prozent-aller-privathaushalte-leben-in-den-eigenen-vier-waumlnden/?Fsize=-1&cHash=42d0902326 (letzter Zugriff: 05.01.2012)].

Szubin, Wolfgang (2009): Wohnen im Alter. Bestand entspricht nicht der Bevölkerungsentwicklung [Download von URL: http://www.verband-wohneigentum.de/bv/on42093 (letzter Zugriff: 21.03.2011)].

Szypulski, Anja (2008): Gemeinsam bauen – gemeinsam wohnen. Wohneigentumsbildung durch Selbsthilfe. Wiesbaden: VS Verlag für Sozialwissenschaften/GWV Fachverlage GmbH.

Trierischer Volksfreund (20.01.2004): Die Riesenwurst hat Tradition. Von Petra Geisbüsch [Download von URL: http://www.volksfreund.de/nachrichten/region/mosel/vereine/Vereine-Die-Riesenwurst-hat-Tradition;art818,338370 (letzter Zugriff: 14.03.2011)].

Uertz, Petra (2010): Wege in die Zukunft. Momentaufnahme und Ausblick. In: Verband Wohneigentum (2010): S. 16-19.

Verband Wohneigentum (2009): Wohneigentum – heute für morgen. Energieeffizienz – Klimaschutz – bürgerschaftliches Engagement. Dokumentation 24. Bundeswettbewerb für Eigenheim-Siedlungen in den Städten und Gemeinden der Bundesrepublik Deutschland. Bonn.

Verband Wohneigentum (Hrsg.) (2010): Von der Selbsthilfe zum Verbraucherschutz. 75 Jahre für das Wohneigentum. Festschrift zum 75-jährigen Bestehen. Bonn.

Gesunde Kommune – Sport und Bewegung als Faktoren der Stadt- und Raumentwicklung

Gerhard Steinebach und Lukas Esper

Der sich vollziehende Wandel von Sport und Bewegung, insbesondere hinsichtlich des Sportverhaltens der Bevölkerung, schlägt sich direkt in der Inanspruchnahme von Sporträumen und Sportstätten wieder. Die räumliche Planung wird durch diesen Wandel vor neue Herausforderungen gestellt: Für die deutlich veränderten Ansprüche an den Sportraum und eine erschwerte Finanzierungssituation sind vor dem Hintergrund der wachsenden Bedeutung des Sports als Instrument der kommunalen Entwicklung in den Bereichen Gesundheit, Soziales, Ökonomie und Umwelt angepasste planerische Lösungen zu finden. Eine neue Aufgabe der Planung wird daher sein, Sportraumangebote an den Bedürfnissen und der Sportnachfrage auszurichten und die verschiedenen Ansprüche an den Sportraum zu bündeln.

1. Ausgangssituation

Stadtentwicklung und Sportentwicklung waren und sind oftmals zwei komplett getrennt voneinander betrachtete Bereiche sowohl in der öffentlichen Diskussion als auch in der praktischen Umsetzung. Grund hierfür ist unter anderem die Verwaltungsstruktur der Kommunen, die eine fachübergreifende Zusammenarbeit im Bereich Sportentwicklung und damit eine integrierte Sport- und Stadtentwicklung deutlich erschwert.

Für die kommunale Daseinsvorsorge kann der Sport, ob formell oder informell, einen wichtigen Beitrag leisten. Dies bezieht sich nicht ausschließlich auf gemeinhin bekannte Leistungen des Sports in den Bereichen Gesundheit oder Soziales, sondern hat ebenso eine räumliche Komponente. Da Sport in zunehmendem Maße nicht nur mehr im klassischen Sportraum stattfindet, sondern sich stärker in öffentliche und private, informelle Räume verlagert, stellt dies die Planung vor die Herausforderung, neue Ermöglichungsräume für Sport und Bewegung zu schaffen und die bestehenden Strukturen zu überdenken. Durch die sich verändernden Rahmenbedingungen, sowohl in der sportlichen als auch räumlichen Entwicklung, ergeben sich zunehmend neue Verknüpfungspunkte zwischen diesen beiden Bereichen.

Dieser Beitrag soll die aktuellen Entwicklungen im Bereich von Sport und Bewegung beleuchten und bezieht sich in diesem Zusammenhang bei einigen Beispielen auf das Land Rheinland-Pfalz und die Region Westpfalz. Das Leitziel „Gesunde Kommune" im Sinne einer nachhaltig „gesunden" Entwicklung der Gemeinden und Städte soll sich in den weiteren Ausführungen nicht ausschließlich auf den Gesundheitsaspekt sportlicher Aktivität auf kommunaler Ebene beziehen, sondern ebenso „gesunde" bauliche und soziale Strukturen in die Betrachtung mit einbeziehen, welche für eine erfolgreiche integrierte Sport- und Stadtentwicklung von hoher Bedeutung sind.

2. Aktuelle Situation und Rahmenbedingungen des Sports

Sport und Bewegung in verschiedenster Ausprägung gehören seit Menschengedenken zum sozialen und gesellschaftlichen Leben. Der relativ „unscharf" gewordene Sportbegriff und die sehr ungenauen Instrumentarien zur Ermittlung des Anteils Sporttreibender an der Gesamtbevölkerung lassen keine genauen diesbezüglichen Aussagen zu. Bei vergleichender Betrachtung verschiedener Sportverhaltensstudien kann aber davon ausgegangen werden, dass ein Großteil der deutschen Bevölkerung freizeitsportlich aktiv ist (Wopp 2010). Im Rahmen der Sportentwicklungsplanung der Stadt Freiburg gaben bei einer Umfrage zum Sportverhalten beispielsweise 88 % der Befragten im Alter von 14–74 Jahren an, sportlich oder körperlich aktiv zu sein (Stadt Freiburg 2004: 84).

Die Organisation des Sports hat sich dabei im Laufe der Zeit immer sehr unterschiedlich dargestellt. Trotz ihres seit einigen Jahren anhaltenden Bedeutungsverlustes spielen die Sportvereine in diesem Zusammenhang nach wie vor eine entscheidende Rolle, der allergrößte Teil der Sporttreibenden ist im Verein organisiert. Die Sportvereine sind somit bis heute die tragende Säule im Sportangebot und bei der Anzahl der Sporttreibenden: So waren beispielsweise in Rheinland-Pfalz 2009 fast 1,5 Millionen Menschen in Sportvereinen organisiert (Landessportbund Rheinland-Pfalz 2010), dies entspricht einem Anteil an der Gesamtbevölkerung von 36,8 % (4.012.675 Einwohner zum 31.12.2009, Statistisches Landesamt 2010). Die Zahl der Vereinsmitglieder in Rheinland-Pfalz, die seit Ende des Zweiten Weltkrieges stetig stieg, stagniert allerdings seit der Jahrtausendwende und hat in den letzten Jahren sogar eine leicht abnehmende Tendenz (siehe Abb. 1). Gründe hierfür liegen vor allem im demographischen Wandel und seinen Komponenten Schrumpfung und Alterung der Gesellschaft, vermutlich aber zu einem

Abbildung 1: Entwicklung der Mitgliederzahlen im Landessportbund Rheinland-Pfalz

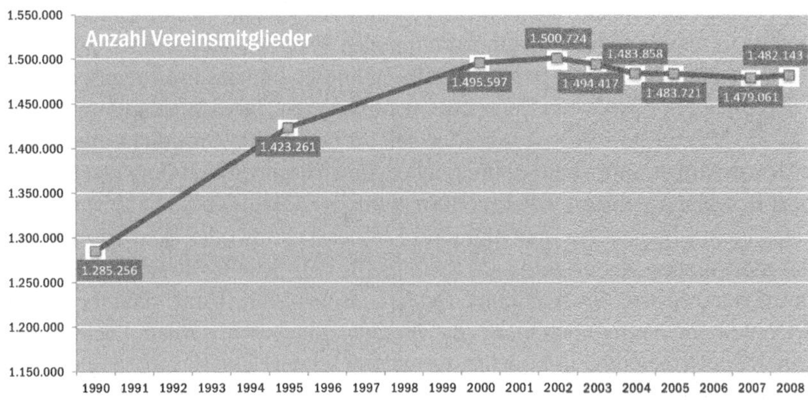

Quelle: Eigene Darstellung nach: Statistisches Landesamt, Jahrbücher 2006 und 2009

beträchtlichen Anteil auch am Angebot der Sportvereine, welches den sich wandelnden, aktuellen Bedürfnissen und der veränderten gesellschaftlichen Nachfrage nicht mehr in allen Fällen gerecht wird.

Abbildung 2: Entwicklung der Vereinszahl im Landessportbund Rheinland-Pfalz

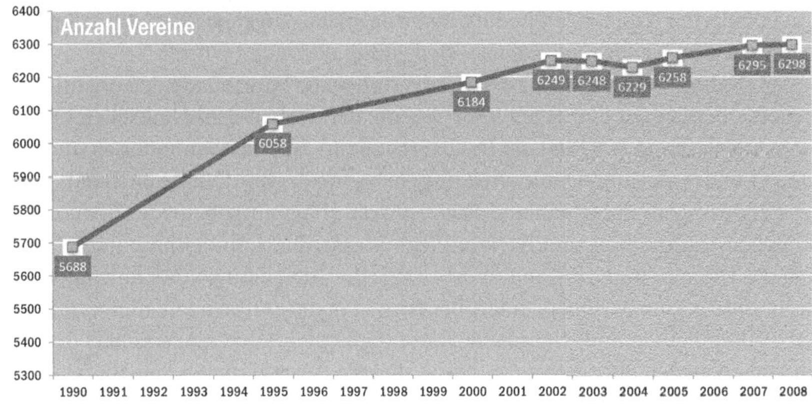

Quelle: Eigene Darstellung nach: Statistisches Landesamt, Jahrbücher 2006 und 2009

Trotz dieser Rahmenbedingungen wächst die Zahl der Vereine leicht, auch in den letzten Jahren (siehe Abb. 2). Dies resultiert im Wesentlichen aus der sich diversifizierenden Sportnachfrage und einer stetig wachsenden Anzahl verschiedener Sportarten. Wesentliche Bedeutung kommt den Vereinen nach wie vor insbesondere in den Bereichen des Breiten-, des Wettkampfs- und des Leistungssports zu.

Neben den etablierten Sportvereinen existieren viele Angebote und Möglichkeiten, Sport und Bewegung informell zu betreiben. Zum nicht organisierten Sport zählen Sport bei kommerziellen Einrichtungen und Anbietern sowie Sport in selbstorganisierter Form (BISp 2000: 14). Darunter fallen beispielsweise das nicht organisierte Sporttreiben in Fitnessstudios oder Schwimmbädern oder die Nutzung des öffentlichen Raumes für individuelles Jogging oder Radfahren genauso wie die Ausübung von Trendsportarten (bspw. Skateboarding, BMX etc.), die häufig noch nicht von Vereinen angeboten werden. Die Zahl informell Sporttreibender lässt sich aufgrund der schwierigen Begriffsabgrenzung des „Sporttreibens" nur sehr schwer erfassen. Sowohl in vielen Großstädten als auch in kleineren Gemeinden bevorzugt inzwischen bereits ein Großteil der Bevölkerung einen privaten Rahmen für ihre Bewegungsaktivitäten. So gaben in einer Umfrage im Rahmen der Sportentwicklungsplanung der kleinen Gemeinde Pliezhausen in Baden-Württemberg (ca. 10.000 Einwohner) fast 54 % der Befragten an, dass ihr Sporttreiben privat und ohne festen Rahmen organisiert ist. Nur rund 23 % der Befragten gaben Vereine als organisatorischen Rahmen ihrer sportlichen Aktivitäten an (Wieland et al 2001: 41). Auch in Freiburg (Sportverhaltensstudie s. o.) betreibt die große Mehrheit der Aktiven Sport selbstorganisiert und individuell im privaten Rahmen (Stadt Freiburg 2004: 85). Es ist aufgrund der verstärkten Individualisierung und Pluralisierung der Gesellschaft und der veränderten Arbeits(zeit)bedingungen davon auszugehen, dass das informelle Sporttreiben weiterhin massiv an Bedeutung gewinnen wird.

Im Rahmen des organisierten Sports stellen die Sportbünde den organisatorischen Überbau der einzelnen Sportvereine dar. Neben dem Deutschen Olympischen Sportbund (DOSB) als Dachverband auf Bundesebene gibt es die einzelnen Landessportbünde, die wiederum in regionale Sportbünde unterteilt sind. Der Landessportbund Rheinland-Pfalz, dessen Hauptaufgaben vor allem in den Bereichen Information und Beratung der Mitglieder, Entwicklung und Förderung des Breiten- und Leistungssports sowie der Ausbildung von Führungskräften für die Vereine bestehen, untergliedert sich in die drei regionalen Sportbünde Pfalz, Rheinhessen und Rheinland. Diese regionalen Verbände sind das direkte Bindeglied zu den Sportvereinen. Die Aufgaben der regionalen Sportbünde sind aus diesem Grund sehr breit gefächert. Neben Beratungstätigkeiten im Bereich

Organisation, Aus- und Fortbildungen sowie Öffentlichkeitsarbeit für Vereine bietet der Sportbund Pfalz beispielsweise Beratungen für Sportstättenbau und -management sowie Versicherungen in verschiedenen Bereichen an. Weiterhin bezuschusst der Sportbund bauliche Maßnahmen der Vereine im kleinen Rahmen und vermittelt bei größeren Vorhaben zu den Förderinstitutionen des Landes Rheinland-Pfalz. Der Instanz der regionalen Sportbünde kommt damit eine wichtige Bedeutung zu, insbesondere auch in der räumlichen Entwicklung von Sport in den Vereinen.

Aufgrund des anhaltenden Mitgliederschwundes – die Mitgliederzahl befindet sich aktuell wieder auf dem Stand von vor etwa 10 Jahren – bei gleichzeitigem Anstieg der Anzahl der Vereine stellt sich die finanzielle Situation der Vereine zunehmend problematisch dar. Dies betrifft weniger die großen Vereine sondern insbesondere kleine oder mittelgroße Vereine, die eine eigene Infrastruktur wie Sporthallen oder -plätze vorhalten und deren laufende Kosten zunehmend zu einer existenziellen Belastung werden. Verstärkt wird diese Problematik zudem durch die teilweise sinkende Auslastung monofunktional ausgerichteter Sportstätten, die nicht mehr den heutigen Ansprüchen an das Sportverhalten entsprechen und sich so zu einem finanziellen Belastungsfaktor entwickeln. Dies wiederum hat Auswirkungen auf das quantitative räumliche Sportangebot.

Gestaltung und Ausrichtung von Sportstätten resultieren allerdings nicht aus „willkürlicher“ Planung der Sportvereine, sondern vor allem aus der Förderpolitik der jeweiligen Bundesländer. Die finanzielle Unterstützung von großen baulichen Vorhaben im Bereich der Sportstätten ist an gesetzlich vorgegebene Restriktionen gebunden, welche insbesondere Ausmaße und Ausgestaltung der Sportanlagen vorgeben. Dies betrifft im besonderen Maße auch Sporthallen, deren Bau und Betrieb meist äußerst kostenintensiv ist.

In Rheinland-Pfalz sind die öffentlichen finanziellen Unterstützungen und Zuwendungen für den Sport im „Sportförderungsgesetz Rheinland-Pfalz“ geregelt. Dieses Gesetz, in Kraft getreten am 1. Januar 1975, hat den Zweck, „allen Einwohnern eine ihren Interessen und Fähigkeiten angemessene sportliche Betätigung zu ermöglichen“ (§ 1 Landesgesetz über die öffentliche Förderung von Sport und Spiel in Rheinland-Pfalz). Das Gesetz knüpft die finanzielle Unterstützung des Landes an die Bedingung der finanziellen Beteiligung von Landkreisen und Gemeinden. Gegenstand der Förderung sind dabei die Planung und Errichtung von Sport-, Spiel- und Freizeitanlagen, also vornehmlich Turn- und Sporthallen, Sportplätze, Schwimmbäder und öffentliche Spielplätze. Die förderungswürdigen Anlagen sind damit vornehmlich klassische Sporträume, die in Trägerschaft von Sportvereinen oder Kommunen sind. Neuartige und innovative

Sporträume, beispielsweise Seniorenspielplätze, multifunktionale Flächen, etc. fallen somit größtenteils nicht unter diese Art der öffentlichen Förderung. Die geförderten Anlagen sollen nach Maßgabe der genehmigten Sportstätten-Leitpläne errichtet und unterhalten werden.

Ähnlich wie die Sportförderung ist auch die Methodik zur Sportstättenplanung in Rheinland-Pfalz gesetzlich vorgegeben. Die „Landesverordnung zur Erstellung der Sportstätten-Rahmenleitpläne und Sportstätten-Leitpläne" regelt die Erstellung der entsprechenden Pläne. Demnach sollen die Landkreise in Zusammenarbeit mit den untergeordneten Verwaltungs- und Gebietseinheiten die Sportstätten-Rahmenleitpläne erstellen, welche die Grundlage für die Sportstätten-Leitpläne der großen kreisangehörigen Städte, der Verbandsgemeinden und verbandsfreien Gemeinden bilden. Die Erstellung dieser Pläne soll in Verbindung mit einer Bedarfsermittlung stehen, die sich an vorgegebenen Richtwerten orientieren und den Gesamtbedarf an Sport-, Spiel- und Freizeitanlagen darstellen soll. Auch die vorgegebenen Richtwerte beziehen sich auf klassische Sportanlagen wie Turnhallen, Sportplätze und Schwimmbäder. Dies steht allerdings häufig im Gegensatz zu den Ansprüchen an moderne Sporträume und zu den heutigen Bedürfnissen der Sporttreibenden. Aus diesen Zusammenhängen ergibt sich auch auf der Ebene der Gesetzgebung und öffentlichen Förderung konkreter Handlungsbedarf. Es existieren dort derzeit keine handhabbaren Planungs- und Umsetzungsinstrumente für die Sportstättenentwicklung, die das kommunale Sportverhalten erfassen können und darauf aufbauende Konzepte zur Verfügung stellen.

Für die Notwendigkeit der Schaffung neuer Instrumentarien spricht zudem, dass Sportstätten-Rahmenleitplanung und Sportstätten-Leitplanung in weiten Teilen der rheinland-pfälzischen Kommunen keine Anwendung finden. So verfügen 41,1 % der Kommunen über keine Sportstätten-Rahmenleitplanung und 52,4 % über keine Sportstätten-Leitplanung. Davon betroffen sind vor allem Verbandsgemeinden, nur 43,9 % nutzen das Instrumentarium der Sportstätten-Leitplanung. Im Gegensatz dazu existieren in zwei Drittel der kreisfreien Städte Sportstätten-Leitpläne und in 83,3 % Sportstätten-Rahmenleitpläne. Hinzu kommt außerdem, dass nur die wenigsten Verwaltungen, die diese Pläne noch nicht einsetzen, die Erstellung solcher planen (ISS 2005: 23-24).

Die derzeitige Methodik der Sportstättenentwicklung erscheint vor diesem Hintergrund für die Kommunen in Anwendung und Umsetzung nur sehr schlecht handhabbar und kann den Bedürfnissen an die Planung und Entwicklung von Sportraum nur selten gerecht werden.

Die unterschiedliche Verteilung der bestehenden Planungsinstrumente zwischen den verschiedenen Gebiets- und Verwaltungseinheiten deutet an, dass auch räumlich unterschiedliche Verteilungen des Sportangebots und des Sportverhaltens bestehen. So ist die verstärkte Anwendung von Planungsinstrumentarien in urbanen Räumen (kreisfreie Städte) auch ein Zeichen dafür, dass dort das Thema Sport in den Fokus der Planungen rückt. Dies deutet darauf hin, dass sich der Wandel im Sport in den Städten bereits stärker vollzieht. Dieser Wandel wird sich zukünftig auch im ländlichen Raum verstärkt fortsetzen. Während die Auslastung der Sportstätten in den größeren Städten aufgrund vielfältiger Interessens- und Nutzergruppen meistens kein Problem darstellt, wird eine hohe Auslastungsquote der Sporträume in ländlichen Räumen schwieriger zu erreichen sein. Eine differenzierte Analyse der Sportnachfrage und eine passgenaue Planung sind hierbei noch wichtiger als im städtischen Raum, um die Betreibung und Nutzung der Sportstätten nachhaltig zu sichern. Die Entwicklung einer handhabbaren Planungssystematik und -methodik ist vor diesem Hintergrund von höchster Bedeutung.

3. Leistungen von Sport und Bewegung

Die Bedeutung des Sports schlägt sich in verschiedenen Bereichen nieder, vor allem in den Feldern Gesundheit und Soziales leistet der Sport einen wichtigen Beitrag in den Kommunen. Sport kann aber gleichzeitig auch positive ökonomische Effekte haben und sich positiv (teilweise aber auch negativ) auf die Ökologie auswirken (vgl. Abb. 3). Er übernimmt damit auch wichtige Funktionen auf kommunaler Ebene. Im Folgenden sollen die einzelnen Leistungen von Sport und Bewegung näher erläutert werden.

Abbildung 3: Leistungen des Sports

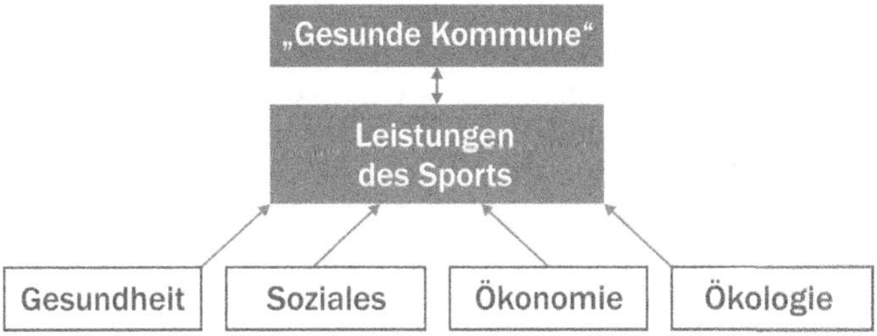

Quelle: Eigene Darstellung

Gesundheit

Aktuelle Untersuchungen zeigen, dass in der Bevölkerung zunehmend gesundheitliche Beeinträchtigungen zu beobachten sind, die vor allem aus Bewegungsmangel resultieren. Dazu zählen Übergewicht, Haltungsschäden und Koordinationsschwächen, aber auch weitergehende Gesundheitsmängel wie Gefäßkrankheiten und Allergien. Sport und Bewegung unterstützen im Umkehrschluss einen gesunden Lebensstil und können vor allem präventiv zu einer gesunderen Gesellschaft beitragen. Sie leisten damit einen wichtigen Beitrag für die gesellschaftliche Entwicklung. In der Wissenschaft besteht Einigkeit darüber, dass körperlich-sportliche Aktivitäten zur Stärkung der physischen Gesundheitsressourcen beitragen können (Woll et al 2004: 1). Eine besondere Bedeutung haben Sport und Bewegung in diesem Zusammenhang in folgenden Altersgruppen:

- *Ältere*

  Vor dem Hintergrund des demographischen Wandels und einer Zunahme des Anteils der über 60-jährigen kommt dem Sport eine wichtige Rolle zu. Bewegung und körperliches Training tragen zur körperlichen und geistigen Leistungsfähigkeit bei und fördern den Erhalt der selbständigen Lebensführung und Gemeinschaft älterer Menschen (ILS 2001: S. 24). Sie leisten somit einen wichtigen gesellschaftlichen Beitrag.

- *Kinder und Jugendliche*

  Vor dem Hintergrund des aktuellen, medial bestimmten Freizeitverhaltens von Kindern und Jugendlichen und deren verstärktem Zugang und Nutzung von Massenmedien wie Internet und Fernsehen sowie dem daraus resultierenden Mangel an Bewegung, gewinnen sportliche Aktivitäten in dieser Altersgruppe zunehmend an Bedeutung. Das Gesundheitsverhalten von Kindern und Jugendlichen variiert zudem nach sozialer Schicht. Während im Jahre 2006 38 % der Kinder und Jugendlichen aus der Unterschicht unter mangelnder körperlicher Bewegung leiden und nach eigenen Angaben „so gut wie keinen Sport treiben", sind es bei den Kindern und Jugendlichen aus der Oberschicht nur 14 % (Shell 2006: 95). Insbesondere der Vereinssport gewinnt in dieser Altersgruppe als wöchentliche Freizeitbeschäftigung an Bedeutung (Anteil stieg von 26 % der Jugendlichen im Jahr 2002 auf 29 % im Jahr 2010), auch Freizeitsport nimmt nach wie vor eine wichtige Rolle ein, der Anteil lag im Jahr 2010 bei 28 % (Shell 2010: 96).

  Sport kann besonders in dieser Altersgruppe präventiv dazu beitragen, langfristige körperliche und geistige Entwicklungsprobleme zu vermeiden.

Neben den positiven Auswirkungen auf die körperliche Gesundheit leisten Sport und Bewegung außerdem einen wichtigen Beitrag auf der Ebene der psychischen Gesundheit. In der Wissenschaft wird vielfach bestätigt, dass sportliche Aktivität auf das aktuelle Befinden einwirkt (Woll 2004: 6). Ausdauersport hat demnach positive Effekte auf verschiedene Aspekte der psychischen Gesundheit wie Beschwerdeerleben, Angst, Depression, Stressregulation, Selbstbild, Stimmung und soziales Wohlbefinden (Wagner 2006).

Soziales

Neben den Leistungen für die Gesundheit kann der Sport zudem als wirksames Instrument im sozialen Bereich dienen: Sport, vor allem im Verein oder in Gemeinschaft, trägt erwiesenermaßen zur sozialen Integration und Kommunikation bei und kann zudem soziale Spannungen und Aggressionen abbauen. So konnte beispielsweise der DOSB in seinem Projekt „Integration durch Sport" erreichen, dass sich in den teilnehmenden Vereinen integrative Sportgruppen (bundesweit etwa 2.000 Gruppen) gebildet haben, in denen ein fast ausgeglichenes Verhältnis zwischen Einheimischen und Menschen mit Migrationshintergrund besteht (Baur 2009a: 28).

Ökonomie

Als wichtiger gesellschaftlicher Bestandteil besitzt Sport außerdem eine direkte wirtschaftliche Komponente. Dass Sport ein durchaus bedeutender Wirtschaftszweig ist, belegen auch wissenschaftliche Untersuchungen. Eine der wichtigsten Untersuchungen in diesem Zusammenhang ist die Mitte der 1990er Jahre von Weber und Ahlert durchgeführte Studie zur ökonomischen Bedeutung von Sport in Deutschland. Demnach lag der Anteil des Sports an der Bruttowertschöpfung in Deutschland bei 1,4 % im Jahr 1990, rund 2,4 % der Beschäftigten arbeiteten in diesem Jahr im Bereich des Sports. Zudem betrugen die Ausgaben der privaten Haushalte rund 36 Mrd. DM, was 1,8 % der privaten Konsumausgaben im Jahr 1990 entsprach. Durch die wachsende Bedeutung des Sports ist von einer weiterhin steigenden Wirtschaftsleistung des Sportsektors auszugehen (Büch 1999: 65).

Die wirtschaftliche Relevanz des Sports spiegelt sich allerdings nicht nur auf der Gesamtwirtschaftsebene, sondern ist vor allem auch im kommunalen Wirkungskreis zu beobachten. Beispiel hierfür ist die Stadt Kaiserslautern, die mit dem 1. FC Kaiserslautern einen national bedeutenden Sportverein beheimatet. So errechnete die Universität Mainz in einer Studie einen Primärimpuls (zusätzlicher Mittelzufluss) von 12,36 Mio. Euro in der Saison 2007/2008 für die Stadt Kaiserslautern durch die Existenz des „Wirtschaftssubjekts" FCK (Preuß et al 2010: 16). Durch den Aufstieg in die 1. Bundesliga in der Saison 2009/ 2010 ist vor diesem Hintergrund von einer noch größeren wirtschaftlichen Bedeutung des Vereins für die Stadt auszugehen.

Aber auch einzelne Großveranstaltungen können erhebliche wirtschaftliche Auswirkungen im kommunalen Bereich haben. Im Rahmen der Untersuchung „Wirtschaftliche Wirkungen von Sportgroßveranstaltungen" wurde unter anderem die Fallstudie „FIS-Weltcup-Skispringen in Willingen" erstellt, welche die ökonomischen Effekte des Skispringens 2001 analysiert. Demnach konnte aus den Angaben zu Umfang und Struktur von Besucheraufkommen und Besucherausgaben ein Nettoumsatz von rund 6 Mio. Euro für die Gemeinde Willingen in Folge dieser Sportgroßveranstaltung ermittelt werden.

Ebenfalls auf kommunaler Ebene wirksam wird der Sporttourismus, der für einzelne Regionen in Deutschland den Hauptwirtschaftszweig darstellt. Zu nennen ist in diesem Zusammenhang der Sporttourismus beispielsweise in Ski- und Wandergebiete, der saisongebunden starke regionale wirtschaftliche Effekte erzeugt.

Aufgrund vielfältiger Einflussfaktoren ist es allerdings häufig sehr schwierig, ökonomische Effekte in ihrer vollständigen Bandbreite zu erfassen und genaue Aussagen über monetäre Auswirkungen zu treffen. Aus diesem Grund sind solche exakten Angaben durchaus kritisch zu betrachten, können aber dennoch wichtige Hinweise auf die wirtschaftliche Wertigkeit der einzelnen Facetten des Sports geben.

Ökologie

Die Auswirkungen des Sports auf die Umwelt sind sehr differenziert zu betrachten. Zum einen können vor allem Sportstätten und für sportliche Aktivitäten genutzte Freiräume einen Beitrag zur Auflockerung der Siedlungsstruktur leisten und stellen nicht selten ein wichtiges Gestaltungselement dar, welches auch positive Auswirkungen auf die Siedlungsökologie haben kann.

Zum anderen stellt die Nutzung des Raums durch Sport, sei es anlagengebunden oder auch naturgebunden, immer eine Beeinträchtigung der Umgebungsökologie dar. Dies kann beispielsweise durch den Landschaftsverbrauch für den Bau von Sportstätten und -anlagen geschehen. Häufig kritisiert wird in der öffentlichen Diskussion in diesem Zusammenhang beispielsweise der Bau von Golfplätzen aufgrund des hohen Flächenverbrauchs und der intensiven Bewirtschaftung (u. a. hoher Wasserverbrauch). Dies kann sich aber ebenso auf Sportarten beziehen, die im gewachsenen Naturraum stattfinden, also für ihre Ausübung ökologische Ressourcen benötigen, auf welche sie negative Auswirkungen haben können (bspw. Ski, Mountainbiking). Die zunehmende Mobilität sorgt zudem für eine stärkere ökologische Belastung hinsichtlich der Anreise zu Sportstätten oder -räumen.

Die Ausführungen zeigen, dass Sport wichtige Leistungen, auch im kommunalen Wirkungskreis, übernimmt. Dies ermöglicht den gezielten Einsatz von Sport als Instrument und Hilfsmittel im räumlichen, sozialen und gesundheitlichen Bezug in kommunalen Aufgabenbereichen, auch zur Übernahme von bestimmten kommunalen Daseinsfunktionen. Insbesondere der räumliche Zusammenhang, also der Sport als Faktor der Stadt- und Raumentwicklung, bedarf tiefergehender Betrachtung und Analyse. Es fehlt derzeit an hilfreichen Instrumenten und rechtlichen Rahmenbedingungen zum gezielten und nachhaltigen Einsatz von Sport als Instrument der Stadt- und Regionalentwicklung.

4. Zukünftiger Wandel

Der Sport und die Sportstätten werden sich in der Zukunft zunehmend neuen gesellschaftlichen und sozialen Veränderungen konfrontiert sehen, die als nicht beeinflussbare Rahmenbedingungen für den Sport wirksam werden. Hierzu zählen sowohl der demographische Wandel, also die Schrumpfung und Alterung der Gesellschaft, der Wandel der Lebensstile und die Individualisierung der Gesellschaft als auch die Finanzkrise der öffentlichen Haushalte.

Demographischer Wandel

Neben der generellen Abnahme der Bevölkerung und der daraus resultierenden verringerten Anzahl möglicher Sporttreibender ist auch die Alterung der Gesellschaft als neue Herausforderung für den Sport zu begreifen. Diese Entwicklung führt neben einem für breite Bevölkerungsschichten häufig immer weniger attraktivem Angebot der Sportvereine dazu, dass der in den letzten Jahren erkennbare Trend sinkender Mitgliederzahlen in den Sportvereinen (s. o.) sich deutlich verstärken wird. So rechnet das Statistische Landesamt Rheinland-Pfalz damit, dass die Zahlen schon mittelfristig deutlich sinken werden. Demnach wird der Sportbund Pfalz bis 2020 rund 20.000 Mitglieder verlieren. Bis 2050 rechnet das Statistische Landesamt mit einem Rückgang der Vereinsmitglieder um 42.800 allein in der Region Rheinpfalz und zusätzliche 48.300 Mitglieder in der Region Westpfalz im Vergleich zu den Mitgliederzahlen im Jahr 2006, in dem in beiden Regionen insgesamt 537.837 Mitglieder in Sportvereinen organisiert waren (Statistisches Landesamt Rheinland-Pfalz 2006). Die Sportvereine sehen sich aus diesem Grund in Zukunft zunehmend mit einem quantitativen Rückgang der Sportnachfrage konfrontiert.

Neben der quantitativen Nachfrage verschiebt sich auch die qualitative Nachfrage verstärkt aufgrund des demographischen Wandels. Nicht nur der prozentuale, sondern auch der absolute Anteil der Senioren in den Sportvereinen steigt erkennbar an (vgl. Abb. 4). Waren im Jahr 1986 noch knapp über 25.500 Senioren (ab 61 Jahre) im Sportbund Pfalz organisiert, waren es 1996 bereits über 50.000 und in 2006 bereits knapp 84.000 Senioren (Kaufmann 2006: 5).

In Deutschland sind nach dem Sportentwicklungsbericht des DOSB bereits rund 45 % der Vereine vom demographischen Wandel betroffen. Zwar liegt der Wert für Rheinland-Pfalz mit 40,2 % unter dem deutschen Durchschnitt, zeigt aber trotzdem die hohe Bedeutung dieser Entwicklung für die Vereine auf. 1,7 % aller deutschen Sportvereine sind demnach durch die demographische Entwicklung in ihrer Existenz bedroht, in Rheinland-Pfalz betrifft dies 0,8 % der Sportvereine (Breuer et al 2006: 6 u. 12).

Der demographische Wandel hat somit tiefgreifende Veränderungen in der Sportlandschaft zur Folge, auf welche die Vereine durch Anpassung der Sportangebotsstruktur und damit einhergehend des räumlichen Angebots reagieren müssen, um das eigene Fortbestehen nachhaltig zu sichern.

Abbildung 4: Zahl der Senioren und Anzahl der Vereine im Sportbund Pfalz in den Jahren 1986, 1996 und 2006

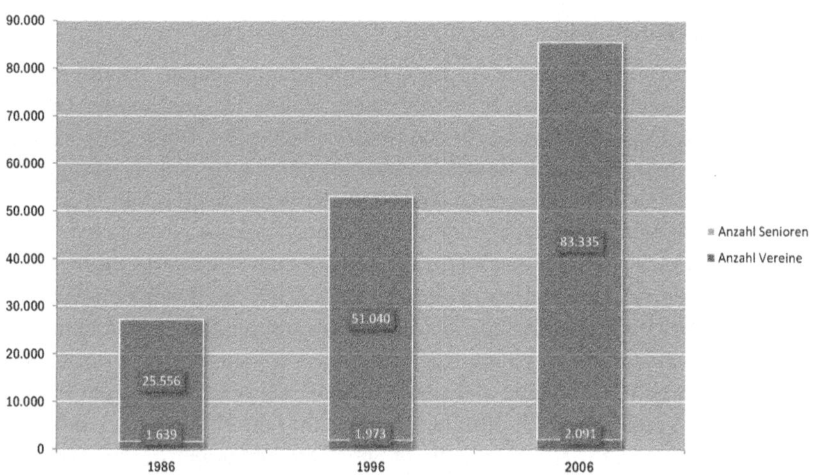

Quelle: Eigene Darstellung nach Sportbund Pfalz 2006: 5

Individualisierung und Pluralisierung

Neben dem demographischen Wandel ist Deutschland von weiteren gesellschaftlichen Veränderungen betroffen. Die Individualisierung der Gesellschaft, also die zunehmende Selbstbestimmung und Emanzipation der Bürger sowie die Pluralisierung der Lebensstile, also die Ausdifferenzierung und Vervielfältigung der Lebensformen führen, auch im Bereich von Sport und Bewegung, zu einer stark veränderten Nachfragesituation. Gesunkene Arbeitszeiten, höherer Anspruch in der Freizeitgestaltung bei gleichzeitiger Flexibilität und erhöhte Mobilität wirken sich maßgeblich auf die Nachfrage aus. Dies betrifft vor allem die qualitative Dimension des Sports; die Nachfrage nach Sportangeboten differenziert sich stärker aus, spezielle und individuelle Angebote gewinnen an Bedeutung.

Dieser Trend bestätigt sich schon seit einigen Jahrzehnten in der Ausdifferenzierung der Sportlandschaft und wird verstärkt sichtbar: Während in den 1960er Jahren nur etwa 30 verschiedene Sportarten existierten, waren es Anfang des 21. Jahrhunderts bereits rund 240 Sportarten (ILS 2001: 30), eine Veränderung dieses Trends ist nicht absehbar. Neue Trend- und Randsportarten etablieren sich aktuell immer stärker. Die Vereine stehen damit ähnlich wie bei den Anpassungen vor dem Hintergrund des demographischen Wandels primär vor der Herausforderung, ein entsprechendes Sportangebot zu schaffen und dies an die aktuellen Bedürfnisse anzupassen. Ebenso wichtig erscheinen in diesem Zusammenhang das Vorhalten entsprechender Infrastruktur und die Anpassung der Sportstätten an die sich verändernden Bedürfnisse.

Der anhaltende Trend der Ausdifferenzierung der Sportlandschaft bestätigt sich zudem in der Zahl der Sportvereine, die entgegen der Mitgliederzahlen weiterhin langsam steigt (siehe Abb. 2). Gab es im Bundesland Rheinland-Pfalz im Jahre 1990 5.688 Vereine, stieg diese Zahl bis zum Jahr 2008 auf 6.298 Vereine an (Statistisches Landesamt 2009: 113). Die Ursache hierfür liegt unter anderem in der Ausdifferenzierung der Nachfrage und des Angebots von Sport.

Finanzkrise der öffentlichen Haushalte

Die angespannte Haushaltslage vieler Kommunen und öffentlicher Träger hat auch Auswirkungen auf die Situation von Sport und Bewegung. Diese sind nach wie vor die hauptsächlichen Betreiber von Sportanlagen, im Bundesschnitt werden 61,1 % (im Jahr 2002) der Sportanlagen von den Kommunen bewirtschaftet. Im Westen Deutschlands haben die Kommunen aber bereits an Bedeutung in diesem Bereich verloren. Zum Vergleich: In Rheinland-Pfalz lag im Jahr 2002 der Anteil der Kommunen als Sportanlagenbetreiber bei ca. 55 %, in den neuen Ländern lag der Durchschnitt bei knapp 78 %. Auch Vereine, die zum Teil auch von öffentlichen Geldern abhängig sind, betreiben nach wie vor einen großen Teil der bestehenden Sportinfrastruktur (Bundesschnitt: 31,5 %, Rheinland-Pfalz: 37 %). Kommerzielle Anbieter spielen in diesem Bereich aktuell noch keine übergeordnete Rolle (Bundesschnitt: 3,1 %, Rheinland-Pfalz: 2,7 %), werden aber voraussichtlich in den nächsten Jahren stark an Bedeutung gewinnen (Sportministerkonferenz 2002: 21).

Die Finanzkrise der öffentlichen Haushalte wird vermutlich starke Auswirkungen auf die Sportstätteninfrastruktur der Kommunen haben. Aber auch die Vereine und ihre Sporträume werden von dieser Entwicklung betroffen sein. Vor allem sinkende finanzielle Unterstützung in Form von Fördermitteln wird den Vereinen zunehmend die Aufrechterhaltung ihrer organisatorischen und baulichen Infrastruktur erschweren. Entsprechende Anpassungen der Strukturen werden in Zukunft vor allem selbst von den Vereinen getragen werden müssen. Um auf dem Sportmarkt mit privatwirtschaftlichen Anbietern bestehen zu können, ist es für Kommunen wie Sportvereine als lokale Akteure wichtig, neue Organisations-, Entwicklungs- und Betreibermodelle zu entwickeln.

Die verschiedenen Entwicklungen und Rahmenbedingungen haben somit sehr unterschiedliche Auswirkungen auf die Sportorganisation auf der einen und Planung, Bau und Unterhaltung von Sportstätten, also die räumliche Dimension, auf der anderen Seite. Die Ausdifferenzierung der Sportlandschaft und die Veränderung in der Sportnachfrage führen zunehmend zu einem Mismatch zwischen Sportraumangebot und Sportraumnachfrage. Dies stellt vor allem die Vereine und kommunale Planung vor große neue Herausforderungen. Dazu zählt vor allem die Bewältigung steigender wirtschaftlicher Zwänge, die Planung, Bau und Unterhaltung von Sportstätten beeinflussen, aber auch Anpassungen in qualitativem und quantitativem Sportangebot. Dies erfordert neben neuen organisatorischen Ansätzen auch planerische Konzeptionen, welche Ansätze zur Bewältigung negativer Auswirkungen der Megatrends auf die (stadt-)räumliche Situation von Sport und Bewegung liefern.

5. Raumwirksamkeit von Sport und Bewegung

Die räumlichen Auswirkungen des Sporttreibens sind vor allem abhängig von seiner Art und Organisation. Während Schul- und Vereinssport häufig anlagengebunden sind, findet das informelle Sporttreiben oft im öffentlichen Stadtraum, in privaten Sportinstitutionen oder in der Natur statt. Man unterscheidet demnach zwischen dem klassischen Sportraum und dem Ermöglichungsraum für Sport.

Der klassische Sportraum ist hierbei meist klar räumlich abgrenzbar, da er sich auf klassische Anlagen wie Sportplätze oder -hallen beschränkt. Dieser lässt sich dabei in verschiedene Größen- und Funktionskategorien einteilen: hierzu zählen beispielsweise Groß-, Vereins- und Schulsportstätten. Sportermöglichungsraum hingegen stellt sich in der räumlichen Definition deutlich diffuser dar. So zählen zu dieser Sportraumkategorie sowohl städtische Räume (beispielsweise Parks, Straßen, Plätze) als auch Naturraum (Wälder, Wiesen, Feldwege), aber auch private Räume (beispielsweise Wohnung, Terrasse, Garten, etc.). Häufig verschmelzen diese Räume auch im Rahmen des Sports. Zu dem Ermöglichungsraum für Sport zählt somit jede Raumkategorie, die für das Treiben von Sport in irgendeiner Art und Weise geeignet ist.

Die Anzahl klassischer Sportstätten stieg vor allem zwischen den 1960er und 1980er Jahren in Deutschland massiv an, zeigt aber zumindest in Westdeutschland seitdem eine gewisse Stagnation (vgl. Abb. 5, Hübner 2003: 21). Die veränderten Rahmenbedingungen im Bereich des Sports führen dazu, dass Sport und Bewegung nicht mehr nur im klassischen Sportraum stattfindet, sondern sich zunehmend auch in öffentliche Räume und Naturraum verlagert. Zudem verschieben sich die Ansprüche an klassische Sporträume, die aufgrund der Ausdifferenzierung des Sports zunehmend multifunktional genutzt werden müssen.

Der Sportraum lässt sich somit in verschiedene Kategorien einteilen, welche sich in ihrer Größe, aber ebenso in ihrer Ausrichtung und Zielgruppe unterscheiden. Verschiedene Sportraumkategorien sind beispielsweise:

- Großsportstätten (bspw. Fußballstadien),
- Vereinssportstätten,
- Schulsportstätten und Sportstätten anderer Bildungseinrichtungen (bspw. Universitäten),
- Öffentliche Sportstätten (bspw. Schwimmbäder),
- Kommerzielle Sportstätten (bspw. Fitnessstudios),
- Öffentliche Räume (bspw. Parks),
- Private Räume (bspw. Gärten).

Die verschwimmende Grenze zwischen öffentlichem Raum oder Naturraum mit dem Raum für sportliche Aktivitäten führt dazu, dass Sport und Bewegung zunehmend auch an stadträumlicher Bedeutung gewinnen und sich zu einem entscheidenden Standortfaktor entwickeln. Das Angebot an Sportraum im direkten oder indirekten Umfeld kann die Wohnumfeldqualität entscheidend mitbestimmen und zusätzlich positiv zur subjektiven Wohnzufriedenheit beitragen.

Für die Planung ist das Verständnis der unterschiedlichen Nutzung des Raumes durch den Sport von entscheidender Bedeutung. Vor allem die zunehmende Etablierung informellen Sporttreibens stellt die Planung vor neue Herausforderungen auch fernab der Entwicklung klassischer Sporträume. Dies betrifft zum einen die Funktionalität und Benutzbarkeit der Flächen, da Ermöglichungsräume ohne die planerische Anwendung von Normen multifunktional nutzbar sein müssen. Ebenso bezieht sich dies aber auch auf die Finanzierung der baulichen Entwicklung von Ermöglichungsräumen: Die Förderung der öffentlichen Hand beschränkt sich fast ausschließlich auf genormte Sport- und Spielanlagen, die allerdings nicht mehr unbedingt den heutigen Ansprüchen nach multifunktionalen und wohnungsnahen Ermöglichungsräumen genügen. In diesem Zusammenhang ist allerdings zu beachten, dass Sportermöglichungsräume nicht zwangs-

Abbildung 5: Bestand und Entwicklung der Sportstätteninfrastruktur 1960–2000

Anlagenart	**1960**	**1976**	**1988**	**2000**	**2000**
	nur alte Bundesländer			**nur alte Bundesländer**	**gesamt**
Sportplätze (ohne Tennis)/ ungedeckte Anlagen	21.900	33.206	44.814	48.017	60.154
Sporthallen	10.900	21.775	28.355	29.308	35.230
Hallenbäder	730	2.980	3.633	3.528	3.798
Freibäder	3.030	2.713	2.801	3.286	3.995
Tennisspielfelder (Tennisanlagen)	5.300	14.896	45.654	ca. 45.000 (13.491)	ca. 50.000 (14.192)
Squashplätze	-	ca. 2.000	6.600	ca. 6.000	ca. 6.400
Schießsportanlagen	-	ca. 4.000	4.235	8.016	8.735
Reitplätze	-	1.844	3.427	ca. 3.500	ca. 4.000
Reithallen	-	1.300	2.795	ca. 2.800	ca. 3.200
Golfplätze	-	131	391	ca. 550	ca. 600
Kernsportstätten (insgesamt)	**36.560**	**60.674**	**79.603**	**84.139**	**103.177**
Sportstätten (i. w. s) insgesamt	**-**	**84.845**	**142.705**	**150.005**	**176.112**

Quelle: Hübner 2003: S. 21

läufig planbar sind. Ebenso wenig ist die Aneignung bestimmter Räume in allen Fällen vorherseh- oder beeinflussbar. Insbesondere für das informelle Sporttreiben neuer Trendsportarten ist häufig eine spontane Entscheidung für einen bestimmten Sportraum charakteristisch (bspw. Skateboarding, Fassadenklettern, etc.).

Trotz dieser Ausnahmen stellt die Beachtung und Integration des Ermöglichungsraumes in die städtebauliche Entwicklung und das Verständnis für dessen Nutzbarkeit einen der wichtigsten Aspekte zukünftiger Planungen im Bereich einer integrierten Stadt- und Sportentwicklung dar.

6. Zukünftige Herausforderungen

Aus den veränderten Rahmenbedingungen resultiert primär das Ziel, die Sportstätten im Sinne integrierter Sportentwicklungsplanung nachhaltig zu entwickeln, also das Sport(raum)angebot an die Sportnachfrage und aktuelle Bedürfnisse anzupassen.

Güldenpfennig (Güldenpfennig 2003: 90 ff.) definiert dabei „vier Seiten der Nachhaltigkeit von Sportstätten", welche die Zukunftsfähigkeit derselben entscheidend bestimmen (vgl. Abb. 6). Die folgenden Faktoren beziehen sich zwar vor allem auf Großsportstätten, lassen sich aber ebenso auf viele Sportstätten kleinerer Dimension übertragen:

Abbildung 6: Faktoren der Nachhaltigkeit von Sportstätten

Quelle: Eigene Darstellung

Ökonomische Nachhaltigkeit

Die Nachhaltigkeit von Sportstätten hat zunächst eine erhebliche ökonomische Dimension. Planung, Bau, Gestaltung und Betrieb von Sportanlagen müssen immer nach den Faktoren Kosten, Mittelbeschaffung, und ökonomische Beständigkeit durchgeführt werden. Dabei stellen sich vor allem Fragen nach der langfristigen und damit ökonomisch nachhaltigen Nutzbarkeit baulicher Anlagen für Sport und Bewegung.

Vor allem in Zeiten knapper finanzieller Mittel der Kommunen und ökonomischen Drucks spielt dieser Aspekt eine übergeordnete Rolle auch im Rahmen der Planung von Sporträumen auf kommunaler Ebene.

Ökologische Nachhaltigkeit

Auch der ökologischen Komponente kommt im Rahmen der Nachhaltigkeit von Sportstätten eine bedeutende Rolle zu. Da ein Großteil der rund 175.000 Sportstätten in Deutschland sehr viel Energie verbraucht, wird die energetisch optimierte Gestaltung der Sportanlagen zunehmend zu einem ökologisch und gleichzeitig ökonomisch wichtigen Faktor, auch zur Minimierung von Umweltbelastungen. Der Aspekt ökologisch nachhaltiger Sportstätten bezieht sich allerdings nicht ausschließlich auf die Anwendung energiesparender Bauweisen der Anlagen, sondern auch auf Energie- und Flächenverbrauch im Bauprozess. Speziell der Betrieb und die Nutzung der Sportanlagen bestimmen die Nachhaltigkeit einer Sportstätte maßgeblich mit.

Die ökologische Nachhaltigkeit von Sportstätten bedingt allerdings nicht nur eine Minderung oder Minimierung des Energieverbrauchs, sondern kann auch nicht unerhebliche ökonomische Auswirkungen haben. Die Durchführung ökologisch nachhaltiger Maßnahmen in Bau und Betrieb der Anlagen muss nicht zwangsläufig in Konflikt mit ökonomischen Leitlinien treten. Bei langfristig ausgelegter Planung und Kosten-Nutzen-Rechnung sowie intensiver Nutzung der Anlagen amortisieren sich die erhöhten Investitionskosten und bringen den Betreibern finanzielle Vorteile.

Sportliche Nachhaltigkeit

Die Nachhaltigkeit von Sportstätten und -anlagen bemisst sich allerdings nicht nur nach ökonomischen und ökologischen Kriterien. Auch der sportliche Aspekt spielt in diesem Zusammenhang eine entscheidende Rolle. Darunter fallen vor allem die Faktoren der langfristigen funktionalen Tragfähigkeit sowie dem technischen Nutzen der Anlage. Die Planbarkeit dieser Faktoren gestaltet sich aber aufgrund kaum abschätzbarer Einflüsse sehr schwierig. Sportangebot und vor allem Sportnachfrage bestimmen die Tauglichkeit der Sportanlagen, sind aber schwer zu erfassen. Insbesondere sportempirische Erhebungen können die Basis für eine nachhaltige Ausgestaltung der einzelnen Anlagen bilden.

Überlegungen zur sportlichen Nachhaltigkeit sollten im Planungsprozess stets den ökologischen und ökonomischen Abwägungen vorgeschaltet sein, da sie letztendlich den Ausschlag für Planung und Umsetzung von Sporträumen geben.

Architektonisch-ästhetische Nachhaltigkeit

Ein meist vernachlässigter Faktor der Nachhaltigkeit von Sporträumen ist die baulich-ästhetische Gestaltung. Die Attraktivität einer Sportstätte, welche durch gestalterische Merkmale der Anlagen bestimmt wird, trägt wesentlich zu ihrer dauerhaften und langfristigen Nutzung und Frequentierung bei. Ebenso wichtig ist der baulich-funktionale Aspekt bei Planung und Bau der Anlagen, der die Nutzbarkeit der Anlagen stark beeinflusst. Die Verbindung der beiden Elemente Funktionalität und Ästhetik ist dabei von besonderer Bedeutung.

Insbesondere der Aspekt der baulichen Ästhetik stellt einen „weichen“ Entscheidungsfaktor dar, da er subjektiv geprägt ist und am wenigsten nach objektiven Kriterien zu bestimmen ist.

Neben diesen von Güldenpfennig genannten Aspekten der Nachhaltigkeit von Sportstätten sollte zudem der Bereich der *organisatorischen Nachhaltigkeit* des Sports Beachtung finden. Dies bezieht sich vor allem auf die Strukturen und die Zielausrichtung von Sportvereinen und kommerziellen Anbietern. Die Anpassung an die aktuellen Herausforderungen und die zukünftigen Entwicklungen im Bereich des Sportverhaltens und der Sportnachfrage muss auch in diesem Bereich einen Anklang finden.

Basis für eine nachhaltige Sportstättenentwicklung muss in Zukunft verstärkt eine vorangehende Betrachtung und Analyse des Sportverhaltens vor Ort sein. Gegenstand solcher Untersuchungen müssen neben der quantitativen Nachfrage, also der Zahl der Sporttreibenden und der Häufigkeit des Sporttreibens, auch qualitative Aspekte sein. Zu diesen zählen vor allem die nachgefragten Sportarten und ihre Ansprüche an den Raum.

Neben diesen analytischen Aspekten zur Weiterentwicklung der räumlichen Sportentwicklung sollte außerdem eine Anpassung der gesetzlichen Bestimmungen zur Sportstättenentwicklung und zur öffentlichen Sportförderung ein weiterer Schritt sein. Die auf normierte Sportanlagen ausgerichtete Sportförderung deckt nicht mehr das aktuelle Spektrum benötigter Sporträume ab. Der relativ geringe Anteil von Kommunen, die das vorhandene Planungsinstrumentarium nutzen, zeigt, dass die zur Bedarfsermittlung und zur Konzeption neuer Sportanlagen auf gesetzlicher Ebene vorhandenen Instrumentarien schlecht einsetzbar und vor dem Hintergrund der sich verändernden Sportnachfrage selten zielführend sind.

Die Entwicklung und Schaffung neuer handhabbarer formeller, aber auch informeller Instrumente für die räumliche Planung muss in diesem Zusammenhang Priorität besitzen, um die Bewältigung der anstehenden Herausforderungen für die Kommunen zu unterstützen. Auch auf organisatorischer und politischer Ebene muss diesbezüglich ein Umdenken stattfinden. Die Angebots- und Organisationsstruktur von Sportvereinen muss sich wandeln, bauliche und organisatorische Maßnahmen müssen gebündelt werden.

Durch neue Instrumente, neue Organisationsformen und (räumliche) Angebotsstrukturen kann der Sport gezielter als Instrument zur Bewältigung kommunaler Aufgaben und der Daseinsfunktionen eingesetzt werden. Insbesondere in den Bereichen Erholung, Gemeinschaft und Kommunikation kann der Sport entscheidende Akzente auf kommunaler Ebene setzen. Die Verbindung verschiedener Bevölkerungsgruppen, sozialer Gruppen und Altersgruppen und die Gesundheitsvorsorge sind wichtige Aspekte für eine nachhaltige gesellschaftliche Entwicklung. Der Sport kann in diesen Bereichen einen wichtigen Beitrag leisten, insbesondere die Kommunen sind deshalb gefordert, Sport gezielter als Entwicklungsinstrument einzusetzen.

7. Anforderungen an Forschung und Praxis

Der Forschung kommt eine vorbereitende und unterstützende Rolle für die Praxis zu. Dies gilt vor allem im Rahmen der Bedarfsermittlung für die Sportstättenentwicklung auf Grundlage der Erfassung der Sportstätteninfrastruktur sowie der Beobachtung und Analyse des Sportverhaltens durch die Sportwissenschaft und die Soziologie. Die Forschung legt in diesem Zuge die Basis für eine nachhaltige Sportstättenentwicklungsplanung (vgl. Abbildung 7).

Die räumliche Planung setzt an diesem Punkt an und muss die gewonnen Erkenntnisse in den Raum übertragen und die räumlichen Konsequenzen des sich wandelnden Sportverhaltens erforschen und herausstellen. In diesem Zusammenhang sind auch die Leistungen des Sports für die kommunale Entwicklung und Daseinsvorsorge stärker zu untersuchen. Die Verknüpfung räumlicher, sozialer und gesellschaftlicher Aspekte ist dabei von zentraler Bedeutung, auch als Querschnittsaufgabe im Bereich der Forschung. Insbesondere der räumlichen Planung kommt dabei eine zentrale Aufgabe zu, indem sie als Verbindungselement zwischen Architektur, Städtebau, Freiraumplanung, Sozial- und Vereinsarbeit und Kommunalpolitik fungiert. Die Entwicklung neuer planerischer Instrumente zur Umsetzung wird in diesem Zusammenhang hauptsächliche Aufgabe der anwendungsbezogenen Forschung sein. Ebenso müssen die derzeitigen Sportförder- und

-planungsvorgaben überprüft und neue Ansätze für eine nachhaltige und sinnvolle Förder- und Planungspraxis entwickelt werden.

Abbildung 7: Aufbau Sportstättenentwicklungsplanung

Quelle: Eigene Darstellung nach Hübner 2003: 22

Im Sinne einer ökonomisch nachhaltigen Sportstättenentwicklung müssen neue architektonische Konzepte in Betracht gezogen werden, die sowohl Mehrfachnutzungen erlauben, als auch gewandelte Zweckbestimmungen von Sportstätten beachten (Bsp. ungeheizte „Kalthalle“).

Die Vermeidung von Nutzungs- und Nachbarschaftskonflikten stellt als zukünftige Herausforderung eine weitere wichtige Aufgabe für die räumliche Planung dar. Aufgrund der Ausdifferenzierung des Sports, der zunehmenden Verschiebung von Sport und Bewegung in den öffentlichen Raum und dem Leitziel siedlungsräumlich möglichst zentral gelegener Sportangebote ist in Zukunft von einem verstärkten Konfliktpotential auszugehen. Forschung und Praxis müssen auch für diesen Bereich geeignete Instrumente entwickeln und anwenden, welche die benachbarten Nutzungen effizient und nachhaltig aufeinander abstimmen.

Neben der Entwicklung neuer planerischer Instrumente zur Sportstättenentwicklung und dem Entwurf neuer Anpassungsansätze für die gesetzlichen Bestimmungen zu Sportentwicklung und -förderung wird es in der Praxis vor allem darauf ankommen, geeignete Möglichkeiten zu finden, ein entsprechendes Monitoringsystem zu installieren. Dieses sollte Bedarfe und Sportstättenentwicklung konsequent aufeinander abstimmen und die Verwirklichung von Planungen auf das Erreichen wichtiger Ziele überprüfen, um eine nachhaltige Sportstättenentwicklung zu gewährleisten.

Ein Leitbild „Gesunde Kommune“ – im Sinne einer nachhaltig „gesunden“ Entwicklung einer Kommune – kann vor diesem Hintergrund für die Kommunen einen möglichen wichtigen Querschnittsansatz darstellen, um den Sport zur Unterstützung wichtiger Aufgaben einzusetzen und sich im Wettbewerb der Wohnstandorte zu positionieren sowie neue, angepasste Angebote für Sport und Bewegung zu schaffen. Dabei spielt neben der sozialen auch die räumliche Komponente eine entscheidende Rolle. Multifunktionale, für Sport und Bewegung nutzbare Räume können bei gezielter Entwicklung auch die städtebauliche und freiräumliche Qualität entscheidend stärken. Insbesondere in schrumpfenden Kommunen kann die Schaffung von Sporträumen auf freiwerdenden Flächen Impulse zur Wiederbelebung setzen. Aber auch in wachsenden Regionen mit hoher Konzentration ist die Sicherstellung eines entsprechenden Angebots an Sport-, Spiel- und Bewegungsräumen von hoher Bedeutung, um langfristig eine hohe Qualität der Wohn- und Arbeitsstandorte zu sichern. Das Leitziel „Gesunde Kommune“ kann somit zu einer nachhaltigen Entwicklung sowohl auf der stadträumlichen als auch auf gesellschaftlicher und sozialer Ebene beitragen.

8. Fazit und Ausblick

Die steigende Bedeutung des Themas Sport als wichtiger Bestandteil der Gesellschaft und als Faktor in den Bereichen Ökonomie, Ökologie, Soziales und Gesundheit auf kommunaler Ebene wird Städte und Gemeinden immer stärker zum Handeln zwingen. Die Entwicklung von Szenarien in Modellkommunen, welche auch auf andere Gebietskörperschaften übertragbar sind, kann helfen, die Entwicklungen im Bereich des Sports und seiner räumlichen Inanspruchnahme frühzeitig zu erkennen und einer nicht zielgerichteten Entwicklung entgegenzuwirken. Der Vergleich von Szenarien, die entweder die Stadtentwicklung mit oder ohne gezielten Einsatz von Sport darstellen, kann zudem die Leistungen von Sport und Bewegung im kommunalen Wirkungskreis deutlicher darlegen. Darauf aufbauend können konkrete Handlungsempfehlungen für die kommunale Sportentwicklung formuliert werden. Diese sollten u. a. Konzepte und Instrumente zur sporträumlichen Entwicklung enthalten, welche für die Kommunen in der Praxis umsetzbar sind.

Der integrierten Sportentwicklung wird in Zukunft eine noch stärkere Bedeutung im Rahmen der Stadtentwicklung zukommen. Als gezieltes Instrument können Sport und Bewegung zunehmend zur Bewältigung kommunaler Aufgaben und der Sicherung der Daseinsvorsorge eingesetzt werden. Neben den informellen Angeboten kommt dabei auch in Zukunft den Vereinen als organisiertem Bestandteil des gesellschaftlichen Lebens auf kommunaler Ebene und Betreiber vieler Sportstätten eine noch stärkere zentrale Rolle im Sportangebot zu.

In diesem Zusammenhang ist neben den planerischen Aspekten ebenfalls der Bezug zur Sportorganisation, also zu Vereinen und Privatanbietern, sowie ihrer Angebotsstruktur verstärkt herzustellen, um die Verknüpfung zwischen direkter Nachfrage und Sportraumangebot nachhaltig aufeinander abzustimmen.

So wichtig wie die Verbindung zwischen den einzelnen thematischen Aspekten der Entwicklung von Sport und Bewegung und fachübergreifenden Zusammenarbeit in den Kommunen ist auch die räumliche Verknüpfung und Abstimmung der Sportstättenentwicklung der einzelnen Städte und Gemeinden auf- und untereinander. Dies kann beispielweise in Form regionaler Konzepte geschehen, die in einem größeren räumlichen Umgriff Planungen der Kommunen miteinander synchronisieren.

Eine stärkere Verbindung von Planungs- und Sportwissenschaft im Raum muss das zukünftige Ziel der Raum- und Sportentwicklung sein. Nur durch eine stärkere thematische Verbindung von angewandter Forschung und Praxis in diesen beiden Bereichen können neue Wege in der Sportstättenplanung beschritten werden, die eine nachhaltige Auslastung des Sportraumes auf der einen und ein zeitgemäßes und ansprechendes Sportraumangebot auf der anderen Seite gewährleistet. Auf diese Weise können Sport und Bewegung stärker in die Bewältigung kommunaler Aufgaben eingebunden werden. Im vom Lehrstuhl Stadtplanung (TU Kaiserslautern) durchgeführten Projekt „Gesunde Kommune – Sport und Bewegung als Faktor der Stadt- und Raumentwicklung“ (2011-2012) wurden aufbauend auf eine eingehende statistische Analyse wesentliche Empfehlungen für Maßnahmen zur nachhaltigen und integrierten Stadt- und Sportentwicklung gegeben.

Literatur

Baur, Jürgen et al (2009a): Evaluation des Programms Integration durch Sport. Zusammenfassung und Konsequenzen. In: Baur (2009b): 21-53.

Baur, Jürgen (Hrsg.) (2009b): Evaluation des Programms „Integration durch Sport". Band 1. Potsdam.

Breuer, Christoph et al (2006): Sportentwicklungsbericht 2005/2006 – Sportvereine und demographischer Wandel. Köln.

Büch, Martin Peter (1999): Sportökonomische Ansätze zur Erklärung sportlicher Sachverhalte. In: Bundesinstitut für Sportwissenschaften (1999): 63-69.

Büch, Martin Peter et al (2003): Nachhaltigkeit von Sportstätten. Wissenschaftliche Berichte und Materialien des Bundesinstituts für Sportwissenschaft Band 12. Köln: Sport und Buch Strauß.

Bundesinstitut für Sportwissenschaften (Hrsg.) (1999): BISp-Jahrbuch 1999. Bonn: Selbstverlag des Bundesinstituts für Sportwissenschaften.

Bundesinstitut für Sportwissenschaft (BISp) (Hrsg.) (2000): Leitfaden für die Sportstättenentwicklungsplanung. Schorndorf: Verlag Karl Hofmann.

Entwicklungsagentur Rheinland-Pfalz e.V. (Hrsg.) (2012): Sport bewegt! Gesunde Städte und Dörfer in Rheinland-Pfalz. Ergebnisse des Forschungs- und Entwicklungsprojektes „Gesunde Kommune - Sport und Bewegung als Faktor der Stadt- und Raumentwicklung". Kaiserslautern.

Güldenpfennig, Sven (2003): Die vier Seiten der Nachhaltigkeit von Sportstätten. In: Büch et al (2003): 87-107.

Hübner, Horst (2003): Sportstättenentwicklungsplanung in Deutschland. In: dvs-Informationen. 2003/2. 21-25.

Institut für Landes- und Stadtentwicklungsforschung des Landes Nordrhein-Westfalen (ILS) (Hrsg.) (2001): Bewegung in der Stadt – Bewegung, Spiel und Sport im Wohnungsnahbereich. Dortmund: Selbstverlag des Institut für Landes- und Stadtentwicklungsforschung des Landes Nordrhein-Westfalen.

Institut für Sportmanagement und Sportmedizin (ISS) (Hrsg.) (2005): Wirkungsanalyse kommunaler Sportförderung in Rheinland-Pfalz. Ergebnisse und Handlungsempfehlungen. Remagen.

Landesgesetz über die öffentliche Förderung von Sport und Spiel in Rheinland-Pfalz (Sportförderungsgesetz – SportFG –) vom 9. Dezember 1974.

Landessportbund Rheinland-Pfalz (Hrsg.) (2010): Bestandserhebung 2009. Mainz.

Kaufmann, Asmus (2006): Mehr Vereine, weniger Mitglieder. In: pfalzsport. 07/2006. 5.

Shell Deutschland Holding (Hrsg.) (2006): Jugend 2006. Eine pragmatische Generation unter Druck. 15. Shell Jugendstudie. Frankfurt a.M.: Fischer Taschenbuch Verlag.

Shell Deutschland Holding (Hrsg.) (2010): Jugend 2010. Eine pragmatische Generation behauptet sich. 16. Shell Jugendstudie. Frankfurt a.M.: Fischer Taschenbuch Verlag.

Stadt Freiburg (Hrsg.) (2004):Sport und Bewegung in Freiburg – Band 1. Sportwissenschaftliche und genderpolitische Grundlagen des Projekts „Sportentwicklungsplanung Freiburg". Freiburg.

Sportministerkonferenz (Hrsg.) (2002): Sportstättenstatistik der Länder. Berlin.

Statistisches Landesamt Rheinland-Pfalz (Hrsg.) (2006): Bevölkerungsentwicklung in der Vorder- und der Westpfalz. Vortrag von Dr. Ludwig Böckmann anlässlich der Vortragsreihe „Zukunftsbausteine" des Sportbundes Pfalz am 18. September 2008 in Kaiserslautern.

Statistisches Landesamt Rheinland-Pfalz (Hrsg.) (2009): Statistisches Jahrbuch 2009. Bad Ems.

Steinebach, Gerhard et al (2011): Gesunde Kommune. Sport und Bewegung als Faktor der Stadt- und Raumentwicklung. Projektbericht 2011. Kaiserslautern: TU Kaiserslautern.

Steinebach, Gerhard et al (2012): Gesunde Kommune. Sport und Bewegung als Faktor der Stadt- und Raumentwicklung. Abschlussbericht 2012 zum Forschungs- und Entwicklungsprojekt. Kaiserslautern: TU Kaiserslautern.

Preuß, Holger et al (2010): Ökonomische Auswirkungen des 1.FC Kaiserslautern für Kaiserslautern und Rheinland-Pfalz. Ergebniszusammenfassung der Studie. Mainz.

Wagner, Petra (2006): Effekte des Ausdauersports auf die physische Gesundheit. Vortrag im Rahmen des Sportsmedizinischen/Sportwissenschaftlichen Seminars in Landau/Pfalz am 04. November 2006.

Wieland, Hans et al (2001): Sport- und bewegungsfreundliche Gemeinde Pliezhausen. Abschlussbericht. Stuttgart.

Woll, A. u. Bös, K. (2004). Wirkungen von Gesundheitssport. In: Bewegungstherapie und Gesundheitssport. 20. 2. 1-10.

Internetquellen

http://www.nas-online.de/weiterbildungsarbeit/160-sporttreiben-und-gesundheit.html: Internetseite der Norddeutschen Arbeitsgemeinschaft Sportmedizin und Sportphysiotherapie Gemeinnütziger Verband e. V. Beitrag „Sporttreiben und Gesundheit“ von Christian Wopp. Stand 24.01.2011

http://www.statistik.rlp.de/no_cache/veroeffentlichungen/gesamtverzeichnis/verzeichnis/liste/themengebiete/a/: Internetseite des Statistischen Landesamtes Rheinland-Pfalz. Informationen zur Bevölkerungszahl. Stand 15.07.2010

Sicherheit im demographischen Wandel

Gerhard Steinebach und Cordula Uhlig

Aufgrund der Alterung und Schrumpfung der Bevölkerung ist mit Folgen auf die Kriminalitäts- und Verkehrsunfallentwicklung und der daraus resultierenden Gewährleistung von Sicherheit (Schutz vor Kriminalität und Verkehrsunfallgefahren) zu rechnen. Eine Überprüfung der bestehenden Standards der Sicherheitsvorsorge als Teil der infrastrukturellen Grundversorgung erscheint demnach unumgänglich. Im Rahmen des vorliegenden Beitrages soll die querschnittsorientierte Problematik der Anpassung der sicherheitsbezogenen Infrastruktur im Zuge der Alterung und Schrumpfung der Bevölkerung aufgezeigt und beispielhafte Maßnahmen umrissen werden.

1. Einleitung und Problemstellung

Berechnungen zum demographischen Wandel zeigen, dass die Bevölkerung in Deutschland und Rheinland-Pfalz mittel- bis langfristig (Zeithorizont 2020 bis 2050) in starkem Maße von Alterung und Schrumpfung betroffen sein wird.

Oftmals werden in Bezug auf zu erwartende Wachstums- bzw. Schrumpfungsprozesse lediglich Themenfelder wie Wohnungsmarkt sowie soziale und technische Infrastrukturen betrachtet. Darüber hinaus gehört jedoch zur infrastrukturellen Grundversorgung auch die Sicherheitsvorsorge[1], die sich mit dem Schutz vor Kriminalität und Verkehrsunfallgefahren befasst und damit bedeutsam für die Lebens- und Standortqualität der Bevölkerung und von Unternehmen ist. In Folge des demographischen Wandels ist mit Auswirkungen auf die Kriminalitäts- und Verkehrsunfallentwicklung und der daraus resultierenden Gewährleistung der Sicherheit der Bevölkerung zu rechnen.

Zwar sind die Veränderungen der zukünftigen Bevölkerungsentwicklung im Grundsatz hinreichend thematisiert, in Modellrechnungen erfasst sowie im

1 Der Begriff Sicherheitsvorsorge ist nicht eindeutig definiert und nicht ausschließlich auf polizeiliche Aufgaben bezogen. Im hier verstandenen Sinne kann Sicherheitsvorsorge als Schutz vor Kriminalität und Verkehrsunfallgefahren durch die polizeilichen Institutionen und Einrichtungen verstanden werden.

Allgemeinen wissenschaftlich und praktisch erörtert, allerdings fehlt es an einer räumlichen Präzisierung, welche Teilräume des Landes besonders von Alterung und rückläufiger Bevölkerungsentwicklung betroffen sein werden. Noch mehr fehlt es an Antworten, mit welchen sicherheitsbezogenen Konsequenzen in solchen Räumen zu rechnen sein wird, v. a. wenn es sich um größere Regionen handelt. Erst recht fehlt es an Konzepten, wie mit schrumpfenden Regionen bei der Raumentwicklung sowie der Sicherung einer angemessenen öffentlichen Daseinsvorsorge umgegangen werden soll. In der wissenschaftlichen Diskussion wird davon ausgegangen, dass ‚Verliererräume' im regionalen Bezug, v. a. ländlich geprägte Gebiete mit Strukturschwächen, die Tragfähigkeitsgrenzen sozialer und technischer Infrastruktur unterschreiten (vgl. dazu BBR 2005). Dabei besteht bei Unterschreitung der Funktionsfähigkeitsschwelle die Gefahr eines Systemausfalls bzw. einer Stilllegung der Infrastrukturen aufgrund mangelnder Auslastung bzw. Wirtschaftlichkeit, was in dünn besiedelten Gebieten zu einem Rückzug der Infrastrukturversorgung aus der Fläche führen kann (‚Anpassung durch Reduzierung').

Im Rahmen des nachfolgenden Beitrags soll die querschnittsorientierte Problematik der notwendigen Anpassung der sicherheitsbezogenen Infrastruktur im Zuge der Alterung und Schrumpfung der Bevölkerung aufgezeigt werden: Zum einen wird dazu ein Überblick über Aspekte, welche die Diskussion um das Thema Sicherheit der Bevölkerung und Schutz vor Kriminalität derzeit bestimmen, gegeben. Zum anderen wird skizziert, welche möglichen Änderungen der Kriminalitäts- und Verkehrsunfallentwicklung in Folge des demographischen Wandels eintreten können. Dadurch resultiert ein notwendiger Adaptionsbedarf der sicherheitsbezogenen Infrastruktur – für diesen werden beispielhaft räumlich-bauliche, technische und organisatorische Maßnahmen umrissen, die zukünftig i. S. einer ‚Sicherheitsleitplanung' einen wirksamen Beitrag für die Sicherheitsvorsorge der Bevölkerung leisten können.

Abbildung 1: Darstellung der Problemstellung

Quelle: Eigene Darstellung

2. Sicherheit in der räumlichen Planung

Die innere Sicherheit ist eine Aufgabe des Staates. Im Bereich der Kriminalprävention[2] können die Städte und Gemeinden jedoch Teilbeiträge zur vorbeugenden Bekämpfung bzw. Vermeidung von Kriminalitätsgefahren, u. a. im Bereich der Stadtplanung und des Städtebaus, leisten. Aufbauend auf einer gebietsbezogenen Ursachenforschung zur quantitativen Analyse von Taträumen (in welchen Bereichen findet welche Art von Kriminalität in welcher Häufigkeit statt?) sowie einer qualitativen Analyse von Stadträumen und deren Nutzung (Identifikation sog. ‚hot spots') können zielgerichtete Maßnahmen im Aufgabenbereich der Stadtplanung zur Verringerung von Tatgelegenheitsstrukturen im öffentlichen Raum sowie der Vermeidung der Entstehung von sog. ‚Angsträumen'[3] entwickelt werden. Dazu ist beispielsweise eine das ‚subjektive Sicherheitsgefühl'[4] der Bevölkerung erhöhende Funktionsmischung in den Städten und Gemeinden anzustreben. Dazu sollen die Flächen für die Nutzungen so zugeordnet werden, dass möglichst kurze, von der Bevölkerung frequentierte Wege entstehen und monofunktionale Räume vermieden werden sowie eine eindeutige Zuordnung des öffentlichen, halböffentlichen und privaten Raumes für den Nutzer möglich ist.

Rechtliche Rahmenbedingungen

Neben einer Vielzahl von Belangen sind in der förmlichen Bauleitplanung auch Aspekte der Sicherheit bzw. Kriminalprävention zu beachten: So besagt § 1 Abs. 6 Nr. 1 BauGB[5] [6], dass bei der Aufstellung der Bauleitpläne „die allgemeinen An-

---

2 „‚Kriminalprävention' umfasst die Gesamtheit aller staatlichen und privaten Bemühungen zur Verhütung von Straftaten." (Krevert 2006: 165)

3 Als ‚Angsträume' können Orte charakterisiert werden, die aufgrund der Baustruktur, Lage oder Nutzung von der Bevölkerung möglichst gemieden werden. Als Beispiele dafür können angeführt werden: monofunktional strukturierte Räume, die zu bestimmten Tageszeiten kaum genutzt werden; Grünflächen, die ausschließlich als Abstandsflächen dienen und wenig gepflegt werden; Unterführungen, die nicht oder nur kaum einsehbar sind, sowie insgesamt schlecht ausgeleuchtete Bereiche; Haltestellen und Wartebereiche; Parkplätze und Tiefgaragen, die unübersichtlich und zu bestimmten Zeiten wenig genutzt werden; etc.

4 „Der Begriff ‚Subjektives Sicherheitsgefühl' bezeichnet die Einschätzung des Einzelnen seiner Sicherheit oder – aus umgekehrten Blickwinkel – der Gefahr, dass seine Rechtsgüter beeinträchtigt werden." (Schewe 2006: 322) Damit ist der Begriff der subjektiven Sicherheit klar von der objektiven Sicherheit abgrenzbar, die statistisch (z. B. Polizeiliche Kriminalstatistik des Bundeskriminalamtes) darstellbar ist.

5 Baugesetzbuch (BauGB) in der Fassung der Bekanntmachung vom 23. September 2004 (BGBl. I S. 2414), das zuletzt durch Artikel 4 des Gesetzes vom 31. Juli 2009 (BGBl. I S. 2585) geändert worden ist.

6 I.V. mit §§ 4, 5 LBauO Rheinland-Pfalz. Landesbauordnung Rheinland-Pfalz (LBauO) in der Fassung der Bekanntmachung vom 24. November 1998 (GVBl. S. 365), die zuletzt durch Gesetz vom 04. Juli 2007 (GVBl. S. 105) geändert worden ist.

forderungen an gesunde Wohn- und Arbeitsverhältnisse und die Sicherheit der Wohn- und Arbeitsbevölkerung“ zu berücksichtigen sind. Der genannte Paragraph bezieht sich zwar explizit auf den Aspekt der Sicherung einer menschenwürdigen Umwelt (z.B. Beachtung des Immissionsschutzes), Fachleute aus der Planungspraxis sind jedoch auch der Meinung, dass der „(...) verwendete Begriff der Sicherheit kriminalpräventive Aspekte auch nicht aus(schließt) – genauso wie er zum Beispiel unter objektiven Gefährdungsgesichtspunkten frauenspezifische Belange oder unter dem Aspekt der Barrierefreiheit Belange behinderter Menschen beinhaltet“ (Schowe 2004: 50). Demnach ist der Begriff der Sicherheit i. S. der Kriminalprävention aus dem entsprechenden Paragraphen nicht direkt ableitbar, zumal der Begriff im Baugesetzbuch auch nicht näher definiert wird. Laut SCHOWE kann jedoch der Aspekt der Kriminalprävention in der Stadtplanung nicht gänzlich unberücksichtigt bleiben (vgl. Schowe 2004: 50).

Daneben ergibt sich laut LANDESKRIMINALAMT NIEDERSACHSEN durch die Berücksichtigung der „sozialen und kulturellen Bedürfnisse der Bevölkerung, insbesondere die Bedürfnisse der Familien, der jungen, alten und behinderten Menschen, (der) unterschiedliche(n) Auswirkungen auf Frauen und Männer“ in § 1 Abs. 6 Nr. 3 BauGB bei der Aufstellung der Bauleitpläne die ausdrückliche Beachtung von Präventionsansätzen, da „(...) auch Lebensverhältnisse, die den Einzelnen nicht in kriminogene Lagen wie z. B. Suchtmittelabhängigkeit, Isolation, materielle Randständigkeit, Vereinsamung oder psychische Verelendung versetzen, zu verstehen (sind), da sie zu den sozialen – wie individuellen – Grundbedürfnissen zählen“ (LKA Niedersachsen o. J.: 34). Weiterhin kann aus § 1 Abs. 6 Nr. 9 BauGB, der die Berücksichtigung der Belange des Personen- und Güterverkehrs und der Mobilität der Bevölkerung, einschließlich des öffentlichen Personennahverkehrs und des nicht motorisierten Verkehrs, bei der Aufstellung der Bauleitpläne fordert, auch die Beachtung planerischer Maßnahmen, die eine Minimierung der Verkehrsunfallgefahren zum Ziel haben, geschlossen werden.

Zum Kreis der anzuhörenden Stellen gehören im Rahmen der förmlichen Beteiligung in der Bauleitplanung (§ 4 BauGB) „(die) Behörden und sonstigen Träger öffentlicher Belange, deren Aufgabenbereich durch die Planung berührt werden kann“ (§ 4 Abs. 1 S. 1 BauGB). Dadurch wird sichergestellt, dass alle von der Planung berührten Belange ermittelt und bewertet werden können, um diese in der Abwägung entsprechend zu berücksichtigen (Vermeidung von Abwägungsdefiziten). Prinzipiell schließt diese Regelung auch die zuständigen Polizeibehörden mit ein, da „(diese) gesetzliche Zweckbestimmung (...) für die Beteiligung der Polizei insoweit von Belang (ist), als dadurch deutlich wird, dass die in aller Regel nicht in Fragen der Kriminalitätsverhütung kundigen verantwortlichen Stadtplaner von der Polizei eine Expertise benötigen, die in dem Planungsverfahren die ansonsten bestehende Kompetenzlücke ausfüllen kann und damit eine sachgerechte Planung möglich wird“ (LKA Niedersachsen o. J.: 34f.). Dennoch gehört beispielsweise in Rheinland-Pfalz die Polizei nicht zu den verpflichtend anzuhörenden Stellen (vgl. Ministerium der Finanzen Rheinland-Pfalz 2005: 14ff.). Allerdings können die Gemeinden „in Einzelfällen über die gesetzliche Verpflichtung hinaus auch Stellen oder Personen (…) beteiligen, die nicht als Träger öffentlicher Belange anzusehen sind. Ihre Beteiligung kann im Gegenteil sogar zweckmäßig sein, wenn von diesen Personen oder Stellen sachdienliche Anregungen zu erwarten sind“ (Ministerium der Finanzen Rheinland-Pfalz 2005: 10).

Kriminalpräventive Konzepte und Erfahrungen aus der Praxis

Neben den planungsrechtlichen Aspekten existieren Konzepte, die eine stärkere Einbindung von kriminalpräventiven Maßnahmen in die räumliche Planung zum Ziel haben. Die Verknüpfung der Ebenen Stadtplanung, Städtebau und Kriminalitätsprävention setzt dabei vorrangig auf der kleinräumigen Block- bzw. Gebäudemaßstabsebene an: Das Konzept des ‚Defensible Space‘ von Oscar Newman (1972), das sich ursprünglich ausschließlich auf Wohneinheiten bezog, verfolgt das Ziel, über die bauliche Gestaltung die soziale Kontrolle innerhalb eines Gebietes zu verstärken und dadurch präventiv Kriminalität vorzubeugen bzw. zu reduzieren. So ist laut Definition des ‚verteidigungsfähigen Raumes‘ nach Newman die Architektur von Gebäuden und Quartieren so zu gestalten, dass private und öffentliche Räume für die Nutzer klar voneinander abzugrenzen und Räume, welcher der Öffentlichkeit zugänglich sind, einsehbar sind. Dadurch sollen sich die Bewohner für ihre unmittelbare Umgebung verantwortlich fühlen. Mittels des Einsatzes unterschiedlicher Materialien, der Schaffung realer ‚Barrieren‘ (Mauern, Tore, etc.) und der Zonierung verschiedener Ebenen soll „eine Abstufung zwischen eindeutig öffentlichem, halbprivatem und eindeutig privatem Raum geschaffen werden, um dadurch eine Abstufung im Verhalten und in der Bereitschaft zum Betreten dieser Räume zu erlangen“ (Newman 1972: 63ff., zitiert in: Wehrheim 2006: 104f., vgl. dazu auch Schreiber 2005: 76ff.). Kritiker des Konzeptes werfen jedoch die Frage auf, „ob statt informeller Kontrolle nicht vielmehr Abgrenzung und Ausschließung dominiert“ (Wehrheim 2006: 105) und somit eine in sich geschlossene Wohnanlage (vgl. Abschnitt Gated Community) entsteht.

Aus der Erkenntnis, dass Architektur als Basis für Überwachung und Ausschließung dient, ist unter Weiterentwicklung des ‚Defensible Space‘-Ansatzes das Konzept des ‚Crime Prevention Through Environmental Design‘ (CPTED) bzw. dessen europäische Variante ‚Designing Out Crime‘ (DOC) entstanden. Dabei ist CPTED nicht als einheitliche Strategie zu verstehen, sondern bindet architektonische, freiraumplanerische und städtebauliche Aspekte, die der kriminalpräventiven Siedlungsgestaltung dienen, ein (vgl. Wehrheim 2006: 107ff., vgl. dazu auch Schreiber 2005: 78f.). Für das Konzept sind neben dem Design als architektonisch-gestalterisches Mittel, der Aspekt der ‚Designation', welches eine eindeutige Zuschreibung einer Nutzungsform an einen Raum beschreibt, und die klar erkennbare Grenzziehung zwischen privatem und öffentlichem Raum bedeutsam (vgl. Wehrheim 2006: 108).

Darüber hinaus sind für den Bereich der Kriminalprävention bislang verschiedene europäische Normen ausgearbeitet wurden, um einen einheitlichen europäischen Standard zu schaffen. Dazu zählen zum einen Normen, die auf die Ausgestaltung von Produkten der Einbruchsprävention[7] abzielen. Zum anderen ist dazu die Europäische Vornorm ENV 14383-2 (Prevention of Crime – Urban Planning and Design) zu zählen, die als unterstützendes Planungsinstrument für die relevanten Akteure der räumlichen Planung, der sicherheitsbezogenen Infrastruktur sowie der jeweiligen Stadtverwaltungen ausgearbeitet wurde und den Aspekt der Kriminalprävention bereits in den Planungsprozess einbezieht (vgl. van Soomeren/ Mölck 2004: 37ff.). Für die Ausarbeitung der Norm wurden dazu Erkenntnisse des Konzeptes CPTED ausgewertet und zusammengefasst. Im Rahmen der Norm werden sechs verschiedene Durchführungsstufen konkretisiert:

Stufe 1: Einschätzung der Kriminalität,

Stufe 2: Zielstellung und Anforderungen,

Stufe 3: Strategien und Maßnahmen zur Integration in den Planentwurf,

Stufe 4: Entscheidung des verantwortlichen politischen Gremiums für eine Strategie,

Stufe 5: Einarbeitung der Präventionsmaßnahmen in den Planentwurf,

Stufe 6: Prüfung der Wirksamkeit von Präventionsmaßnahmen und eventuelle Korrektur.

Durch die genannten Durchführungsstufen kann die Anwendung von Maßnahmen zur Kriminalprävention in bestehenden sowie geplanten Gebieten unter Beachtung der spezifisch lokalen Gegebenheiten operationalisiert werden (vgl. van Soomeren/ Mölck 2004: 40ff.).

7 Dazu zählen folgende Normen: EN 20130-501136 – Alarmsysteme, EN 1522/ 1523 – Kugelschutz von Türen und Fenstern, ENV1627-1629 – Einbruchschutz bei Fenstern, Türen und Luken, EN 1143 – Safes und ‚strong rooms' (vgl. van Soomeren/ Mölck 2004: 37).

Vorbild für die Ausarbeitung und Ausgestaltung der Europäischen Vornorm ist u. a. die niederländische ‚Sicherheits-Verträglichkeits-Prüfung‘ (SVP). Diese ist zwar ebenso wie die ENV 14383-2 gesetzlich nicht verpflichtend, dennoch empfehlen die jeweiligen niederländischen Stadtverwaltungen Planern und Architekten, den Aspekt der Kriminalprävention schon im Planungsstadium einzubeziehen. Darüber hinaus analysieren alle relevanten Akteure (Stadtverwaltung, Investoren, Architekten, Planer, Bewohner, etc.) gemeinsam mögliche Risiken eines Plangebietes im Hinblick auf sicherheitsbezogene Fragestellungen. „Auf der Basis der festgestellten Risiken sucht man zusammen nach Kriminalität und Unsicherheit vorbeugenden Maßnahmen“ (van Soomeren/ Mölck 2004: 38), die zur Umsetzung gebracht werden sollen. Durch das Einbeziehen aller relevanten Akteursgruppen und die gemeinsame Beurteilung des Gebietes sind positive Effekte des Prozesses auf die Sicherheit im öffentlichen Raum, die Lebensqualität der Bewohner sowie die Qualität der Architektur feststellbar (vgl. van Soomeren/ Mölck 2004: 38f.).

In diesem Zusammenhang ist auch die Erprobung einer standardisierten ‚Sicherheitsverträglichkeitsprüfung‘ in der niedersächsischen Stadt Lingen zu sehen: Ausgehend von der Tatsache, dass die Stadt Lingen als eine von drei Teilnehmerstädten in das niedersächsische Modellprojekt ‚Kriminalprävention im Städtebau‘[8] aufgenommen wurde und aus den Ergebnissen einer im Jahr 2000 erstellten Kriminologischen Regionalanalyse (KRA)[9], beschloss die Stadtverwaltung, eine Projektgruppe bestehend aus Vertretern der zuständigen Polizeibehörde sowie des Fachbereiches Stadtplanung und Hochbau ins Leben zu rufen, die eine standardisierte ‚Sicherheitsverträglichkeitsprüfung‘ entwickeln und erproben soll, um sicherheitsbezogene Fragestellungen stärker in den städtebaulichen Planungsprozess zu verankern. Die Verträglichkeitsprüfung soll sich aufgrund

8 Das Modellprojekt wurde in den Jahren 2003 bis 2005 unter der Leitung des LKA Niedersachsen durchgeführt.

9 Kriminologische Regionalanalysen (KRA) sind Explorations- und Erkenntnisinstrumente für die Kriminalpolitik bis auf die Gemeindeebene. Diese werden seit den 1990er Jahren in vielen deutschen Kommunen (z. B. Bochum, Bonn, Delmenhorst, Essen, Freiburg, Hamburg-Altona, Lingen, Lübeck, Neumünster, Osnabrück, Rosenheim, Rostock, Solingen, Suhl, Weimar) erstellt, um die räumliche Kriminalitätsverteilung und eine Analyse der Ursachen von Kriminalität in einem vorher definierten Raum (z. B. Stadtteilebene) zu beschreiben. Aus der Analyse können das objektive Kriminalitätslagebild mit der regionalen Verteilung unterschiedlicher Deliktarten, Täterwohnsitze, Viktimisierungsquoten, etc. ermittelt, das subjektive Sicherheitsgefühl der dort lebenden Bevölkerung erfasst sowie handlungsleitende (Präventions-)Konzepte und Einzelmaßnahmen zur Verbesserung der Sicherheit und des Sicherheitsgefühls der Bevölkerung abgeleitet werden. Kriminologische Regionalanalysen können somit als Basis für die Erarbeitung bzw. Weiterführung von kommunalen Kriminalpräventionskonzepten dienen (vgl. Luff 2004: 3ff.).

begrenzter kommunaler (Finanz-)Mittel im Rahmen eines zeitlich und personell vertretbaren Aufwandes problemlos in das System der Bebauungsplanverfahren integrieren lassen. Dazu wurden formale Regeln für den Prüfablauf und zur Standardisierung entwickelt, die in einer Aufstellung von Arbeitsschritten für die Verträglichkeitsprüfung gemündet sind. Die Stufen der Prüfung sind im Einzelnen:

Stufe 1: Städtebaulicher Entwurf und Bebauungsplan,

Stufe 2: Ausbauplanung für die Erschließungs- und Grünanlagen,

Stufe 3: Realisierung der Planung.

Im Rahmen der ‚Sicherheitsverträglichkeitsprüfung' werden die Polizeibehörden durch die Abgabe von Stellungnahmen in allen Phasen stärker als bisher in den Verfahrensablauf bei der Aufstellung von Bauleitplänen einbezogen.[10] Das Erkennen von städtebaulichen und bauwerksbezogenen Aspekten, die sich negativ auf die Sicherheit eines Gebietes und das Sicherheitsgefühl der Bevölkerung auswirken (können), sowie die Anwendung konkreter Maßnahmen, die dem entgegenwirken sowie der Einsatz eines systematischen und kooperativen Verfahrensablaufs sind Ziele der ‚Sicherheitsverträglichkeitsprüfung'. Zwar befand sich das Verfahren der ‚Sicherheitsverträglichkeitsprüfung' zum Erscheinen des Beitrages im Jahr 2004 noch im Anfangsstadium; dennoch sind die bis dato gemachten Erfahrungen der verstärkten Zusammenarbeit zwischen den zuständigen Polizeibehörden und der Stadtverwaltung Lingen aufgrund des kombinierten und interdisziplinär angelegten Verfahrens grundlegend als positiv einzuschätzen (vgl. Schowe 2004: 50ff.). Der Endbericht des LKA Niedersachsen zum Modellprojekt ‚Kriminalprävention im Städtebau' ergänzt lediglich dazu, dass die Verträglichkeitsprüfung um eine 4. Stufe ergänzt werden sollte, da „der weite Begriff von ‚Städtebau' (…) die Einbringung von Sicherheitsaspekten nicht mit dem Ende der Realisierungsphase eines Bau- oder Sanierungsgebietes enden (lässt), sondern (dieser) umfasst unter der Perspektive der Bewohnerintegration, der Bildung von Netzwerken und der Selbstorganisation sowie Maßnahmen der Wohnungswirtschaft auch die Phase der ‚Inbetriebnahme' des Gebietes durch die Bewohner/ Nutzer" (LKA Niedersachsen o. J.: 36).

Um die Relevanz sicherheitspolitischer Fragestellungen in den Strategien der Wohnungswirtschaft aufzudecken, haben PÜTZ, SCHREIBER und SCHWEDES (vgl. Pütz/ Schreiber/ Schwedes 2009: 73ff.) eine bundesweite Umfrage bei über 2.000 wohnungswirtschaftlichen Unternehmen in Deutschland durchge-

10 Vor der Entwicklung und Erprobung einer standardisierten ‚Sicherheitsverträglichkeitsprüfung' haben die Polizeibehörden in der Stadt Lingen vorrangig Stellungnahmen zu verkehrsplanerischen Aspekten abgegeben.

führt. Die Autoren der Umfrage wollten dabei wissen, inwieweit kriminalpräventive Ansätze (z. B. CPTED, ENV 14383-2, Checklisten der Polizei, etc.) bei wohnungswirtschaftlichen Projekten zur Anwendung kommen. Als wesentliche Handlungsfelder der Zukunft sehen die befragten Wohnungsunternehmen die Bereiche Nachhaltigkeit/ Energieeffizienz (1.), Bevölkerungsrückgang (2.), Altersgerechtes Wohnen (3.), Mobilität/ Verkehrsanbindung (4.), Sicherheit (5.) und Renaissance der Stadt (6.) an. Trotz der als relativ hoch eingeschätzten Bedeutsamkeit des Themas Sicherheit stellen die Autoren fest, dass Ansätze der kriminalpräventiven Siedlungsgestaltung in der Praxis bislang oftmals nur in ausgewählten Einzelprojekten (oft nach konkretem Vorfall, z. B. Einbruch) angewandt und nicht in Gesamtstrategien der Wohnungswirtschaft, i. S. integrierter Sicherheitskonzepte, einbezogen werden. So geben die in der Untersuchung befragten Wohnungsunternehmen an, dass aus Marketinggründen das Thema Sicherheit nicht offen thematisiert wird. Es herrscht die Meinung vor, dass bei gezielterer Anwendung integrierter Sicherheitskonzepte und der Bewerbung dieser bei potenziellen Mietern bzw. Käufern der Eindruck einstehen könnte, dass die Wohnung bzw. das Wohnumfeld besonders unsicher ist und eine hohe Kriminalitätsbelastung vorliegt (vgl. Pütz/ Schreiber/ Schwedes 2009: 84f.)

Technische Entwicklungen

Darüber hinaus bestimmen weitere Entwicklungen die Diskussion für mehr Sicherheit der Bevölkerung: Aufgrund der verstärkten „(…) Thematisierung von Terrorismus hat (sich) die Konjunktur von Überwachung in Städten weiter beflügelt“ (Wehrheim 2006: 16, vgl. dazu auch Floeting 2006: 12). Während in Großbritannien ein flächendeckender Einsatz von Systemen zur Überwachung von öffentlichen Straßen und Plätzen schon seit längerer Zeit zu verzeichnen ist, können in Deutschland stationäre und temporäre Überwachungssysteme erst „durch die Änderung der Polizeigesetze der Länder (…) seit den 2000er Jahren“ (Floeting 2006: 12) eingesetzt werden. Generell lassen sich unter dem Begriff der Überwachungssysteme verschiedene Technologien zusammenfassen, die von Videoüberwachungssystemen (CCTV: Closed Circuit Television) (vgl. Wehrheim 2006: 79ff., vgl. Floeting 2006: 11f.) über biometrische Zugangssysteme (vgl. Floeting 2006: 13f.) und Mikrochiptechnologien zur kontaktlosen Datenübertragung (RFID: Radio Frequency Identification) (vgl. Floeting 2006: 14ff.) reichen: „Der häufigste Ausdruck einer Überwachung von Raum ist dabei der Einsatz von Kameras. Satellitentechnik, Audioüberwachung und Zugangskontrollsysteme können diese ergänzen“ (Wehrheim 2006: 78).

In Deutschland werden diese Systeme von den Trägern sicherheitsbezogener Infrastruktur vorrangig im Bereich der Verkehrsüberwachung und -sicherheit (MIV und ÖPNV), zur Bekämpfung der Straßen- und Drogenkriminalität, zur Kriminalitätsprävention sowie zur Verbesserung des subjektiven Sicherheitsgefühls der Bevölkerung eingesetzt (vgl. Wehrheim 2006: 89ff., vgl. Kohl 2006: 357). Die Überwachung des öffentlichen Raumes betrifft hier bislang nur einen kleinen Ausschnitt der Gemeinden; eine ‚totale Kontrolle' des öffentlichen Raumes ist weder gesellschaftspolitisch gewollt noch technisch möglich und nachhaltig finanzierbar. Dennoch ist die Anwendung von Überwachungssystemen aufgrund des Eingriffs in die Persönlichkeitsrechte Einzelner und möglicher Verdrängungseffekte von bestimmten Bevölkerungsgruppen (negativer Ordnungsfaktor) nicht unumstritten, obwohl in der öffentlichen Diskussion auch das Argument der Reduzierung von

Abbildung 2: Einsatz von Überwachungstechnik in Großbritannien

Quelle: Lehrstuhl Stadtplanung, Exkursion zu Städtebau und Stadtplanung in Großbritannien im September/ Oktober 2002 nach Birmingham, Manchester und London.

Kriminalität (positiver Ordnungsfaktor) für den Einsatz von Überwachungssystemen angebracht wird (vgl. Floeting 2006: 12 und 21, vgl. Wehrheim 2006: 100, vgl. Wehrheim 2004: 23 und 27). Kritiker bemängeln zudem, dass durch den Gebrauch von Überwachungstechnik (z. B. Einsatz in Shoppingmalls, Bahnhöfe, etc.) vermeintliche „Archipele der Sicherheit" (Wehrheim 2006: 125ff.) entstünden, da diese vermeintlichen Schutz symbolisieren mit der Folge, dass nicht überwachte Räume per se als unsicher empfunden werden könnten. Trotz einer polarisierenden öffentlichen Diskussion um die Benutzung von technischen Systemen zur Unterstützung und Verbesserung der Sicherheit der Bevölkerung, werden „Potenziale und Risiken, die mit dem Einsatz von Sicherheitstechnologien verbunden sind, (...) dagegen bisher kaum kritisch im Anwendungskontext bewertet. Die spezifischen Wirkungen einzelner Sicherheitstechniken und deren Zusammenwirken im individuellen Anwendungszusammenhang sollten häufiger empirisch untersucht werden, statt den Einsatz von Sicherheitstechniken von vagen Nützlichkeitsvermutungen abhängig zu machen" (Floeting 2006: 22).

Weiterhin wird auch in Deutschland eine Debatte um eine mögliche verstärkte Ausbreitung von durch Sicherheitstechnik bewachten und vom restlichen Siedlungsbereich separierten Wohnanlagen, sog. Gated Communities geführt. Gated Communities können als Bereiche beschrieben werden, deren „räumliche Formation (...) inselhaft und befestigt (ist), die Segregation erfolgt freiwillig, die wirtschaftlichen Beziehungen sind integriert und ausbeuterisch, während die sozialen Beziehungen nach außen diskriminierend wirken" (Wehrheim 2006: 176). Dabei wird von der in solchen Anlagen lebenden Bevölkerungsgruppen „die Angst vor dem Wertverlust der Immobilie (...) ergänzt durch die Angst vor Kriminalität (...)" (Wehrheim 2006: 200), vor der es sich zu schützen gilt. Allerdings ist „aufgrund fehlender Daten (...) die Verbreitung (Anm. d. V.: in Deutschland) nicht (zu) quantifizieren, aber die Beispiele vervielfältigen sich: Mundsburg Tower in Hamburg, die Wohnungen des Sony-Centers auf dem neuen Potsdamer Platz in Berlin, die ‚Parkstadt 2000' in Frankfurt a.M. und Leipzig sowie auch die Stadtresidenz Isarpark in München lassen sich in diese Reihe einfügen" (Wehrheim 2006: 196). Dennoch „(...) ist bislang die gesellschaftliche und städtische Relevanz (...)" dieser Anlagen in Deutschland als „(...) eher gering" (Wehrheim 2006: 199) einzustufen, obwohl auch in Deutschland die Gefahr besteht, dass durch die beschriebenen Wohnanlagen verschiedene Bereiche in den Städten für unterschiedliche Einkommensgruppen entstehen, die keinen Kontakt miteinander haben und sich durch physische Barrieren voneinander abgrenzen, was u. a. zu einer Veränderung der Nutzung und der Symbolik des öffentlichen Raumes führen kann.

3. Demographischer Wandel und mögliche Auswirkungen in Bezug auf Sicherheit

Berechnungen zum demographischen Wandel besagen, dass die Bevölkerung in Deutschland (vgl. dazu Statistisches Bundesamt 2009) und Rheinland-Pfalz (vgl. dazu Statistisches Landesamt Rheinland-Pfalz 2007) mittel- bis langfristig (Zeithorizont 2020 bis 2050) in hoher und flächenhafter Intensität von Alterung und Abnahme betroffen sein wird. In diesem Zusammenhang wird beispielsweise die rheinland-pfälzische Bevölkerung von 2006 bis 2020 nach der ,mittleren Variante'[11] der Bevölkerungsvorausberechnung um ca. 128.000 Personen (-3,2 %) auf rund 3,9 Mio. Einwohner zurückgehen. Unterdessen altert die Bevölkerung voraussichtlich erheblich. Neben einem Rückgang junger Menschen (Bevölkerung unter 20 Jahren: -17,2 %) wird währenddessen die Zahl älterer Menschen (Bevölkerung 65 Jahre und älter: +11,1 %) in starkem Maße sowie sehr alter Menschen (,Hochbetagte': Bevölkerung 80 Jahre und älter: +43,6 %) deutlich zunehmen. Diese Entwicklungen werden sich in Rheinland-Pfalz bis zum Jahr 2050 voraussichtlich weiter verstärken. Die Gesamtbevölkerung wird um ca. 603.000 Personen auf rund 3,45 Mio. (-14,9 %) zurückgehen. Gleichzeitig altert die Bevölkerung voraussichtlich in noch stärkerem Maße als bis zum Jahr 2020. Neben einem Rückgang junger Menschen (-34,5 %) wird zudem die Zahl älterer Menschen (+38,2 %) deutlich sowie sehr alter Menschen (Bevölkerung ab 80 Jahre: +145,0 %) drastisch zunehmen (siehe auch nachfolgende Tabelle).[12]

Abnahme und Alterung werden in den einzelnen Bundesländern, v. a. aber innerhalb der Teilräume dieser, differenziert verlaufen sowie unterschiedliche Wirkungen und demographisch bedingte Betroffenheit erzeugen. Die Unterschiede entstehen im Wesentlichen durch Binnen- und Außenwanderungsprozesse. Auch wird mit intra- und interregionalen Austauschprozessen zu rechnen sein, welche die Schrumpfungs- und Wachstumserscheinungen bei parallel dazu verlaufender Alterung unterstützen werden. Es ist demnach von einer Gleichzeitigkeit von Schrumpfungs- und Wachstumsvorgängen auszugehen, die nicht zwangsläufig synchron verlaufen. Neben dem demographischen und dem anhaltenden Struktur-

11 Der zweiten regionalisierten Bevölkerungsvorausberechnung für das Land Rheinland-Pfalz liegen drei Modellvarianten zugrunde: Die untere, die mittlere und die obere Variante. Für diese drei Varianten werden gemeinsame Annahmen getroffen: Die Geburtenrate steigt von derzeit 1,32 auf 1,4 Kinder je gebärfähiger Frau bis zum Jahr 2010 und bleibt bis zum Jahr 2050 konstant. Die Lebenserwartung nimmt bei Frauen von 81,6 auf 88,2 Jahre und bei Männern von 76,5 auf 83,6 Jahre zu. Die Varianten unterschieden sich nur hinsichtlich der Annahmen zum Wanderungsgeschehen: Bei der mittleren Variante steigt der jährliche Wanderungsüberschuss im Jahr 2007 auf 5.000 Personen und bleibt danach bis zum Jahr 2050 konstant (vgl. Statistisches Landesamt Rheinland-Pfalz 2007: 73ff.).

12 Eigene Berechnungen auf Grundlage von: Statistisches Landesamt Rheinland-Pfalz 2007: 134.

Tabelle 1: Vorausberechnete Bevölkerungsentwicklung in Rheinland-Pfalz 2006 – 2050

Alter in Jahren	*Bevölkerung Basisjahr 2006*	*Bevölkerungsvorausberechnung 2050*	*Veränderung von 2006 zu 2050 in %*
Unter 20	828.875 *(20,5 %)*	542.957 *(15,8 %)*	-34,5
20 – 65	2.409.106 *(59,4 %)*	1.781.098 *(51,6 %)*	-26,1
65 und älter	814.879 *(20,1 %)*	1.125.964 *(32,6 %)*	+38,2
65 – 80	615.894 *(15,2 %)*	638.381 *(18,5 %)*	+3,6
80 und älter	198.985 *(4,9 %)*	487.583 *(14,1 %)*	+145,0
Insgesamt	4.052.860 *(100 %)*	3.450.019 *(100 %)*	**-14,9**

Quelle: Eigene Berechnungen auf Grundlage von: Statistisches Landesamt Rheinland-Pfalz 2007: 134.

wandel sind zudem Veränderungen der gesellschaftlichen bzw. sozio-ökonomischen Struktur (soziale Segregation, Vereinsamung, Abnahme der Haushaltsgrößen, etc.) zukünftig verstärkt zu erwarten.

Das Landesentwicklungsprogramm 2008 (LEP IV) (vgl. Ministerium des Innern und für Sport Rheinland-Pfalz 2008: 46ff.) teilt das Land Rheinland-Pfalz in Teilräume mit unterschiedlichen demographischen Entwicklungstendenzen ein: Als Räume mit (zunächst noch) Bevölkerungswachstum[13], als Räume mit geringerem demographischen Problemdruck[14] und als Räume mit höherem demographischen Problemdruck. Nachfolgende Tabelle zeigt Teilräume[15] (kreisfreie Städte und Landkreise) auf, die aufgrund der vorausberechneten Bevölkerungsentwicklung (‚mittlere Variante‘) bereits im Jahr 2020 voraussichtlich mit einem höheren demographischen Problemdruck umgehen müssen.

13 Dazu gehören die Landkreise Mainz-Bingen, Trier-Saarburg und Alzey-Worms.

14 Dazu zählen die Landkreise Südliche Weinstraße, Rhein-Pfalz, Germersheim, Bad Kreuznach, Mayen-Koblenz, Donnersberg, Bad Dürkheim, Rhein-Hunsrück, Westerwaldkreis, Bernkastel-Wittlich, Neuwied, Ahrweiler und die kreisfreien Städte Speyer, Worms, Landau und Ludwigshafen.

15 In diesen Teilräumen mit höherem demographischem Problemdruck lebten im Jahr 2006 rund 38 % der rheinland-pfälzischen Bevölkerung. Diese Zahl verdeutlicht den enormen Handlungsbedarf vor denen die Kommunen stehen.

Tabelle 2: Teilräume in Rheinland-Pfalz mit einem höheren demographischen Problemdruck

Räume mit höherem demographischen Problemdruck	*Bevölkerung Basisjahr 2006*	*Bevölkerungsvorausberechnung 2020*	*Veränderung von 2006 zu 2020 in %*
KS Neustadt a. d. W.	53.506	51.742	-3,3
LK Cochem-Zell	65.282	62.767	-3,9
LK Eifel Bitburg-Prüm	95.409	91.141	-4,5
LK Rhein-Lahn	127.218	121.217	-4,7
KS Frankenthal (Pfalz)	46.938	44.721	-4,7
KS Koblenz	105.888	100.875	-4,7
LK Altenkirchen (Ww)	135.752	128.602	-5,3
LK Kaiserslautern	108.364	102.433	-5,5
KS Kaiserslautern	98.044	92.569	-5,6
KS Mainz	196.425	184.229	-6,2
LK Vulkaneifel	63.161	58.934	-6,7
KS Zweibrücken	34.842	32.401	-7,0
KS Trier	103.518	96.181	-7,1
LK Birkenfeld	87.007	79.579	-8,5
LK Südwestpfalz	102.512	93.674	-8,6
LK Kusel	75.809	68.924	-9,1
KS Pirmasens	42.427	37.301	-12,1
Rheinland-Pfalz	4.052.860	3.924.636	**-3,2**

Quelle: Eigene Darstellung auf Grundlage von: Ministerium des Innern und für Sport Rheinland-Pfalz 2008: 47.

Darüber hinaus erwarten Sicherheitsexperten, einhergehend mit der demographischen Entwicklung, eine veränderte Kriminalitäts- und Verkehrsunfallentwicklung: Es ist denkbar, dass der anhaltende, deutliche und beträchtliche Bevölkerungsrückgang zu einer Abnahme der polizeilich registrierten Straftaten führen und die Veränderung der Bevölkerungszusammensetzung weiterhin ein verändertes Täterverhalten sowie leichte Verschiebungen der Deliktarten (u. a. Rückgang von Aggressions- und Zunahme von Betrugsdelikten) nach sich ziehen kann. Auch wird von einer Zunahme der Straftaten gegenüber alten und pflegebedürftigen Menschen ausgegangen. Weiterhin werden durch den prozentual höheren

Anteil älterer Personen Änderungen im Verkehrsunfallgeschehen (Zunahme der Verkehrsunfälle mit aktiver und passiver Beteiligung älterer Verkehrsteilnehmer, z. B. in Folge von vermindertem Reaktionsvermögen im Straßenverkehr) erwartet (vgl. Spiess 2009).[16] Darüber hinaus können beispielsweise auch wirtschaftliche[17], gesellschaftliche[18], politische, rechtliche und technische Entwicklungen Einflüsse auf die zukünftige Kriminalitäts- und Verkehrsunfallentwicklung in Bezug auf Tatgelegenheiten, Tatbegehungsweisen und Kriminalitäts- bzw. Verkehrsunfallschwerpunkte, etc. haben: Als Beispiel ist an dieser Stelle das Thema Internetkriminalität anzuführen. Erst die rasante Ausbreitung und zivile Nutzung des Internets seit Mitte der 1990er Jahre ermöglichte die Entstehung einer bis dato unbekannten Form der Kriminalität, deren Herausbildung keineswegs voraussehbar war.

Aus den benannten denkbaren Entwicklungen können sich zukünftig möglicherweise auch Auswirkungen auf das subjektive Sicherheitsgefühl der Bevölkerung ergeben, indem beispielsweise bestimmte Gebiete in den Städten und Gemeinden zunehmend als unsicher bzw. als ‚Angsträume' empfunden und deshalb eher gemieden werden, obwohl diese Räume i. S. der Kriminalitäts- und Verkehrsunfallbelastung de facto keine besonderen Gefährdungen aufweisen.

Da die Aussagen zu den möglichen Veränderungen des Kriminalitäts- und Verkehrsunfallgeschehens hauptsächlich auf einer Extrapolation der bisherigen Entwicklung unter Berücksichtigung vorausberechneter demographischer Veränderungen beruhen und die Kriminalitäts- und Verkehrsunfallentwicklung, wie schon skizziert, auch in großem Maße von wirtschaftlichen, gesellschaftlichen, politischen und technischen Prozessen beeinflusst wird, welche Schwankungen im zeitlichen Bezug unterworfen sind, können jedoch allenfalls mögliche Trends eruiert und verdeutlicht werden. Dennoch ist davon auszugehen, dass eine verringerte Bevölkerungs- und Siedlungsdichte auch strukturelle Auswirkungen auf die zukünftige Kriminalitäts- und Verkehrsunfallentwicklung hat und dadurch für die Träger sicherheitsbezogener Infrastruktur Handlungsbedarf besteht.

16 Zum Phänomen der gegenwärtigen Alterskriminalität siehe Laubenthal 2005.

17 Ein Zusammenhang zwischen der Kriminalitätsrate und dem wirtschaftlichen Ungleichgewicht in der Bevölkerung kann festgestellt werden: Beispielsweise kann eine steigende Arbeitslosenquote, aber auch zeitverzögert der steigende materielle Wohlstand einer Gesellschaft zu einem Ansteigen der Kriminalität führen (vgl. dazu LKA Nordrhein-Westfalen 2006: 26).

18 So könnte ein zahlenmäßig messbarer Anstieg der Kriminalitätsrate auch auf ein geändertes Anzeigeverhalten der Bevölkerung (z. B. bei Bagatelldelikten) zurückzuführen sein und damit auf eine Verschiebung des sogenannten Dunkelfeldes (den Strafverfolgungsbehörden unbekannte Delikte) zugunsten des Hellfeldes (den Strafverfolgungsbehörden gemeldete Delikte) der Kriminalität deuten.

4. Anpassungsbedarf der sicherheitsbezogenen Infrastruktur

Die Vorsorge im Rahmen der Betrachtung bzw. Behandlung von Sicherheitsaspekten ist die Vorwegnahme von Entscheidungen, die zukünftige Entwicklungen oder Zustände befördern oder verhindern sollen. In ihrer räumlichen Komponente sind daher mittel- und unmittelbare Auswirkungen auf räumliche Veränderungsprozesse und Anpassungen bezüglich ihrer zeitlichen, örtlichen oder organisatorischen Ausgestaltung i. S. einer vorsorgebezogenen und in diesem Zusammenhang sicherheitsbezogener und damit auch zielgerichteten Einflussnahme zu erwarten.

Laut LEP IV Rheinland-Pfalz ist „die ‚mittlere Variante' der Bevölkerungsvorausberechnung des Statistischen Landesamtes Rheinland-Pfalz in der jeweils aktuellen Fassung (...) bei allen Planungs- und Entscheidungsprozessen auf der Ebene des Landes, der Regionen sowie der Kommunen Abwägungsgrundlage bei der Beurteilung der räumlich differenzierten demografischen Entwicklung" (Ministerium des Innern und für Sport Rheinland-Pfalz 2008: 45, Grundsatz G 1). Trotz der möglichen Auswirkungen des demographischen Wandels auch auf die Einrichtungen der Daseinsvorsorge bzw. die öffentlichen Infrastrukturen sind diese „über leistungsfähige, zukunftsorientierte und bürgernahe Kommunalstrukturen angemessen und nachhaltig zu sichern. Politik, Wissenschaft und Kommunen sollen gemeinsam mit den Bürgerinnen und Bürgern des Landes die für die Zukunft bestmöglichen Strukturen entwickeln" (Ministerium des Innern und für Sport Rheinland-Pfalz 2008: 84).

Somit hat die öffentliche Hand auch zukünftig eine Gewährleistungspflicht über die Einrichtungen der Daseinsvorsorge. Diese weisen jedoch, wie geschildert, u. a. im Zuge der demographischen Entwicklungen Änderungsbedarf auf, für die kurz- bis mittelfristig Lösungen entwickelt und umgesetzt werden müssen, um auch langfristig tragfähige Infrastrukturen bereitzustellen. Anpassung kann dabei in den Zieldimensionen „Verkleinerung, Angebotsumstrukturierung, räumliche und eventuell personelle Flexibilisierung, oder auch die Suche nach neuen Trägerschaften und Allianzen" (Kocks 2006: 98) verstanden werden.

Auch aus der normativen Leitvorstellung der Raumordnung, welche die Schaffung gleichwertiger Lebensverhältnisse in den Teilräumen Deutschlands (vgl. § 1 Abs. 2 ROG[19]) als gesellschaftlichen Auftrag besagt, sowie den daraus ableitbaren Grundsätzen der Raumordnung (vgl. § 2 Abs. 2 Nr. 1 und 3 ROG) lässt sich auf die Notwendigkeit der Adaption und Weiterentwicklung der Stan-

19 Raumordnungsgesetz (ROG) in der Fassung der Bekanntmachung vom 22. Dezember 2008 (BGBl. I S. 2986), das zuletzt durch Artikel 9 des Gesetzes vom 31. Juli 2009 (BGBl. I S. 2585) geändert worden ist.

dards[20] einer leistungsfähigen Daseinsvorsorge – angepasst an die jeweilige Situation vor Ort – schließen. Neben den sozialen und technischen Infrastrukturen zählt zur öffentlichen Daseinsvorsorge zunehmend auch die sicherheitsbezogene Infrastruktur, deren Erstellung und Pflege eine dauerhafte Siedlungstätigkeit erst ermöglicht. Aufgrund der demographischen Entwicklung und den sich daraus in Zukunft möglicherweise ergebenden Änderungen der Kriminalitäts- und Verkehrsunfallentwicklung sind Anpassungen notwendig, die einerseits dem räumlichen sowie sozialen Vorsorgegedanken bei einer andererseits abgewogenen, verträglichen Weiterentwicklung entsprechen.

Die Notwendigkeit der Adaption von öffentlichen Einrichtungen der Daseinsvorsorge wird umso offensichtlicher, da laut Raumordnungsbericht 2005 des Bundesamts für Bauwesen und Raumordnung (BBR) sich beispielsweise in großen Teilen der Region Westpfalz zukünftig überdurchschnittliche bzw. deutlich überdurchschnittliche Tragfähigkeitsprobleme der Infrastrukturausstattung bedingt durch die vorausberechnete demographische Entwicklung sowie die in Teilen der Region gering verdichtete Siedlungsstruktur abzeichnen (vgl. BBR 2005: 110). Zwar bezieht sich die Einschätzung explizit auf soziale und technische Infrastrukturen – dennoch wird sich zwangsläufig auch eine Betroffenheit einzelner Teilräume des Landes im Bereich der sicherheitsbezogenen Infrastruktur ergeben.

Generell stellt sich jedoch die Frage, welche Arten und Formen der Leistungserbringung auf dem Gebiet der Sicherheit und der Zusammenarbeit der Institutionen und Einrichtungen der Sicherheitsinfrastruktur zukünftig erbracht werden können und inwiefern dies mit dem heutigen Sicherheitsniveau übereinstimmt. Während beispielsweise im Bereich der technischen Infrastrukturen ein kausaler Zusammenhang zwischen dem Bevölkerungsrückgang und einer verminderten Nachfrage (z. B. Trinkwasserver- und Abwasserentsorgung) hergestellt werden kann, ist aus der unter Abschnitt 3 geschilderten möglichen Veränderung der Kriminalitäts- und Verkehrsunfallentwicklung nicht zwangsläufig ableitbar, dass zukünftig ein geringerer Bedarf an sicherheitsbezogenen Leistungen der Daseinsvorsorge vorherrschen wird. Zwar besteht die Annahme, dass ein Rückgang der polizeilich registrierten Straftaten eintreten kann, dennoch wird auch bei geringer werdender Bevölkerungs- und Siedlungsdichte ein Anspruch auf Erhalt der sicherheitsbezogenen Infrastruktur in der Fläche notwendig sein, um zum einen die Sicherheit der Bevölkerung in allen Teilräumen des Landes auch weiterhin zu gewährleisten und zum anderen den Verlust von Standortattraktivität und damit die Herausbildung einer negativen ‚Abwärtsspirale' zu verhindern.

20 Als Standard kann ein Kompromiss zwischen fachlich begründeten Anforderungen und den finanziellen Möglichkeiten bezeichnet werden (vgl. BMVBS 2010: 29).

Die langfristig tragfähige Anpassung der derzeitigen Struktur der Sicherheitsinfrastruktur kann jedoch nur gelingen, wenn geeignete Strategien, welche die Bevölkerungsvorausberechnungen sowie mögliche Szenarien der zukünftigen Entwicklung der Kriminalitäts- und Verkehrsunfallentwicklung einbeziehen, entwickelt werden. Dabei sind trotz der beschriebenen demographischen Änderungen Kern- bzw. Mindeststandards bzw. Ausstattungsmerkmale und Erreichbarkeiten für alle Teilräume des Landes zu definieren und mit allen Entscheidungsträgern sowie der Bevölkerung zu diskutieren, um die Bevölkerung auch zukünftig vor Kriminalität und Verkehrsunfallgefahren ausreichend zu schützen. Darüber hinausgehend ist in den von der Alterung und rückläufigen Bevölkerungsentwicklung unterschiedlich betroffenen Räumen anzuregen, angepasst an die jeweilige regionale und lokale siedlungs- und bevölkerungsstrukturelle Situation sowie Nachfrage, Differenzierungen der Sicherheitsstandards zu entwickeln und zu erproben, die beispielsweise in (noch) wachsenden Regionen um zusätzliche Angebote zu den Kern- bzw. Mindeststandards ergänzt werden können.

Die Adaption und (sozial)verträgliche Weiterentwicklung der bestehenden sicherheitsbezogenen Infrastruktur wird umso dringlicher notwendig, da in Folge der demographischen Entwicklung zukünftig sinkende Steuereinnahmen sowie eine stärkere asymmetrische Kostenentwicklung zwischen schrumpfenden und wachsenden Räumen (vgl. BMVBS 2010: 49ff.) zu erwarten sind. In (schrumpfenden) Teilräumen des Landes führt diese Tatsache zu einem eingeschränkten finanziellen Handlungsspielraum der öffentlichen Haushalte und kann somit auch direkte Auswirkungen auf die polizeilichen und ordnungsbehördlichen Ressourcen[21] sowie Infrastrukturinvestitionen haben.

5. Anforderungen an Forschung und Praxis

Wie bereits beschrieben, sind ebenso wie für die sozialen und technischen Infrastrukturen in vom demographischen Wandel betroffenen Räumen in den einzelnen Bundesländern[22] und hier insbesondere für das Fallbeispiel Rheinland-Pfalz

21 Aufgrund des demographischen Wandels ist auch mit Auswirkungen auf die Binnenstruktur der Polizei (z. B. Personal- und Altersstruktur, Nachwuchsgewinnung) zu rechnen. Diese soll jedoch im Rahmen dieses Beitrages nicht näher betrachtet werden.

22 Als Beispiel soll an dieser Stelle auf das Land Brandenburg verwiesen werden. Ausgehend von der vorausberechneten demographischen Entwicklung und den erwarteten, in Zukunft engeren finanziellen Spielräumen des Landes wurde seitens des brandenburgischen Ministeriums des Innern (MI) die Arbeitskommission ‚Polizei Brandenburg 2020' gegründet, welche die Adaption und Optimierung der polizeilichen Strukturen verfolgt. Erste Ergebnisse konnten im Sommer 2010 vorgestellt werden. Informationen zu den Ergebnissen der Kommission

Änderungen bzw. Anpassungen der bestehenden Struktur und des Qualitätsniveaus der öffentlichen Einrichtungen der Sicherheitsinfrastruktur, vorzunehmen, um die Leistungsfähigkeit einer angemessenen sicherheitsbezogenen Daseinsvorsorge auch zukünftig zu sichern und dem Verlust von Standortattraktivität vorzubeugen. Dazu bedarf es einer strategischen Auseinandersetzung mit den jeweiligen Bevölkerungsvorausberechnungen und den möglichen Auswirkungen der Alterung und Schrumpfung der Bevölkerung sowie der zukünftigen Entwicklung der Kriminalitäts- und Verkehrsunfallentwicklung auf diese Infrastruktur. Daraus können integrierte Handlungskonzepte und Maßnahmen, angepasst an die jeweils spezifisch regionalen und lokalen Gegebenheiten, von den Sicherheitsbehörden entwickelt und sukzessive umgesetzt werden. Aufgrund der Querschnittsfunktion der räumlichen Planung sollte dazu in enger Zusammenarbeit eine fachliche Begleitung durch die verschiedenen Planungsebenen erfolgen.

Zum einen ist im Zuge der zu erwartenden Änderungen der Kriminalitäts- und Verkehrsunfallentwicklung seitens der Akteure der räumlichen Planung zu evaluieren, ob die beschriebenen kriminalpräventiven Konzepte (siehe dazu auch Abschnitt 2) auch zukünftig zu einer wirksamen Prävention der Bevölkerung vor Kriminalität und Verkehrsunfallgefahren beitragen können und inwiefern eine Neujustierung erfolgen müsste. Dabei sollten auch Erfahrungen aus anderen Ländern (z. B. ‚Sicherheits-Verträglichkeits-Prüfung' in den Niederlanden) in die Anpassungsüberlegungen miteinbezogen werden. Dabei ist auch die Entwicklung und Verbreitung von Gated Communities in Deutschland auf ihre mögliche Wirksamkeit zum Schutz vor Kriminalität kritisch zu hinterfragen, zumal es „(im) Hinblick auf US-amerikanische Retirement Communities und auf eine zunehmende Alterung der Bevölkerung in Deutschland (…) jedoch wahrscheinlich ist, dass sich Siedlungen, die auf Bedürfnisse Älterer zugeschnitten werden und die auch Sicherheitseinrichtungen umfassen, verbreiten" (Wehrheim 2006: 199).

Zum anderen könnte darauf aufbauend ein Instrument zur integrierten Behandlung bedeutsamer Sicherheitsbelange im Kontext neuer sozio-demographischer Herausforderungen unter wissenschaftlicher Begleitung der einschlägigen Fachdisziplinen entwickelt und von den Trägern der sicherheitsbezogenen Infrastruktur praktisch erprobt werden. In diesem Zusammenhang könnte auch das Rechtsinstrumentarium des Baugesetzbuches in seiner bestehenden Form überprüft werden, ob und in welcher Form Novellierungsbedarf bezüglich einer stärkeren Verankerung sicherheitsvorsorgebezogener Aspekte in der Bauleitplanung besteht. Dabei könnte das zu entwickelnde Instrument der integrierten ‚Sicherheitsleitpla-

---

sind auf den Internetseiten des MI zu finden (http://www.mi.brandenburg.de/cms/detail.php/bbl.c.218039.de, Stand: 13. Januar 2011).

nung' mehrere aufeinander aufbauende Teilkonzepte i. S. der Vorsorge beinhalten, welche die Vorteile technischer, organisatorischer sowie räumlich-baulicher sicherheitsbezogener Maßnahmen miteinander verbindet und somit synergetisch ergänzt. Dazu ist es allerdings notwendig, dass die Träger der sicherheitsbezogenen Infrastruktur maßstabsbezogen frühzeitig und angepasst an die mögliche zukünftige Kriminalitäts- und Verkehrsunfallentwicklung Erfordernisse des zu realisierenden Instruments formulieren und bei der Entwicklung mitwirken.

Denkbar ist weiterhin, dass für den Bereich der technischen Maßnahmen bestehende Systeme zur Unterstützung der polizeilichen Tätigkeit ausgebaut werden. Ausgehend von den zahlreichen anwendungspraktischen Erfahrungen könnten ‚Assisted Living-'[23] zu ‚Ambient Assisted Security-Systems' profiliert werden, die auf Quartiers-, Stadtteil- und gesamtstädtischer Ebene zu einer wirksamen Prävention vor Kriminalität und Verkehrsunfallgefahren beitragen können. In einem ersten Schritt müsste dazu untersucht werden, welche Aspekte übertragen werden könnten und welche technischen, organisatorischen oder sonstigen Ergänzungen bzw. Neuerungen notwendig wären. Auch ist die vorhandene technische Ausrüstung der Polizeibehörden (z. B. IuK-gestützte Sicherheitstechnik, siehe dazu auch Abschnitt 2) auf ihre Sinnhaftigkeit in Bezug auf einen wirksamen Schutz vor zukünftigen Kriminalitäts- und Verkehrsunfallgefahren im Kontext der hohen Intensität der demographischen Alterung und rückläufigen Bevölkerungsentwicklung zu überprüfen, ggf. anzupassen und weiterzuentwickeln. So könnten beispielsweise interaktive Navigationsgeräte, die in einfacher Bedienung Tatschwerpunkte, Profile von Tätern im jeweiligen Einzugsbereich (Stichwort ‚Lagebilddarstellungen'), etc. in Echtzeit einblenden, die polizeiliche Tätigkeit bei Einsätzen vereinfachen und effektivieren. Schon bestehende Erfahrungen u. a. aus der Entwicklung und Einführung des Projektes ‚Interaktiver Funkstreifenwagen' (vgl. dazu u. a. Ministerium des Innern Brandenburg 2006) im Land Brandenburg sollten dabei zielführend genutzt werden. Auch ist anzuregen, die Leitsysteme der Einrichtungen der sicherheitsbezogenen Infrastruktur stärker miteinander zu verbinden und auch in Rheinland-Pfalz eine sog. ‚Internet- bzw. Onlinewache', die in einem Großteil der deutschen Bundesländer[24] schon installiert sind, einzurichten.

23 Als ‚Ambient Assisted Living-Systeme' (AAL) werden verschiedene Konzepte, Produkte, Methoden, und Dienstleistungen zusammengefasst, die neue nutzerzentrierte Technologien und soziales Umfeld miteinander verbinden und verbessern. Diese zeichnen sich durch einen modularen, vernetzbaren und selbstlernenden Aufbau aus. Ziel dieser Systeme ist die Erhöhung der Lebensqualität für Menschen in allen Lebensabschnitten.

24 ‚Internet- bzw. Onlinewachen' dienen der bürgernahen Polizeiarbeit im Internet, bei der beispielsweise Anzeigen online aufgenommen oder Fahndungshinweise abgerufen werden können. ‚Internet- bzw. Onlinewachen' gibt es bislang in folgenden Bundesländern: Baden-

In Rheinland-Pfalz sind die fünf Polizeipräsidien[25] in Polizei- und Kriminaldirektionen gegliedert, die sich wiederum in Polizei- und Kriminalinspektionen mit verschiedenen Dienstgruppen und Kriminalkommissariaten einteilen. Diese Gliederung ergibt sich aus der derzeitigen Siedlungsstruktur unter Berücksichtigung der Einwohnerzahlen der Teilräume des Landes und in enger Anlehnung an die Zuständigkeitsbereiche der jeweiligen Planungsregionen. Aufgrund der erläuterten demographischen Entwicklung und den daraus resultierenden siedlungsstrukturellen Veränderungen wird eine Umorganisation bzw. Anpassung der bestehenden Strukturen an die zu erwartenden Herausforderungen, auch im Hinblick auf eine weiterhin nachhaltige Finanzierung der Polizeibehörden und den notwendigen Sicherheitsvorkehrungen, unumgänglich sein. Einerseits können dazu die interne Umstrukturierung der polizeilichen Organisationsstrukturen und die Umnutzung bestehender Kapazitäten gezählt werden. Andererseits sind die Überprüfung, ob und inwiefern das momentane Versorgungs- bzw. Sicherheitsniveau künftig aufrechterhalten werden kann, und eine Optimierung der räumlichen Verteilung und Erreichbarkeit der jeweiligen Dienststellen, die ggf. eine Vergrößerung der Einzugsbereiche bewirken können, vorzuschlagen. Tragfähige Einzugsbereiche unterstützen die künftige bedarfsgerechte Versorgung der Bevölkerung mit Leistungen der Sicherheitsvorsorge. Insbesondere bei der Ermittlung ausgewogener Standortentscheidungen und der Definition neuer organisatorischer Zuschnitte, die u. a. unter Zuhilfenahme von Geographischen Informationssystemen (GIS) durchgeführt werden kann, können die Akteure der räumlichen Planung einen entscheidenden Beitrag zur Unterstützung der Sicherheitsbehörden leisten. Weiterhin kann durch diese verstärkte Integration sicherheitsbezogener Aspekte in die räumliche Planung beispielsweise auch die Tätigkeit der Träger der Regionalplanung qualifiziert werden.

Die beschriebene Neubestimmung und Ausrichtung kann zu einer Flexibilisierung bestehender Strukturen und Erzeugung von organisationsbezogenen Synergien führen, die durch eine bürgernahe Polizeiarbeit (‚Community Policing'[26]), zu der auch eine verstärkte Kooperation mit Kommunen und Privaten (‚Sicherheits-/ Ordnungspartnerschaften') zu zählen ist (vgl. Schümchen 2006: 207-209), in Teilen flankiert werden kann. Eine stärkere Institutionalisierung der in einer

Württemberg, Berlin, Brandenburg, Hamburg, Hessen, Mecklenburg-Vorpommern, Niedersachsen, Nordrhein-Westfalen, Sachsen, Sachsen-Anhalt und Schleswig-Holstein (Stand: 13. Januar 2011).

25 Polizeipräsidium Koblenz, Polizeipräsidium Trier, Polizeipräsidium Mainz, Polizeipräsidium Rheinpfalz und Polizeipräsidium Westpfalz.

26 ‚Community Policing' ist ein aus den USA stammendes Konzept der Kriminalprävention auf kommunaler Ebene, welches die ganzheitliche Schaffung eines Kooperationsverbundes von Polizei, Kommune und Bürger zum Ziel hat (vgl. van Ooyen 2006: 44-48).

Vielzahl der rheinland-pfälzischen Kommunen vorhandenen kriminalpräventiven Räte und Gremien[27] kann zusätzlich dazu beitragen, zukünftig die Sicherheitsvorsorge der Bevölkerung nachhaltig zu gewährleisten.

6. Fazit und Ausblick

Die in diesem Beitrag beschriebenen Bevölkerungsvorausberechnungen am Beispiel des Landes Rheinland-Pfalz stellen keine Größen mit Ziel- oder Verbindlichkeitscharakter dar, sondern zeigen die generell möglichen Entwicklungstendenzen der Bevölkerung auf. Zukünftig wird es aufgrund der Alterung und Abnahme der Bevölkerung somit notwendig sein, die sozialen, technischen und sicherheitsbezogenen Infrastrukturen der Daseinsvorsorge wirksam anzupassen und weiter zu entwickeln. Ebenso kann die skizzierte, mögliche Änderung der Kriminalitäts- und Verkehrsunfallunfallentwicklung nur als voraussichtlicher Trend aufgefasst werden. Auch sind die dargestellten Ideen zur Anpassung der Sicherheitsvorsorge in räumlich-baulicher, technischer sowie organisatorischer Hinsicht nur als Denkanstoß für die relevanten Akteure zu sehen.

Für Deutschland und einzelne Teilräume sind bislang zahlreiche Studien und Forschungsprojekte zur demographischen Entwicklung sowie zu möglichen Folgen – auch in Bezug auf die öffentliche Daseinsvorsorge – durchgeführt worden: So werden beispielsweise im Rahmen des Aktionsprogrammes ‚Modellvorhaben der Raumordnung' (MORO) des Bundesinstitutes für Bau-, Stadt- und Raumforschung (BBSR) Projekte und Studien gefördert, die neue Ansätze in der Raumordnung und Regionalplanung verfolgen. Seit 2003 befasst sich ein Themenschwerpunkt mit dem Bereich ‚Infrastruktur und demographischer Wandel'. Innerhalb des MORO-Forschungsfeldes ‚Masterplan Daseinsvorsorge – Regionale Anpassungsstrategien' werden die Auswirkungen des demographischen Wandels auf verschiedene Infrastrukturen anhand von Modellregionen untersucht und Anpassungsstrategien entwickelt. Ein Handlungsfeld analysiert mögliche Folgen auf die nicht-polizeiliche Gefahrenabwehr (Katastrophenschutz, Rettungswesen) (vgl. BBSR 2009a: 22 und BBSR 2009b: 21ff.); Auswirkungen auf die polizeiliche Daseinsvorsorge werden jedoch bislang nicht betrachtet. Um jedoch einen möglichen Zusammenhang der demographischen Entwicklung auf die Kriminalitäts- und Verkehrsunfallentwicklung herzustellen und somit die in diesem Beitrag benannten Aussagen zu qualifizieren, sind weitergehende Untersuchungen zu tätigen.

27 So gab es im August 2010 auf kommunaler Ebene in Rheinland-Pfalz 107 kriminalpräventive Räte und Gremien (vgl. Landespräventionsrat Rheinland-Pfalz, Leitstelle „Kriminalprävention" 2010: 51).

Diese könnten beispielsweise im Rahmen von Modellvorhaben, welche Aspekte des demographischen, sozialen und ökonomischen Wandels einbeziehen sowie daraus folgende (räumliche) Konsequenzen für die Sicherheitsvorsorge hinreichend thematisieren und Handlungsempfehlungen aussprechen, realisiert werden.

Aus diesen Erkenntnissen sind querschnittsorientierte Konzepte und Maßnahmen, die eine zielgerichtete Adaption der sicherheitsbezogenen Daseinsvorsorge zum Inhalt haben und einen wirksamen Beitrag zum Schutz der Bevölkerung vor Kriminalität und Verkehrsunfallgefahren leisten können, in enger Zusammenarbeit der Akteure der räumlichen Planung und den Sicherheitsbehörden zu entwickeln und praktisch anzuwenden. Zudem könnte der Begriff der Sicherheitsvorsorge, der sich im Rahmen des vorliegenden Beitrages ausschließlich auf die polizeiliche Tätigkeit bezieht, um weitere Infrastrukturen (z. B. Feuerwehr, Rettungsdienste) erweitert werden, für die ebenfalls – unter Berücksichtigung bereits bestehender Erkenntnisse – in praxisbezogenen Projekten notwendige Anpassungsstrukturen erarbeitet werden.

Literatur

Bertelsmann Stiftung (Hrsg.) (2006): Wegweiser Demographischer Wandel 2020. Analysen und Handlungskonzepte für Städte und Gemeinden. Gütersloh: Verlag Bertelsmann-Stiftung.

Bundesamt für Bauwesen und Raumordnung (BBR) (2005): Raumordnungsbericht 2005. Berichte Band 21. Bonn: Selbstverlag des Bundesamtes für Bauwesen und Raumordnung.

Bundesinstitut für Bau-, Stadt- und Raumforschung (BBSR) (2009a): „Masterplan Daseinsvorsorge – Regionale Anpassungsstrategien". MORO-Informationen 4/ 1 – 02/ 2009. Bonn: Selbstverlag des Bundesinstitutes für Bau-, Stadt- und Raumforschung (BBSR) im Bundesamt für Bauwesen und Raumordnung (BBR).

Bundesinstitut für Bau-, Stadt- und Raumforschung (BBSR) (2009b): „Masterplan Daseinsvorsorge – Regionale Anpassungsstrategien". MORO-Informationen 4/ 2 – 11/ 2009. Bonn: Selbstverlag des Bundesinstitutes für Bau-, Stadt- und Raumforschung (BBSR) im Bundesamt für Bauwesen und Raumordnung (BBR).

Bundesministerium für Verkehr, Bau und Stadtentwicklung (BMVBS) (2010): Sicherung der Daseinsvorsorge und Zentrale-Orte-Konzepte. Gesellschaftspolitische Ziele und räumliche Organisation in der Diskussion. BMVBS-Online-Publikation, Nr. 12/ 2010. Berlin.

Floeting, Holger (2006): Sicherheitstechnologien und neue urbane Sicherheitsregimes. ITA-manu:script Nr. ITA-06-05, November 2006. Wien.

Glasze, Georg/ Pütz, Robert/ Rolfes, Manfred (Hrsg.) (2005): Diskurs – Stadt – Kriminalität. Städtische (Un-)Sicherheiten aus der Perspektive von Stadtforschung und Kritischer Kriminalgeographie, Bielefeld: transcript Verlag.

Heeg, Susanne/ Pütz, Robert (Hrsg.) (2009): Wohnungs- und Büroimmobilienmärkte unter Stress. Deregulierung, Privatisierung und Ökonomisierung, Frankfurt am Main.

Kerner, Hans-Jürgen/ Marks, Erich (Hrsg.) (2004): Internetdokumentation Deutscher Präventionstag, Hannover.

Kocks, Martina (2006): Lokale und regionale Infrastrukturplanung. In: Bertelsmann Stiftung (2006): 97-105.

Kohl, Andreas (2006): Videoüberwachung. In: Lange (2006): 356-360.

Krevert, Peter (2006): Kriminalprävention. In: Lange (2006): 165-169.

Landeskriminalamt Niedersachsen (LKA Niedersachsen) (o. J.): Sicheres Wohnen in Niedersachsen. Modellprojekt Kriminalprävention im Städtebau. Hannover.

Landeskriminalamt Nordrhein-Westfalen (LKA Nordrhein-Westfalen) (2006): Trends der Kriminalität in NRW. Eine Zeitreihenanalyse unter Berücksichtigung demographischer und ökonomischer Entwicklungen. Kriminalistisch-Kriminologische Forschungsstelle. Forschungsberichte Nr. 3/ 2006. Düsseldorf.

Landespräventionsrat Rheinland-Pfalz, Leitstelle „Kriminalprävention" (2010): Kriminalpräventive Gremien auf kommunaler Ebene in Rheinland-Pfalz. In: Kriminalprävention in rheinland-pfälzischen Städten und Gemeinden. Zeitschrift des Landespräventionsrates Rheinland-Pfalz. Ausgabe 3/ 2010. 51.

Lange, Hans-Jürgen (Hrsg.) (2006): Wörterbuch zur Inneren Sicherheit. Wiesbaden: VS Verlag für Sozialwissenschaften.

Laubenthal, Klaus (2005): Phänomenologie der Alterskriminalität. In: forum kriminalprävention. Zeitschrift der Stiftung Deutsches Forum für Kriminalprävention. Ausgabe 3/ 2005. 5-7.

Luff, Johannes (2004): Kriminologische Regionalanalysen. Zu Moden und Methoden, Notwendigkeit und Nutzen. In: Kerner/ Marks (2004).

Ministerium der Finanzen Rheinland-Pfalz (2005): Beteiligung der Behörden und sonstigen Träger öffentlicher Belange an der Bauleitplanung. Rundschreiben des Ministeriums der Finanzen vom 09. Dezember 2005 (3205-4531), Mainz.

Ministerium des Innern Brandenburg, Abteilung IV (2006): Projekt Interaktiver Funkstreifenwagen. Potsdam.

Ministerium des Innern und für Sport Rheinland-Pfalz (2008): Landesentwicklungsprogramm (LEP IV). Mainz.

Naderi, Robert (Hrsg.) (2009): Auswirkungen demographischer Entwicklungen auf Sicherheitsfragen. Vorträge aus dem gleichnamigen Workshop vom 19./ 20. November 2007 im Bundesinstitut für Bevölkerungsforschung. Materialien zur Bevölkerungswissenschaft, Heft 128. Wiesbaden.

Niedersächsisches Ministerium für Soziales, Frauen, Familie und Gesundheit (Hrsg.) (2004): Sicherheit planen und gestalten. Realisierung der städtebaulichen und wohnungswirtschaftlichen Kriminalprävention durch Leitbilder und Verfahren. Dokumentation eines Werkstattgesprächs am 11. Februar 2004. Hannover.

Pütz, Robert/ Schreiber, Verena/ Schwedes, Christian (2009): Wohnungswirtschaft und Sicherheitsproduktion. In: Heeg/ Pütz (2009): 67-88.

Schewe, Christoph S. (2006): Subjektives Sicherheitsgefühl. In: Lange (2006): 322-325.

Schowe, Christian (2004): Kriminalprävention in der Stadtplanung. Kriminalprävention als Verfahren – Wie kann eine „Verträglichkeitsprüfung" zur Schaffung sicherer Wohngebiete in der kommunalen Stadtplanung Platz finden? In: Niedersächsisches Ministerium für Soziales, Frauen, Familie und Gesundheit (2004): 50-57.

Schreiber, Verena (2005): Regionalisierungen von Unsicherheit in der Kommunalen Kriminalprävention. In: Glasze/ Pütz/ Rolfes (2005): 59-103.

Schümchen, Werner (2006): Ordnungspartnerschaften. In: Lange (2006): 207-209.

Spiess, Gerhard (2009): Demografischer Wandel und altersspezifische Kriminalität. Projektion der Entwicklung bis 2050. In: Naderi (2009): 35-56.

Statistisches Bundesamt (2009): Bevölkerung Deutschlands bis 2060. 12. koordinierte Bevölkerungsvorausberechnung. Begleitmaterial zur Pressekonferenz am 18. November 2009 in Berlin. Wiesbaden.

Statistisches Landesamt Rheinland-Pfalz (2007): Rheinland-Pfalz 2050. Zweite regionalisierte Bevölkerungsvorausberechnung (Basisjahr 2006). Statistische Analysen Nr. 7, 2007. Bad Ems.

Steinebach, Gerhard (2005): Verfahren der Stadtplanung – Rechtsgrundlagen, Beteiligte und Mitwirkungsmöglichkkeiten. Bedeutung für die Kriminalprävention. Vortrag und Kurzfassung im Rahmen einer Veranstaltung der Polizei in Hahn-Flughafen am 23. November 2005. Online verfügbar unter: https://www.uni-kl.de/stadtplanung.

Steinebach, Gerhard (2002): Kriminalprävention – ein Tätigkeitsfeld der Stadtplanung? Beitrag zur Broschüre Kriminalprävention. Onlien verfügbar unter: https://www.uni-kl.de/stadtplanung.

Steinebach, Gerhard (2002): Stadt als Lebensraum der Risikogesellschaft – sozial und sicher planbar? Vortrag und Beitrag zum Tagungsband im Rahmen einer Veranstaltung des Landespräventionstages in Trier am 04. November 2002. Online verfügbar unter: https://www.uni-kl.de/stadtplanung.

van Ooyen, Robert Christian (2006): Community Policing. In: Lange (2006): 44-48.

van Soomeren, Paul/ Mölck, Julia (2004): Die neue Europäische Norm ENV 14383-2 ‚Prevention of Crime – Urban Planning and Design‘ und die ‚Sicherheitsverträglichkeitsprüfung‘ (SVP) in den Niederlanden. In: Niedersächsisches Ministerium für Soziales, Frauen, Familie und Gesundheit (2004): 37-42.

Wehrheim, Jan (2006): Die überwachte Stadt. Sicherheit, Segregation und Ausgrenzung. Opladen: Verlag Barbara Budrich.

Wehrheim, Jan (2004): Städte im Blickpunkt Innerer Sicherheit. In: Aus Politik und Zeitgeschichte. Ausgabe B44/ 2004. 21-27.

Internetquellen

http://www.mi.brandenburg.de/cms/detail.php/bbl.c.218039.de, Internetseite des Ministeriums des Innern Brandenburg (MI) – Informationen zum Projekt ‚Polizei Brandenburg 2020‘, Stand: 13. Januar 2011.

Ortsgrößen im Wandel
– Zur kommunalen Gebietsreform in Rheinland-Pfalz –

Martin Junkernheinrich

„Unsere Städte und Gemeinden
haben Grenzen aus dem 19. Jahrhundert,
Verwaltungsstrukturen aus dem 20. Jahrhundert und
müssen die Herausforderungen des 21. Jahrhunderts bewältigen."

(Parkinson 2011: 1).

1. Thematische Einbindung und Fragestellung

Der demografische Wandel lässt Räume wachsen, aber auch schrumpfen. Für die Bundesrepublik Deutschland wird für die nächsten Jahrzehnte eine merkliche Schrumpfung erwartet. Dabei wird es teilräumlich große Unterschiede und eine zeitliche Parallelität von Wachstums-, Stagnations- und Schrumpfungsprozessen geben. Insbesondere in zahlreichen dünn besiedelten Regionen mit geringerem Zentralitätsgrad wird ein weiterer Bevölkerungsverlust zu erwarten sein. Die Auswirkungen dieses Entwicklungstrends auf den Arbeitsmarkt, die kommunale Infrastruktur, die Wohnraumnachfrage, die öffentlichen Finanzen u.v.m. sind vielfältig untersucht worden. Weniger intensiv wurden die Auswirkungen auf die Organisation des öffentlichen Sektors untersucht. Schrumpfen aber Regionen, so schrumpfen auch ihre Gemeinden. Kreisfreie Städte, Landkreise und kreisangehörige Gemeinden werden überwiegend weniger Einwohner und damit tendenziell weniger Einnahmen haben, und dies bei tendenziell wachsenden und komplexer werdenden kommunalen Aufgaben. Dies hat die Gebietsreform als einen zentralen Baustein von Verwaltungsstrukturreformen auf die politische Agenda gebracht *(vgl. Übersicht 1).*

Übersicht 1: Formen von Verwaltungsstrukturreformen

Ausprägungen	***Zielsetzungen***	***Instrumente***
Gebietsreform	Berücksichtigung regionaler Verflechtungen und Spillovers[1], Disparitätenausgleich, vergleichbare Größen, Mindesteinwohnerzahlen	neuer Gebietszuschnitt, Fusionen
Strukturreform	Bürgernähe oder Zentralität, demokratische Legitimation und Teilhabe, Transparenz, Verwaltungsstraffung	Neugliederung der Aufbauorganisation
Funktionalreform	Effektivität, fachliche Synergien, Bürokratieabbau	Aufgabenkritik und -verlagerung, Zweckverbände, Kooperationen
Binnenreform	Effizienz, Kundenorientierung, optimierter Personaleinsatz	„NSM", eGovernment, Bürgerbüros, Kontraktmanagement, Produktorientierung, Personalführung

Quelle: Eigene Darstellung.

In der Bundesrepublik Deutschland haben insbesondere die ostdeutschen Bundesländer in den letzten Jahren eine deutliche Verringerung der Anzahl ihrer kommunalen Gebietskörperschaften vorgenommen und damit zur Steigerung ihrer Leistungsfähigkeit sowie zum fiskalischen Ausgleich beigetragen. Solche Reformprozesse sind typischerweise mit ausgeprägten politischen Konflikten verbunden. Als Nachteil empfundene Effekte werden häufig unmittelbar spürbar. So kann die Schaffung größerer Kommunen zu einem Verlust an Bürgernähe führen. Auch die Zahl der im politisch-administrativen System vorhandenen Arbeitsplätze schrumpft. Positive Effekte wie die Steigerung der Leistungsfähigkeit, der Gewinn an Professionalität und die finanziellen Einspareffekte wirken dagegen erst mittel- und langfristig (Auer/Müller-Fürstenberger 2011).

Besonderer Handlungsbedarf wird für die rheinland-pfälzischen Kommunen konstatiert. Mit seinen knapp vier Millionen Einwohnern verfügt das Land Rheinland-Pfalz über 12 kreisfreie Städte, 24 Landkreise und etwa 2 300 kreisangehörige Gemeinden. Damit hat dieses Flächenland – insbesondere aufgrund seiner zahlreichen Ortsgemeinden – die kleinteiligste Gebietsstruktur innerhalb Deutschlands

1 Spillover-Effekte sind eine Sonderform der externen Effekte und bezeichnen in der Regionalökonomie positive oder negative Auswirkungen einer Region auf eine andere Region. Diese entstehen, wenn die geographischen Grenzen der Nutzung eines öffentlichen Gutes nicht mit den administrativen Grenzen der Gebietskörperschaften übereinstimmen – der Kreis von Nutznießern, Kostenträgern und politischen Entscheidern des Gutes also auseinander fällt (vgl. Blankart 2006 und Tarkan 2009: 114 ff).

und weist die im gesamtdeutschen Vergleich geringste durchschnittliche Ortsgröße auf *(vgl. Abb. 1)*.

Abbildung 1: Einwohner je Gemeinde zum 31.12.2010

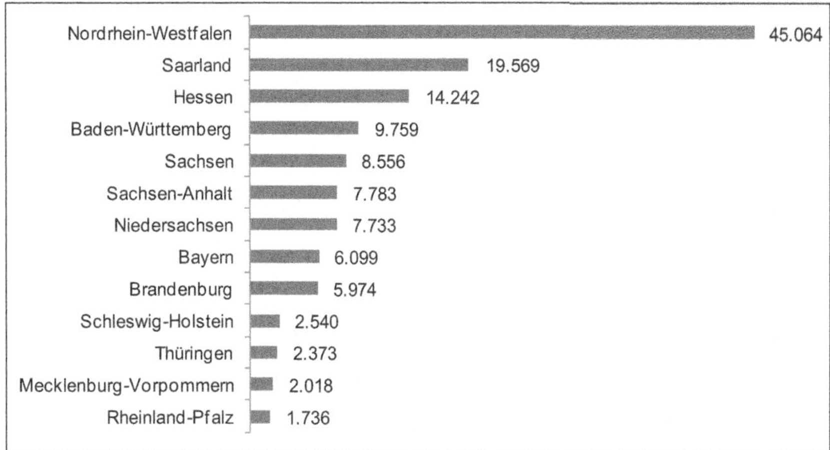

Quelle: Eigene Berechnungen nach Angaben des Statistischen Bundesamtes.

Somit besteht die Kernfrage darin, wie ein Bundesland bei einer vergleichsweise kleinen Bevölkerungszahl und einer außerordentlich großen Zahl von Gemeinden eine bürgernahe, aber auch fiskalisch dauerhaft tragfähige Gebietsstruktur sichern kann. Diese gewachsene Kommunalstruktur ist zunächst vorteilhaft, weil sie ein vergleichsweise hohes Maß an „Bürgernähe" ermöglicht, die in größeren Gebietseinheiten schon aufgrund der räumlichen Distanz im wörtlichen Sinne „verloren gehen" kann. Der Vorteil wird jedoch um den Preis einer tendenziell geringeren administrativen Wirtschaftlichkeit erkauft, da eine betrieblich zweckmäßige Verwaltungsorganisation eher größere Einheiten voraussetzt. Die Auflösung dieses fundamentalen Zielkonfliktes stellt eine zentrale Herausforderung für eine umfassende Kommunal- und Verwaltungsreform dar.

Angesichts der mit dem demografischen Wandeln zu erwartenden Schrumpfungsprozesse und der sich weiter verengenden finanziellen Spielräume des Staates nimmt der Handlungsdruck deutlich zu (Böckmann/Kirschey 2008: 670-679).

Vor diesem Hintergrund soll am Beispiel der Verbandsgemeinden[2] und verbandsfreien Städte und Gemeinden des Landes Rheinland-Pfalz nachfolgend drei Fragestellungen nachgegangen werden:

- Ist die Einwohnerzahl ein sachgerechter Anknüpfungspunkt für die gebietliche Neustrukturierung von Gemeinden?
- Sind größere Gemeindeeinheiten in Rheinland-Pfalz in der Regel zu einer wirtschaftlicheren Erbringung ihrer Aufgaben imstande?
- Gibt es eine Einwohnerzahl, ab der Verbandsgemeinden und verbandsfreie Gemeinden in Rheinland-Pfalz wirtschaftlicher sind, und der als Schwellenwert einer Neustrukturierung genutzt werden kann?

Eine explorative Analyse der Besonderheiten auf Kreisebene runden die Überlegungen ab (Junkernheinrich/Ziekow 2010).

2. Theoretische und methodische Vorgehensweise

In öffentlichen und politischen Diskussionen über die Leistungsfähigkeit von Kommunen werden häufig Begriffe wie „Effizienz", „Wirtschaftlichkeit" oder auch „Effektivität" als unabdingbare Voraussetzungen einer dauerhaft tragfähigen, kraftvollen kommunalen Selbstverwaltung angeführt. Von einer effizienten Mittelverwendung wird in der Ökonomie immer dann gesprochen, wenn sich das private bzw. öffentliche Handeln am „ökonomischen Prinzip" orientiert. Das heißt, wenn ein gegebenes Ziel mit einem möglichst geringen Mitteleinsatz erreicht (Minimalziel) oder mit den gegebenen Mitteln ein möglichst hoher Nutzen erzeugt wird (Maximalziel). In beiden Fällen ist ein wirtschaftliches Verhältnis von Mittelinput und Nutzenoutput - ein effizienter Ressourceneinsatz – gewährleistet (Rosenfeld/ Kluth 2007).

Schon diese erste Konkretisierung des Wirtschaftlichkeitsbegriffs lässt die Schwierigkeiten erahnen, die mit einer solchen Untersuchung auf kommunaler Ebene verbunden sind. Die Bewertung erfordert eine möglichst exakte Quantifizierung von Input und Output. Doch im Gegensatz zu privaten Firmen, deren Output mit der Menge der produzierten Güter oder abgegebenen Dienstleistungen relativ leicht gemessen werden kann, sind die Möglichkeiten einer Leistungsmessung im öffentlichen Sektor überaus begrenzt. Dies ist primär auf die schlechtere Verfügbar-

2 Verbandsgemeinden haben als Gemeindeverbände die gleiche Rechtsstellung wie Gemeinden und Landkreise und dienen der Stärkung und Konzentration der Verwaltungskraft der verbandsangehörigen Gemeinden (Ortsgemeinden und Städte). Gegenwärtig umfasst eine Verbandsgemeinde in Rheinland-Pfalz durchschnittlich 15 Ortsgemeinden.

keit statistischer Daten zum produzierten Output zurückzuführen. Zahlreiche Leistungen - beispielsweise der Erfolg sozialpolitischer Maßnahmen, des Ordnungsamtes oder des gemeindlichen Brandschutzes - lassen sich entweder gar nicht oder nur zu unverhältnismäßig hohen Kosten und dann auch nur grob quantifizieren.

Aus diesem Grund werden im Rahmen der Wirtschaftlichkeitsmessung häufig andere, besser verfügbare Größen herangezogen. Besonders weit verbreitet ist der Vergleich kommunaler Pro-Kopf-Ausgaben. Die Normierung auf Werte je Einwohner ist insofern kritisch zu sehen, als es sich allenfalls um eine sehr grobe Näherung an die tatsächliche Leistung handelt. Viele Leistungen werden nicht für alle Einwohner gleichermaßen bereitgestellt, sondern richten sich an spezielle „Kundengruppen". So hängt der Umfang der von einer Kommune zu leistenden „Hilfe für Arbeitssuchende" mit der Anzahl der Leistungsempfänger vor Ort (Wirtschaftssituation und Arbeitsmarktlage, soziale Situation und Qualifikationsniveau, Erwerbsquote sowie Bedeutung nicht staatlicher Formen der sozialen Hilfe etc.) sowie mit den örtlichen Lebenshaltungskosten (Mietpreis- und Heizkostenniveau) zusammen (Junkernheinrich 2012).

Die Pro-Kopf-Ausgaben sagen daher primär etwas über die mit der Erfüllung einer Aufgabe verbundenen Kosten aus, nicht jedoch über den kommunalen Output selbst (Anzahl, Art und Qualität der erbrachten Leistung) – wenngleich dieser in den vielen Fällen durchaus mit der Einwohnerzahl korrespondiert. Die Aussagekraft dieser Bezugsgröße für die Frage nach der Wirtschaftlichkeit der kommunalen Aufgabenerfüllung ist dementsprechend vergleichsweise begrenzt.[3] Hinzu kommen spezifische Probleme der rheinland-pfälzischen Kommunalstruktur. Insbesondere die unterschiedlichen Aufgabenabgrenzungen zwischen Verbands- und Ortsgemeinden führen zu lokal sehr unterschiedlichen Haushaltsergebnissen (Boettcher/ Brand/ Junkernheinrich 2010). Ein direkter Vergleich oder auch statistische

3 Dies gilt umso mehr, als zahlreiche Aufgaben von kommunaler Seite nur begrenzt beeinflusst werden können. Insbesondere soziale Leistungen sind ihrer Art - und im Falle von Transferleistungen auch der Höhe - nach von staatlicher Seite per Gesetz festgelegt. Gleiches gilt für die Zuordnung der Trägerschaft für eine Aufgabe. Unterdurchschnittliche Pro-Kopf-Ausgaben im Sozialbereich lassen daher in der Regel nicht auf eine höhere Wirtschaftlichkeit der Kommune im Rahmen der Erfüllung dieser Aufgaben schließen. Dies gilt insbesondere für den Vergleich unterschiedlicher Gemeindetypen. Neben diesen rechtlichen Schwierigkeiten erschwert auch die Art und Weise der kommunalen Aufgabenorganisation die Vergleichbarkeit und Interpretationsfähigkeit kommunaler Ausgaben. Viele Gemeinden haben einen Teil ihrer Aufgabenerfüllung aus der kommunalen Kernverwaltung ausgegliedert und auf rechtlich selbständige Organisationseinheiten (z.B. kommunale Unternehmen) übertragen. Die mit der Leistungserbringung verbundenen Ausgaben tauchen daher im Kernhaushalt der betroffenen Kommunen nicht auf. Bei einem Vergleich der Kernhaushalte könnte dies zu dem Fehlschluss führen, Kommune A sei im Rahmen ihrer Aufgabenerfüllung effizienter als Gemeinde B, da sie an der entsprechenden Haushaltsposition geringere Pro-Kopf-Ausgaben ausweist.

Berechnungen über eine ganze Verwaltungsebene hinweg sind dadurch mit erheblichen Einschränkungen verbunden. Zudem erschwert die heterogene Struktur der rheinland-pfälzischen Kommunen interkommunale Vergleiche: Bei einem statistischen Mittelwert von ca. 14 500 Einwohnern ist die größte Verbandsgemeinde mit über 38 000 Einwohnern mehr als sechsmal so groß wie die bislang kleinste Verbandsgemeinde. Noch gravierender sind die Unterschiede bei der Fläche (von 17 km^2 bis 465 km^2) und bei der Anzahl der Ortsgemeinden. Hier reicht die Bandbreite von nur zwei Ortsgemeinden bis hin zu 51 Ortsgemeinden.

Die vorangegangenen Erläuterungen zeigen, dass es sich bei der „Wirtschaftlichkeit der kommunalen Verwaltungstätigkeit" um einen recht komplexen und vielschichtigen Begriff handelt. Der Versuch, diesen ausschließlich über die Kosteneffizienz der gemeindlichen Leistungserbringung zu erfassen, stellt insofern eine analytische Verkürzung dar. Angesichts des hohen fiskalischen Problemdrucks der rheinland-pfälzischen Kommunen und der hieraus resultierenden großen Risiken für ihre dauerhafte (finanzielle) Handlungsfähigkeit, erscheint es dennoch gerechtfertigt den Aspekt der Kosteneffizienz im Rahmen dieser Analyse zum Maßstab kommunaler Wirtschaftlichkeit zu machen.

Auch in dieser analytisch deutlich engeren Auslegung stellt die Wirtschaftlichkeit der kommunalen Verwaltungstätigkeit einen komplexen, multikausal beeinflussten Sachverhalt dar; entsprechend schwierig gestaltet sich die Untersuchung und Quantifizierung der zugrundeliegenden Einflussfaktoren und Wirkungszusammenhänge.

Schon die vorangegangenen Ausführungen zu den Kriterien kommunaler Wirtschaftlichkeit dürften deutlich gemacht haben, welche große Bedeutung der Ortsgröße in der kommunalökonomischen und verwaltungswissenschaftlichen Theorie zugemessen wird. Gleichwohl stellt sie nicht die einzige Bestimmungsgröße der Wirtschaftlichkeit kommunalen Verwaltungshandelns dar. Überdies verläuft die Beziehung zwischen beiden Größen nicht linear, wie *Abbildung 2* deutlich macht. Mit steigender Ortsgröße nimmt die Wirtschaftlichkeit des kommunalen Verwaltungshandelns nicht automatisch zu.

Abbildung 2: Einflussfaktoren kommunaler Wirtschaftlichkeit

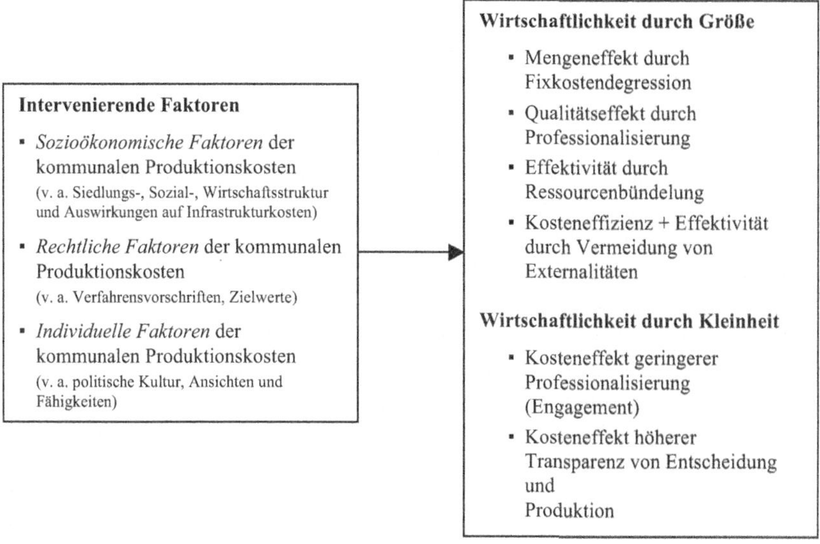

Intervenierende Faktoren
- *Sozioökonomische Faktoren* der kommunalen Produktionskosten
(v. a. Siedlungs-, Sozial-, Wirtschaftsstruktur und Auswirkungen auf Infrastrukturkosten)
- *Rechtliche Faktoren* der kommunalen Produktionskosten
(v. a. Verfahrensvorschriften, Zielwerte)
- *Individuelle Faktoren* der kommunalen Produktionskosten
(v. a. politische Kultur, Ansichten und Fähigkeiten)
Wirtschaftlichkeit durch Größe
- Mengeneffekt durch Fixkostendegression
- Qualitätseffekt durch Professionalisierung
- Effektivität durch Ressourcenbündelung
- Kosteneffizienz + Effektivität durch Vermeidung von Externalitäten
Wirtschaftlichkeit durch Kleinheit
- Kosteneffekt geringerer Professionalisierung (Engagement)
- Kosteneffekt höherer Transparenz von Entscheidung und Produktion

Quelle: Eigene Darstellung.

Aus theoretischer Perspektive lassen sich auch Gründe benennen, die für einen negativen Einfluss der Ortsgröße auf die Verwaltungseffizienz sprechen. Insbesondere drei Argumente sprechen für einen solchen „Wirtschaftlichkeitseffekt der Kleinheit“: Zum einen werden gemeindliche Aufgaben in kleinen Kommunen zu einem größeren Teil ehrenamtlich erbracht – einerseits aufgrund der mangelnden Leistungsfähigkeit der hauptamtlichen Verwaltung, aber auch als Folge einer tendenziell stärkeren Verbundenheit der Bürger mit ihrem Gemeinwesen. Wenn die Leistungserbringung mit steigender Ortsgröße zunehmend professionalisiert wird, hat dies zunächst steigende Ausgaben für die nunmehr hauptamtlich erfolgende Aufgabenerfüllung zur Folge. Neben dem skizzierten Kosteneffekt einer zunehmenden Professionalisierung, lässt sich ein negativer Ortsgrößeneinfluss auf die kommunale Wirtschaftlichkeit auch mit einer tendenziell geringeren Transparenz und Präferenzgerechtigkeit der gemeindlichen Leistungsentscheidung und –erstellung in größeren Gemeinwesen begründen.

Die Ermittlung einer optimalen Ortsgröße (i. S. größtmöglicher Effizienz der Leistungserbringung) ist schon aus diesen Gründen mit Schwierigkeiten verbunden. Wesentlich eindeutiger stellt sich die Wirkungsbeziehung jedoch dar, wenn man die kommunale Leistungserbringung nicht gesamthaft betrachtet, sondern nach Aufgabenbereichen gliedert. Insbesondere für den Bereich „allgemeine Verwaltung“, der auf der Ebene der Verbands- und verbandsfreien Gemeinden quantitativ am bedeutsamsten ist, wird überwiegend von einem positiven Ortsgrößeneffekt auf die Wirtschaftlichkeit - aufgrund positiver Skalenerträge der Verwaltungsproduktion – ausgegangen.

Die Ortsgröße stellt jedoch keineswegs die einzige Bestimmungsgröße der kommunalen Wirtschaftlichkeit dar. Die Höhe des mit der Verwaltungstätigkeit verbundenen Ressourcenverbrauchs wird darüber hinaus von einer ganzen Reihe intervenierender Faktoren beeinflusst. Deren Bandbreite reicht von strukturellen (v. a. sozioökonomischen sowie siedlungs- und raumstrukturellen) über rechtliche (v. a. Vorgaben zur Aufgabenzuständigkeit sowie Verfahrensvorschriften und Zielwertvorgaben) bis hin zu individuellen Faktoren (v. a. Aspekte der politischen Kultur). Auch diese Bestimmungsgrößen sind daher bestmöglich zu berücksichtigen.

Am unproblematischsten stellt sich dieses Anliegen im Falle der rechtlichen Bedingungen dar, da die Unterschiede hier zwar nicht ausschließlich, aber im Wesentlichen zwischen den Gemeindetypen verlaufen. Insofern lässt sich der verzerrende Einfluss unterschiedlicher rechtlicher Bedingungen durch eine nach Gemeindetypen getrennte Analyse weitgehend ausschalten. Eine Ausnahme bilden die verbandsfreien Gemeinden. Kommunen mit mehr als 25.000 Einwohnern können durch Gesetz oder auf Antrag durch Rechtsverordnung zu großen kreisangehörigen Städten erklärt werden. Sie können dann auch Angelegenheiten der Landkreise übernehmen. Der Aufgabenkatalog ist durch die Unterscheidung zwischen normalen verbandsfreien Gemeinden und großen kreisangehörigen Städten im verbandsfreien Bereich deutlich inhomogener als im Bereich der Verbandsgemeinden.

In der verwaltungsökonomischen Literatur hat die Ortsgröße eine hohe Bedeutung. Analog zur Privatwirtschaft wird auch im Hinblick auf zentrale Bereiche der kommunalen Verwaltung von der Existenz so genannter „Produktionsgrößenvorteile“ ausgegangen. Als wesentliche Vorteile können Spezialisierungsvorteile bzw. Lerneffekte (Vorteile von Arbeitsteilung und Professionalisierung), Fixkostendegression (Verteilung der Fixkosten auf größeren Output) sowie Mechanisierung bzw. Automatisierung (Nutzung nicht menschlicher Arbeitskraft) genannt werden. Diese Zusammenhänge verlaufen jedoch keineswegs linear. Im Gegenzug besteht mit wachsender Ortsgröße die Gefahr einer zunehmend bürgerfernen

4 Dies gilt umso mehr, als die optimale Ortsgröße auch sehr stark von der zu erfüllenden Aufgabe abhängt. Darüber hinaus lassen sich die so genannten „Frustrationskosten“ nicht erfüllter Bedarfe (im Falle einer größenbedingt unzureichenden Präferenzgerechtigkeit des Leistungsangebotes) nicht bzw. nur sehr ungenau quantifizieren.

Aufgabenerfüllung, die den Präferenzen der lokalen Bevölkerung nicht mehr gerecht wird. Schließlich wird der Einfluss der Ortsgröße von zahlreichen intervenierenden Faktoren überlagert, insbesondere von sozialen, wirtschaftlichen und rechtlichen Rahmenbedingungen, aber auch von den individuellen Verhältnissen vor Ort. Eingebettet in diese komplexen Zusammenhänge wird die fiskalische Tragfähigkeit der kommunalen Aufgabenerfüllung im Rahmen der vorliegenden Überlegungen durch eine Analyse der größenklassenspezifischen Ausgabentätigkeit beurteilt. Angesichts der starken rechtlichen Normierung kommunaler Aufgaben und des hohen fiskalischen Problemdrucks in zahlreichen rheinland-pfälzischen Gemeinden ist diese Fokussierung gerechtfertigt.

In methodischer Hinsicht wurden die dominierenden Wirkungsfaktoren und -zusammenhänge im Bereich der ausgabenmäßige Effizienz mittels eines dreistufigen Verfahrens - bestehend aus Mittelwertvergleichen, Regressions- sowie Varianzanalysen - untersucht. Besondere Herausforderungen bestehen zum einen in der Eliminierung intervenierender Einflüsse (z.B. der örtlichen Sozialbelastung oder der Wirtschaftskraft) und darüber hinaus in der Ermittlung eines methodisch gesicherten Einwohnerschwellenwertes, bei dessen Unterschreitung die Wirtschaftlichkeit des kommunalen Verwaltungshandelns mittel- und langfristig nicht mehr sichergestellt ist.

3. Ortsgröße und kommunale Ausgabentätigkeit - Ausgewählte Untersuchungsergebnisse –

3.1 Größe der Gemeinden und Finanzsituation

Die Untersuchung der Verbandsgemeinden hat gravierende ortsgrößenspezifische Disparitäten innerhalb dieser Gemeindeebene zutage gefördert. In fiskalischer Hinsicht stehen kleine Gemeinden im Durchschnitt deutlich schlechter da als einwohnerstarke Verbandsgemeinden. Dies spiegelt sich zum einen in ihren überwiegend negativen Haushaltsergebnissen und darüber hinaus auch in der Höhe ihrer Kassenkreditverbindlichkeiten wider. Beide Indikatoren korrespondieren sehr deutlich mit der Gemeindegröße (*vgl. Abb. 3*).

Abbildung 3: Verbandsgemeinden: Kassenkreditschulden nach Gemeindegröße

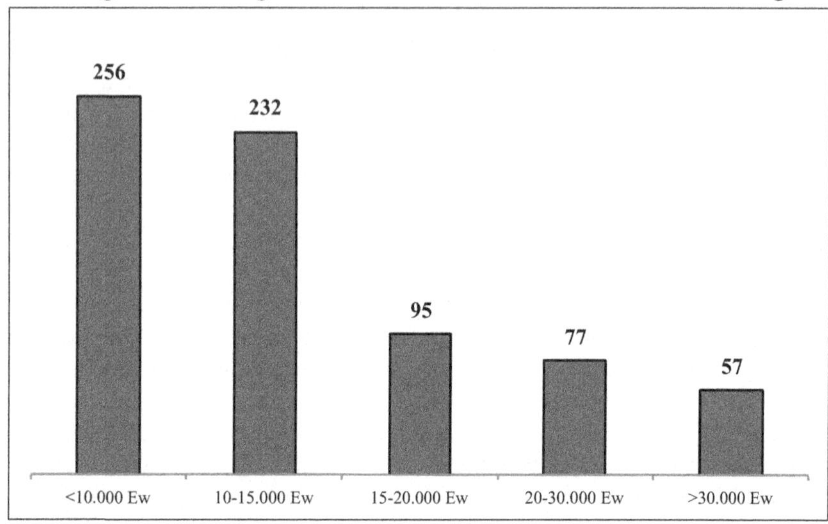

jew. 2006, in Euro je Einwohner

Quelle: Eigene Berechnungen nach Angaben des Statistischen Landesamtes Rheinland-Pfalz.

Die skizzierten fiskalischen Unterschiede gehen ganz wesentlich auf ortsgrößenbedingte Kostendifferenzen zurück. Besonders deutlich sind diese im Bereich der allgemeinen Verwaltung (Einzelplan 0). In der Gruppe der Verbandsgemeinden unter 10.000 Einwohnern liegen die Nettoausgaben (d.h. die Ausgaben für den Verwaltungsapparat abzüglich aufgabenspezifischer Einnahmen, etwa Gebühren für erbrachte Verwaltungsleistungen) für diesen Aufgabenbereich etwa ein Drittel über denen der großen Verbandsgemeinden (112 Euro/Ew. gegenüber 84 Euro/ Ew.). Da die allgemeine Verwaltung auf der Verbandsgemeindeebene den mit Abstand bedeutsamsten Ausgabenposten darstellt, schlagen diese größenspezifische Unterschiede auch auf die kommunalen Gesamtkosten durch - und spiegeln sich schließlich im fiskalischen Abschneiden der Gemeinden wider (*vgl. Abb. 4*).

Im Rahmen von multivariaten Regressionsanalysen konnte gezeigt werden, dass dieser treppenförmige Kostenverlauf auf der Verbandsgemeindeebene auch kausal auf den Einfluss der Ortsgröße zurückgeht, und nicht etwa das Resultat einer Scheinkorrelation mit strukturellen Variablen - etwa der Sozialstruktur - ist. Demnach stellt die Einwohnerzahl zwar nicht die einzige Bestimmungsgröße für die Höhe des administrativen Ressourcenverbrauchs dar, doch insbesondere im fiskalisch besonders bedeutsamen Bereich der allgemeinen Verwaltung hat sie einen statistisch signifikanten Einfluss. Die Ortsgröße kann somit als Anknüpfungspunkt für eine Gebietsreform herangezogen werden.

Abbildung 4: Verbandsgemeinden: Zuschussbedarfe im Einzelplan 0 (Allgemeine Verwaltung) sortiert nach Gemeindegröße

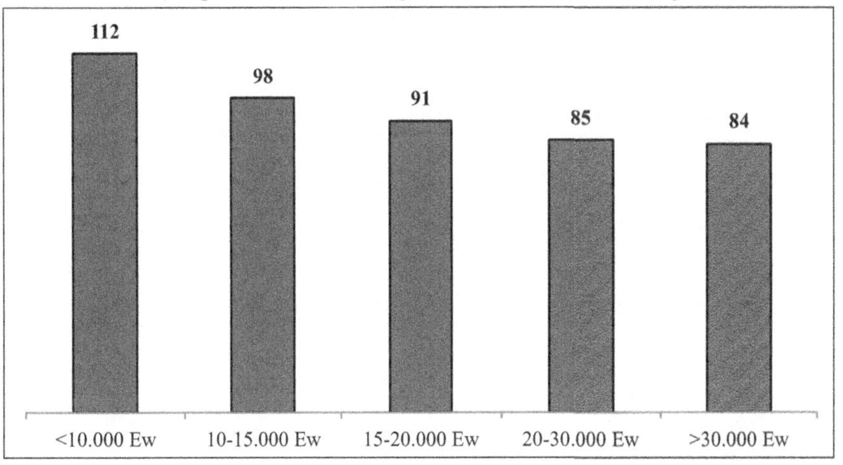

jew. 2006, Saldo v. Einnahmen u. Ausgaben im Einzelplan 0, in Euro je Einwohner

Quelle: Eigene Berechnungen nach Angaben des Statistischen Landesamtes Rheinland-Pfalz.

Auch im Bereich der verbandsfreien Gemeinden konnte ein relativ deutlicher Ortsgrößeneffekt auf die Kosten der allgemeinen Verwaltung (Einzelplan 0) nachgewiesen werden. Doch insbesondere in den größeren Einheitsgemeinden wird dieser Effekt durch strukturelle Einflüsse auf die Ausgaben anderer Aufgabenbereiche - etwa durch den Einfluss der zentralörtlichen Bedeutung auf die Höhe der Kultur- und Verkehrsausgaben - überkompensiert. Diese strukturellen Sonderlasten haben zur Folge, dass kleine und große Gemeinden im verbandsfreien Bereich (auch unter Ausschluss der großen kreisangehörigen Städte) nur sehr eingeschränkt miteinander vergleichbar sind; dies gilt speziell für Einheitsgemeinden unter bzw. über 12.000 Einwohnern. In den kleinen Einheitsgemeinden mit vergleichsweise geringen strukturellen Sonderlasten sind kleine Einheiten angesichts der hohen fiskalischen Relevanz von Einzelplan 0 zu vermeiden. In den größeren verbandsfreien Gemeinden liegt hingegen eine andere Problemlage vor, da die Ausgabenintensität hier in deutlich stärkerem Maße durch strukturelle Sonderfaktoren (z.B. die zentralörtliche Überschussbedeutung für den umliegenden Raum) geprägt wird (Junkernheinrich/Micosatt 2009: 17).

Es gibt somit deutliche Hinweise, dass auf der Verbandsgemeindeebene größere Einheiten angestrebt werden sollten. Speziell am unteren Ende der Ortsgrößenskala lässt sich bereits gegenwärtig eine erhebliche Problemballung erkennen, deren Folgen jedoch erst in der Zukunft vollständig auf die Haushaltssituation durchschlagen werden. *Abbildung 5* macht deutlich, dass auf der Verbandsgemeindeebene weit überdurchschnittliche Kosten der Leistungserbringung mit einer deutlich unterdurchschnittlichen Gemeindegröße und einer ausgesprochen negativen Bevölkerungsentwicklung korrespondieren. Diese Konstellation „klein, teuer, schrumpfend" ist insofern problematisch, als sie für die Zukunft eine deutliche Zunahme des fiskalischen Problemdrucks erwarten lässt.

Abbildung 5: Verbandsgemeinden: Einwohnerzahl und –entwicklung nach Höhe der Gesamtzuschussbedarfe (Einzelpläne 0 bis 7) sortiert

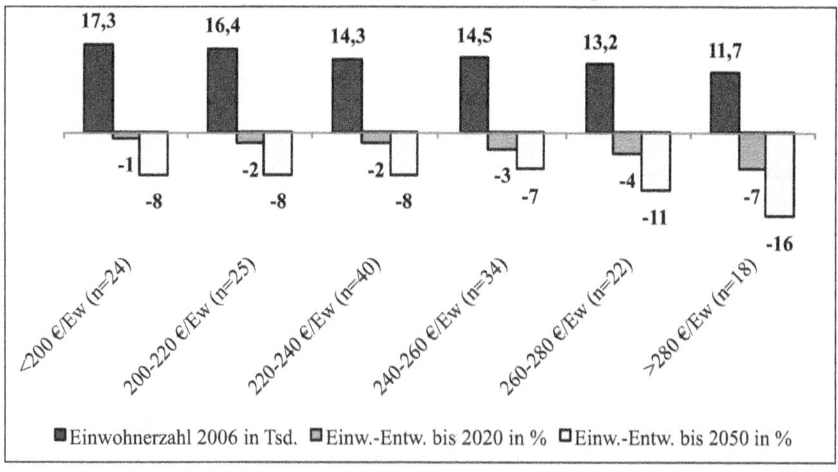

Zuschussbedarfe in 2006 in Euro je Einwohner, Einwohnerentwicklungen 2006 bis 2020 sowie 2006 bis 2050 (positive Variante)

Quelle: Eigene Berechnungen nach Angaben des Statistischen Landesamtes Rheinland-Pfalz.

Die Frage nach der konkreten Höhe einer künftigen Mindestortsgröße wurde mit Hilfe einer Varianzanalyse untersucht. Im Verbandsgemeindebereich ergeben sich demnach zwei methodisch begründbare Wirtschaftlichkeitsgrenzen. Die erste liegt bei einer Einwohnerzahl von 10.700, die zweite ergibt sich bei einer Trennung bei etwa 13.000 Einwohnern. Angesichts des zu erwartenden gravierenden Bevölkerungsrückgangs - speziell in den kleineren Verbandsgemeinden - werden jedoch in absehbarer Zeit zahlreiche Kommunen unter diese Schwellenwerte rutschen, auch wenn ihre Einwohnerzahl gegenwärtig noch deutlich über dieser Grenze liegen sollte. Nimmt man hinzu, dass diese Schwellenwerte auf der Grundlage von Ist-Ausgaben und nicht von betriebswirtschaftlich optimierten Schwellenwerten beruhen, so sollten politisch Schwellenwerte zwischen 13.000 und 15.000 Einwohnern in Erwägung gezogen werden. Nur dann lässt sich auf mittlere Sicht die notwendige Effizienzrendite erzielen.

3.2 Größe der Landkreise und Kern-Umland-Problematik

Die Frage nach der Tragfähigkeit der kommunalen Verwaltungs- und Gebietsstrukturen stellt sich in Rheinland-Pfalz jedoch nicht nur für die Ebene der Verbands- und verbandsfreien Gemeinden. Eine langfristige - auf einen Zeitraum von mindestens dreißig Jahren - ausgerichtete Reform sollte auch die Landkreise in ihre Überlegungen mit einbeziehen. Auch hier stellt sich die Frage, ob die gegenwärtigen Strukturen noch geeignet sind, den künftigen fiskalischen, ökonomischen und demografischen Anforderungen in adäquater Weise zu begegnen. In Anbetracht der im Folgenden dargestellten Untersuchungsergebnisse muss dies jedoch erheblich bezweifelt werden; dies gilt insbesondere für die Frage der fiskalischen Tragfähigkeit (*vgl. Abb. 6*).

Abbildung 6: Landkreisverwaltungen - Haushaltsergebnisse nach Landkreisgröße

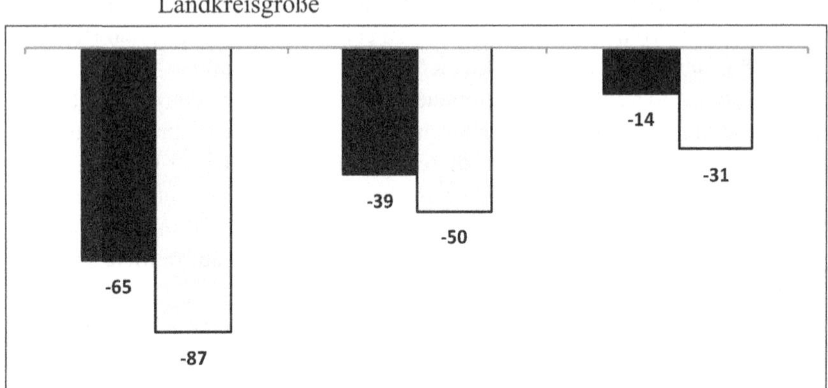

jew. 2006, in Euro je Einwohner

Quelle: Eigene Berechnungen nach Angaben des Statistischen Landesamtes Rheinland-Pfalz.

Wie bei den Verbandsgemeinden zeigt sich, dass die Haushaltsergebnisse auch auf Landkreisebene sehr deutlich mit der Landkreisgröße korrespondieren. Mit vergleichsweise moderaten Defiziten von 14 Euro (Primärergebnis) bzw. 31 Euro je Einwohner (ordentliches Ergebnis) haben die einwohnerstarken Landkreise (mehr als 150.000 Bewohner) das Haushaltsjahr 2006 deutlich besser abgeschlossen als die mittelgroßen (100.000 bis 150.000 Einwohner) und kleinen Landkreise (<100.000 Einwohner). Deren Ergebnisse lagen im laufenden Verwaltungsgeschäft im Mittel bei –39 Euro (mittelgroße Landkreise) bzw. –65 Euro je Einwohner (kleine Landkreise) und im ordentlichen Ergebnis bei –50 Euro (mittelgroße Landkreise) bzw. -87 Euro je Einwohner (kleine Landkreise). Dass dieses Bild keineswegs eine finanzwirtschaftliche Ausnahmesituation darstellt, macht der Blick auf das Kassenkreditniveau der Landkreise deutlich. Auch dieses korrespondiert insofern recht deutlich mit der Landkreisgröße, als die Gruppe der kleinsten Landkreise Ende 2006 mit durchschnittlich 349 Euro je Einwohner mehr als doppelt so hohe Liquiditätsschulden auswiesen wie die mittelgroßen (152 Euro je Ew.) und großen Landkreise (175 Euro je Ew.). Kassenkredite werden immer dann aufgenommen, wenn die laufenden Ausgaben nicht durch ordentliche Einnahmen gedeckt werden können. Sie stellen insofern die Summe der nicht ausgeglichenen Fehlbeträge aus Vorjahren dar und können entsprechend als näherungsweiser Indikator für die Haushaltssituation in der jüngeren Vergangenheit gewertet werden (*vgl. Abb. 7*).

Abbildung 7: Landkreisverwaltungen - Kassenkreditschulden nach Landkreisgröße

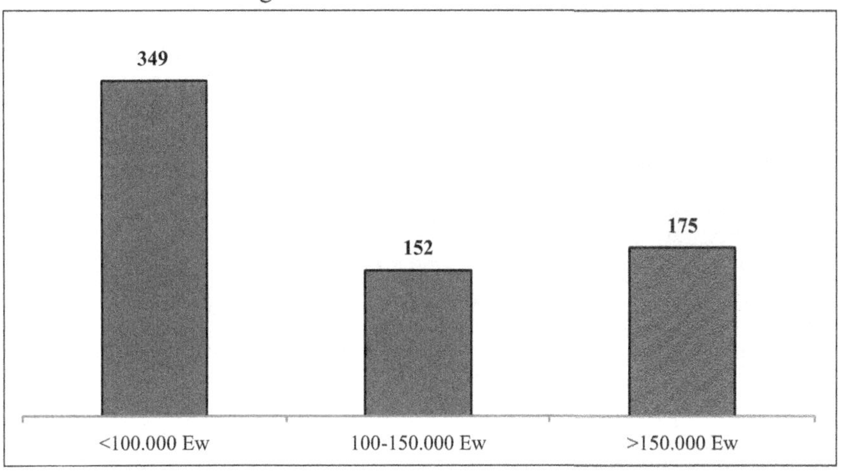

jew. 2006, in Euro je Einwohner

Quelle: Eigene Berechnungen nach Angaben des Statistischen Landesamtes Rheinland-Pfalz.

Bei der Suche nach möglichen Gründen für die Größenabhängigkeit der Haushaltsergebnisse stellen - wie schon im Rahmen der Verbandsgemeindeuntersuchung - die Zuschussbedarfe im Verwaltungshaushalt einen ersten, durchaus aussagekräftigen Zugang dar. *Abbildung* 8 macht deutlich, dass die Zuschussbedarfe auch auf Landkreisebene recht deutlich mit der Bevölkerungsgröße korrespondieren. Wie bei den Verbandsgemeinden nehmen die Kosten der Aufgabenerfüllung auch hier mit steigender Einwohnerzahl sehr deutlich ab: Während Landkreise mit weniger als 100.000 Einwohnern im Jahr 2006 in den Einzelplänen 0 bis 7 durchschnittliche Zuschussbedarfe in Höhe von 476 Euro je Einwohner auswiesen, konnten die größeren Landkreise ihre Aufgaben zu deutlich niedrigeren Kosten erbringen. Am geringsten fielen die Zuschussbedarfe in den Landkreisen mit mehr als 150.000 Einwohnern aus. Hier lagen die Zuschussbedarfe für die Einzelpläne 0 bis 7 im Durchschnitt bei 398 Euro je Einwohner; in der mittleren Gruppe (Landkreise mit einer Einwohnerzahl zwischen 100.000 und 150.000 Einwohnern) betrugen die Nettoausgaben im Schnitt 409 Euro je Einwohner.

Abbildung 8: Landkreise - Zuschussbedarfe im Verwaltungshaushalt nach Landkreisgröße

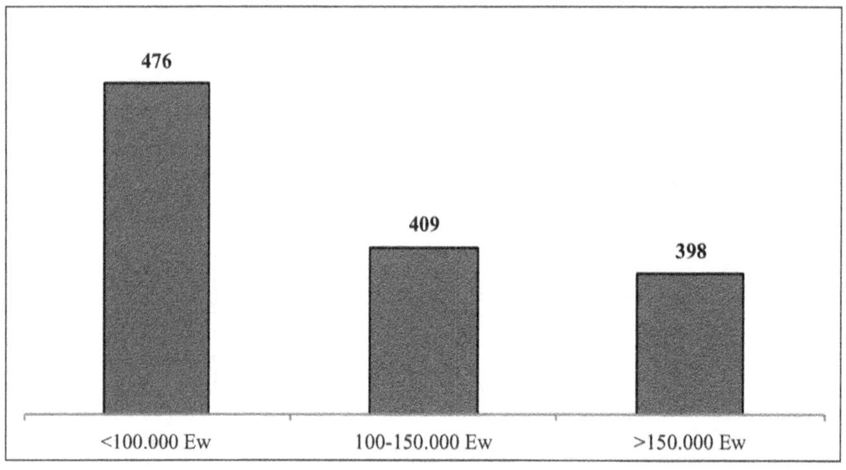

jew. 2006, Saldo v. Einnahmen u. Ausgaben in den Einzelplänen 0 bis 7, in Euro je Einwohner
Quelle: Eigene Berechnungen nach Angaben des Statistischen Landesamtes Rheinland-Pfalz.

Dieser negative Zusammenhang zwischen der Bevölkerungsgröße einerseits und den Zuschussbedarfen im Verwaltungshaushalt andererseits, lässt sich auch auf Landkreisebene im Wesentlichen auf die Fixkostendegression im Bereich der allgemeinen Verwaltung zurückführen. Landkreise mit großer Bevölkerung können ihre Verwaltungsleistungen in der Tendenz zu geringeren „Stückkosten" erbringen als kleine, da sie die Aufwendungen, die mit dem Betrieb eines Verwaltungsapparates fast unweigerlich anfallen (insbesondere Sachaufwand und Personalkosten), auf eine größere Anzahl von Einwohnern verteilen können. Dieser Größeneffekt spiegelt sich in der Höhe der Zuschussbedarfe im Einzelplan 0 wider, die mit zunehmender Landkreisgröße deutlich von 27 Euro (Landkreise unter 100.000 Ew.) über 22 Euro (Landkreise mit 100.000 bis 150.000 Ew.) bis 20 Euro je Einwohner (>150.000 Ew.) zurückgehen (*vgl. Abb. 9*).

Abbildung 9: Landkreisverwaltungen – Zuschussbedarfe in den Einzelplänen 0 (Allg. Verwaltung) und 6 (Bau- und Wohnungswesen, Verkehr) nach Landkreisgröße

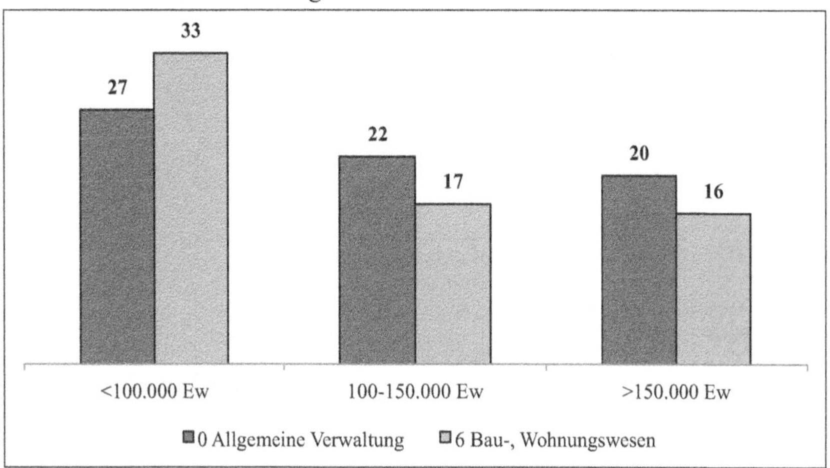

Saldo v. Einn. u. Ausg. in den Einzelplänen 0 u. 6, jew. 2006, in Euro je Einwohner
Quelle: Eigene Berechnungen nach Angaben des Statistischen Landesamtes Rheinland-Pfalz.

Der degressive Kostenverlauf in anderen Aufgabenbereichen - etwa der Zuschussbedarf in Einzelplan 6 (Bauverwaltung, Wohnungswesen, Verkehr) - ist hingegen nur scheinbar auf einen Ortsgrößeneffekt zurückzuführen. Dieser ist vielmehr das Resultat eines intervenierenden Einflusses struktureller Variablen, die selbst mit der Landkreisgröße korrelieren. Speziell die raumstrukturelle Situation kann in diesem Zusammenhang genannt werden. Die Gruppe der Landkreise mit weniger als 100.000 Einwohnern unterscheidet sich auch in siedlungs- und raumstruktureller Hinsicht recht deutlich von den einwohnerstärkeren Landkreisen, wie die nachfolgende *Abbildung 10* deutlich macht. Die sechs Landkreise mit weniger als 100.000 Einwohnern sind nicht nur deutlich bevölkerungsschwächer, sondern mit durchschnittlich 97 Einwohnern pro km^2 auch wesentlich dünner besiedelt als die einwohnerstärkeren Landkreise, in denen im Mittel mehr als 200 Einwohner auf einem km^2 leben (201 bzw. 257). Erstere umfassen mithin primär ländliche Gebie-

5 Gleiches lässt sich auf Ebene der Landkreise auch für die Einzelpläne 2 und 4 erkennen; hier gehen die Zuschussbedarfe nach Größenklassen der Landkreise von durchschnittlich 86 Euro auf 69 Euro je Einwohner (Einzelplan 2) bzw. von 308 Euro auf 285 Euro je Einwohner - d.h. um etwa 7 Prozent - im Einzelplan 4 zurück.

te, während die großen Landkreise - zumindest der Tendenz nach - deutlich urbaner geprägt sind. Überdies liegen die einwohnerschwachen Landkreise wesentlich peripherer als die Landkreise mit mehr als 100.000 Einwohnern. Eine PKW-Fahrt in das nächstgelegene Oberzentrum dauert von hier aus durchschnittlich 47 Minuten und damit deutlich länger als aus den größeren Landkreisen, die jeweils in 31 Fahrminuten Entfernung zum jeweils nächsten Oberzentrum liegen.

Abbildung 10: Landkreisverwaltungen – Ausgewählte Strukturvariablen nach Landkreisgröße

Landkreise nach Einwohnerzahl	Ø Einwohnerzahl 2006	Ø Einwohnerzahl 2020	Ø Einwohnerentw. 2006-2020	Ø Einwohnerdichte 2006	Ø Distanz z. Oberzentrum in Fahrmin.	Ø Arbeitslosigkeit 2007 in %	Ø BIP 2006 in 1000 Euro je Ew.
<100.000 Ew	77.807	72.998	-6	97	47	5	20
100-150.000 Ew	123.901	120.292	-3	201	31	4	18
>150.000 Ew	191.928	189.827	-1	257	31	5	22

Quelle: Eigene Berechnungen nach Angaben des Statistischen Landesamtes Rheinland-Pfalz.

Es sind vor allem diese siedlungs- und raumstrukturellen Besonderheiten, die sich in den Zuschussbedarfen der Einzelpläne 6 (Bau- und Wohnungswesen, Verkehr) und 2 (Schulwesen) widerspiegeln. Mit zunehmender räumlicher Abgeschiedenheit steigen zum einen die Kosten der Raumüberwindung (insbesondere die Kosten der Verkehrsinfrastruktur, d.h. Kreisstraßen, Förderung des ÖPNV etc.). Darüber hinaus sind diese Landkreise aufgrund ihrer räumlichen Randlage dazu gezwungen, die örtlich vorhandenen Bedarfe nach höherwertigen, zentralörtlichen Dienstleistungen - etwa nach weiterführenden Bildungseinrichtungen - in einem stärkeren Maße selbst bereitzustellen, während Landkreise, die in unmittelbarer Nachbarschaft zu einer Metropole liegen, durchaus die Möglichkeit haben, das Infrastrukturangebot dieses Zentrums mit zu nutzen (Wixforth 2008 und Zimmermann/ Hardt/ Postlep 1987: 169ff).

Die fiskalische Inzidenz und Relevanz der raumstrukturellen Lage in Rheinland-Pfalz lässt sich an der folgenden *Abbildung 11* ablesen, in der die Zuschussbedarfe für die Einzelpläne 0, 2 und 6 auf Gesamtkreisebene entsprechend der raumstrukturellen Situation des Landkreises dargestellt sind. Während sich im

6 Unter dem Begriff des Gesamtkreises werden die Verwaltungen eines Landkreises sowie die zu diesem gehörenden kreisangehörigen Gemeinden (Verbandsgemeinden und verbandsfreie

Einzelplan 0 (Allg. Verwaltung) erwartungsgemäß kein Raumstruktureffekt widerspiegelt - unabhängig von der räumlichen Lage des Gesamtkreises liegen die durchschnittlichen Zuschussbedarfe des Einzelplan 0 bei 143 bzw. 144 Euro je Einwohner - tritt dieser in den Aufgabenbereichen „Schule“ (Einzelplan 2) sowie „Bauverwaltung, Wohnungswesen, Verkehr“ (Einzelplan 6) umso deutlicher zutage. Hier variieren die Kosten je nach räumlicher Lage sehr stark (jew. 25 %). Der skizzierte Einfluss auf die Infrastrukturkosten im Schul- und Verkehrsbereich wird dabei eindrucksvoll bestätigt: Je peripherer die räumliche Lage des Landkreises, desto höher sind seine Ausgaben in den entsprechenden Aufgabenbereichen.

Abbildung 11: Gesamtkreisebene – Zuschussbedarfe in den Einzelplänen 0 (Allg. Verwaltung), 2 (Schulen) und 6 (Bau und Verkehr), sortiert nach Lage im Raum (Distanz zum nächsten Oberzentrum)

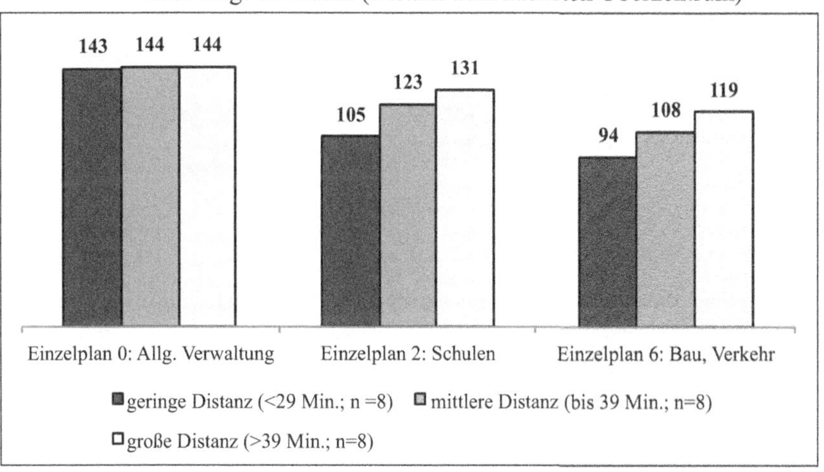

jew. 2006, Saldo v. Einnahmen u. Ausg. in den Einzelplänen, in Euro je Einwohner, Distanz in Autofahrminuten

Quelle: Eigene Berechnungen nach Angaben des Statistischen Landesamtes Rheinland-Pfalz.

Diese raumstrukturell bedingten Ausgaben- bzw. Kostenunterschiede schlagen sich letzten Endes auch sehr deutlich auf die Haushaltsergebnisse der Gesamtkreise nieder. Die Unterschiede könnten dabei kaum größer sein: Während die Gruppe der

Gemeinden einschließlich der großen kreisangehörigen Städte) zu einer Gesamtgröße zusammengefasst.

in Zentrumsnähe liegenden Kommunen in 2006 schwarze Zahlen geschrieben hat, verschlechtern sich die Ergebnisse mit zunehmender Distanz zur Metropole. Der Primärüberschuss von 57 Euro je Einwohner in den zentrumsnahen Kommunen korrespondiert mit einem Defizit von 45 Euro je Einwohner in den Gesamtkreisen mit der größten räumlichen Abgeschiedenheit. Gleiches gilt für ordentliches Ergebnis und Jahresergebnis in 2006: Auch hier sind große finanzwirtschaftliche Disparitäten erkennbar, die (zumindest) zu einem Teil auf die raumstrukturellen Unterschiede zurückgeführt werden können (*vgl. Abb. 12*) (Tarkan 2009: 125f und Hesse 2008: 26f).

Abbildung 12: Gesamtkreisebene – Haushaltsergebnisse nach Lage im Raum

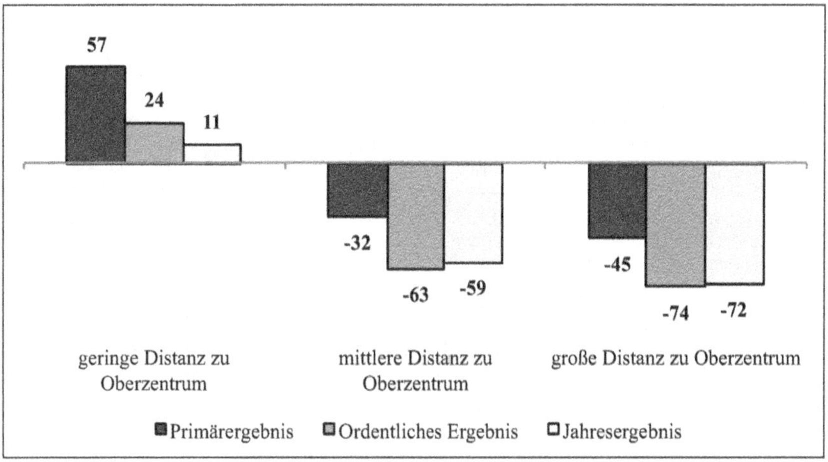

57
24
11
-32
-63
-59
-45
-74
-72
geringe Distanz zu Oberzentrum
mittlere Distanz zu Oberzentrum
große Distanz zu Oberzentrum
Primärergebnis
Ordentliches Ergebnis
Jahresergebnis

jew. 2006, Saldo v. Einnahmen u. Ausg. im EP 0, in Euro je Einwohner
geringe Distanz = <29 Fahrminuten
mittlere Distanz = 29 bis 39 Fahrminuten
große Distanz = > 39 Fahrminuten
Quelle: Eigene Berechnungen nach Angaben des Statistischen Landesamtes Rheinland-Pfalz.

Sofern diese Defizite nicht durch den Abbau finanzieller Rücklagen bzw. durch die Veräußerung kommunalen Vermögens abgedeckt werden können, müssen sie durch die Aufnahme neuer Kassenkredite ausgeglichen werden. Die enormen finanzwirtschaftlichen Disparitäten zwischen Kern und Umland spiegeln sich dementsprechend auch in der Höhe der Kassenkreditbelastung wider, wie die nachfolgende Karte erkennen lässt. Hier ist die Höhe der Liquiditätsschulden auf Kreisebene (Landkreise und kreisfreie Städte) räumlich abgebildet. Die großen farblichen Kontraste, insbesondere im südlichen Landesteil - in Rhein- und Südwestpfalz -, führen die fiskalischen Folgen der skizzierten Kern-Umland-Problematik deutlich vor Augen: Während die Kernstädte (insbesondere die kreisfreien Städte Ludwigshafen, Pirmasens, Zweibrücken, Kaiserslautern, Mainz und Trier) mit umfassenden finanziellen Schwierigkeiten zu kämpfen haben, die sich in hohen Kassenkreditschulden manifestieren, stellt sich die Haushaltslage in den angrenzenden Landkreisen deutlich entspannter dar (*vgl. Abb. 13*).

Die vorangegangenen Ausführungen machen deutlich, dass zentralitätsbedingte Sonderlasten in Rheinland-Pfalz zum Teil nur in unzureichendem Maße ausgeglichen werden. Das skizzierte Problem und seine fiskalische Relevanz sind vor allem dort offenkundig, wo ein Landkreis nicht nur in der Nähe eines Ortes mit hoher Zentralität liegt, sondern diesen mit seinem Landkreisgebiet vollständig umschließt. Dieser Sonderfall lässt sich in Rheinland-Pfalz gleich dreimal vorfinden; er betrifft den Rhein-Pfalz-Kreis, der das Oberzentrum Ludwigshafen und das Mittelzentrum Speyer umschließt, den Landkreis Kaiserslautern und schließlich den Landkreis Südwestpfalz, der die Städte Pirmasens und Zweibrücken umgibt (*vgl. Abb. 13*). Diese Besonderheiten stellen gewissermaßen einen raumstrukturellen Extremfall dar, da sich die Kernstadt - und mithin auch ihr zentralörtliches Dienstleistungs- und Infrastrukturangebot - von besonders vielen Orten des Landkreises gut erreichen lässt. Aufgrund des Gebietszuschnitts werden die zentralitätsbedingt anfallenden Ausgabenlasten jedoch nicht verursachergerecht zwischen Kern und Umland ausgeglichen. Stattdessen bietet sich einem raumstrukturell günstig gelegenen Landkreis die Option, zulasten des Zentrums auf die Bereitstellung kostenintensiver Infrastrukturleistungen zu verzichten - die Gefahr einer Unterversorgung der „eigenen" Bevölkerung besteht unter diesen raumstrukturellen Bedingungen schließlich nicht, da diese das zentralörtliche Angebot mitbenutzen kann.

7 Neben den dargestellten unmittelbar mit der zentralörtlichen Funktion zusammenhängenden Bedarfen - die sich primär in den Einzelplänen 2 (Schulen), 3 (Kultur), 5 (Gesundheit/Sport) und 6 (Verkehr) niederschlagen -, korrespondieren diese raumstrukturellen Unterschiede auch mit der Höhe der sozialen Leistungen. Auch diese tragen zu einer Verschärfung der finanzwirtschaftlichen Disparitäten zwischen Kern und Umland bei.

Abbildung 13: Kassenkreditschulden nach Landkreisen und kreisfreien Städten

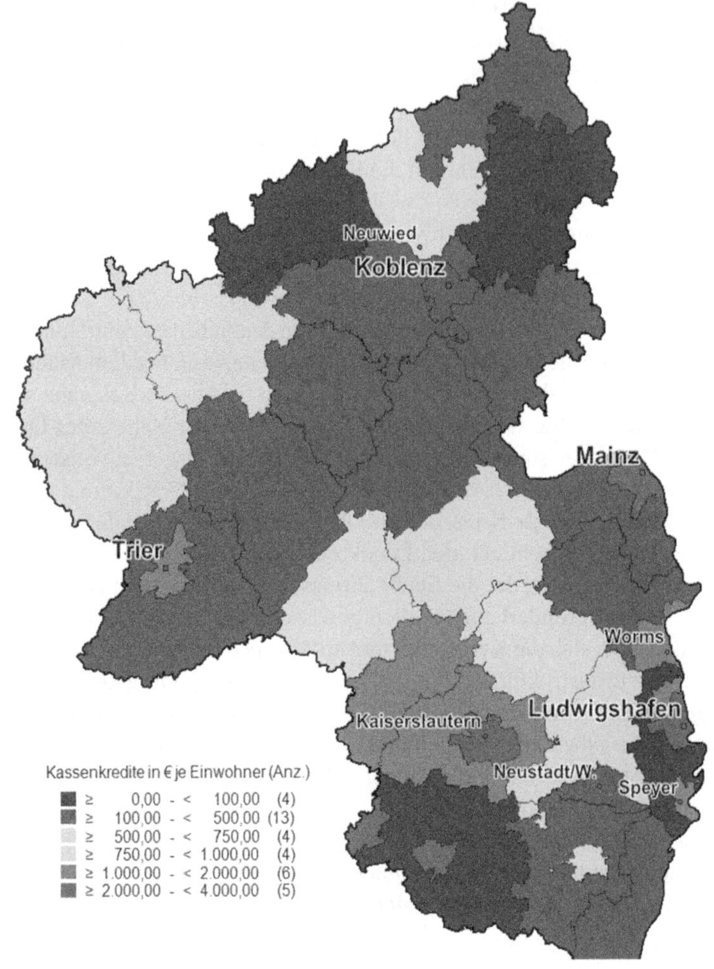

jew. 2007, in Euro je Einwohner

Quelle: Eigene Berechnungen nach Angaben des Statistischen Landesamtes Rheinland-Pfalz.

Eine Kompensation der Zentralitätslasten kann unter diesen Umständen allenfalls über den kommunalen Finanzausgleich (Einführung oder Höhergewichtung eines Zentralitätsansatzes bei der Ausgabenbedarfsermittlung) oder durch einen auf freiwilliger Basis erfolgenden Lastenausgleich zwischen Zentrum und Peripherie erfolgen. Aus finanz- und verwaltungswissenschaftlicher Perspektive stellen beide Verfahren jedoch allenfalls suboptimale Lösungen dar; sowohl die Erfassung als auch die Kompensation ist unter diesen Umständen bestenfalls näherungsweise möglich und sie setzt die Entwicklung und Nutzung geeigneter Bedarfsindikatoren voraus. Die Erfahrungen mit anderen Systemen der Bedarfserfassung (speziell im Rahmen des kommunalen Finanzausgleichs) haben gezeigt, mit welch großen theoretischen und administrativen Schwierigkeiten dieses Ansinnen verbunden ist. Selbst wenn es den beteiligten Gebietskörperschaften gelänge, eine Kompensationslösung auszuhandeln, bestünde das ernstzunehmende Risiko, dass diese spätestens bei der nächsten Haushaltskrise wieder zur Disposition stünde. Wesentlich zweckmäßiger erscheint demgegenüber eine Lösung, die das Problem an der Wurzel - dem administrativen Auseinanderfallen des funktionalen Verflechtungsraumes aus Kern und Umland - packt. Schließlich ist die Kompensation zentralitätsbedingter Sonderlasten überall dort unproblematisch, wo der kommunale Gebietszuschnitt auf siedlungsstrukturelle Verflechtungsbereiche Rücksicht nimmt. In der Praxis bedeutet dies, dass das Zentrum und der von diesem mitversorgte Raum möglichst eine administrative Einheit bilden sollten. Nutzen und Kosten würden in diesem Fall nicht in unterschiedlichen, sondern in einer einzigen Kommune anfallen; es käme zu einem automatischen fiskalischen Ausgleich im Raum.

4. Ausblick und Handlungsempfehlungen

Mit einer Neugestaltung der kommunalen Gebietsstruktur in Rheinland-Pfalz durch eine Anhebung der Mindestgröße für Verbandsgemeinden allein ist es jedoch kommunal- und finanzpolitisch nicht getan. Diese Maßnahmen sind von weiteren Reformschritten zu flankieren:

- Eine umfassende Kommunal- und Verwaltungsreform kann nicht auf die Verbandsgemeindeebene (Verbandsgemeinden und verbandsfreie Gemeinden) beschränkt bleiben. Auch auf der Kreisebene besteht mittlerweile ein erheblicher Reformbedarf. Wie im Verbandsgemeindebereich wirkt auch hier ein starker Ortsgrößeneffekt auf die fiskalische Situation. In einigen Regionen - z. B. im Umland von Ludwigshafen und Pirmasens - werden die finanzwirtschaftlichen Schwierigkeiten überdies durch eine ausgeprägte Kern-Umland-Problematik verschärft. Hier nimmt der Gebietszuschnitt bislang auf bestehende zentralörtliche Verflechtungsbereiche nicht in hinreichendem Maße Rücksicht.

- Darüber hinaus sollte der Gesetzgeber eine durchgreifende Reform des kommunalen Finanzausgleichs in Angriff nehmen. Insbesondere im Hinblick auf den Ausgleich sozialer und zentralitätsbedingter Lasten hat sich das System bislang als unzureichend erwiesen. Ohne eine merkliche vertikale Aufstockung dürften die gemeindlichen Finanzprobleme in Rheinland-Pfalz nicht zu lösen sein.
- Auch freiwillige, flankierende Maßnahmen (z. B. interkommunale Kooperationen, freiwillige Fusionen) können im Zuge einer kommunalen Gebiets- und Verwaltungsreform durchaus sinnvoll sein. Allerdings zeigen die Erfahrungen in anderen Ländern, dass Instrumente, die ausschließlich auf Freiwilligkeit setzen, in der Regel keine vollwertige Alternative zu einer ganzheitlichen Strukturreform darstellen.
- Und schließlich könnte die Wirtschaftlichkeit des kommunalen Verwaltungshandelns durch die Bereitstellung eines technisch-administrativen Beratungsangebotes für die rheinland-pfälzischen Städte und Gemeinden gesichert bzw. verbessert werden.

Der politische Handlungsbedarf ist somit noch erheblich und erfordert angesichts des politischen Widerstands der potentiellen Verlierer ein kluges Vorgehen. Gerade für Gebietsreformen gilt, dass sie leichter umgesetzt werden können, wenn ein parteienübergreifender Konsens über Handlungsbedarfe und Handlungsziele vorliegt. Davon kann man allerdings in Rheinland-Pfalz auf absehbare Zeit nicht ausgehen.

Literatur

Auer, L. v./Müller-Fürstenberger, G. u.a. (2011): Nachhaltige Kommunalstrukturen in Rheinland-Pfalz. Modellprojekt für den Landkreis Vulkaneifel und den Eifelkreis Bitburg-Prüm. Projektdokumentation. Universität Trier.

Blankart, C. B. (2006): Öffentliche Finanzen in der Demokratie. 6., vollst. überarb. Aufl. München.

Böckmann, L./Kirschey, T. (2008): Bevölkerungsvorausberechnung für die verbandsfreien Gemeinden und Verbandsgemeinden bis 2020. In: Statistisches Landesamt Rheinland-Pfalz (Hrsg.) Statistisches Monatsheft Rheinland-Pfalz, Heft 9/2008. Bad Ems, S. 670-679.

Boettcher, F./Brand, S./Junkernheinrich, M. unter Mitarbeit von G. Micosatt (2010): Kommunaler Finanz- und Schuldenreport Rheinland-Pfalz. Gütersloh.

Hesse, J. J. (2008): Verwaltung erfolgreich modernisieren. Das Beispiel einer Kreisgebietsreform. Baden-Baden.

Hesse, J. unter Mitarbeit v. E. Bernat, S. Vogel U. B. Bär (2010): Gutachterliche Stellungnahme zur Kommunal- und Verwaltungsreform in Rheinland-Pfalz. Berlin.

Junkernheinrich, M./Micosatt, G. (2009): Kommunalstrukturen in Deutschland. Eine Analyse zur länderübergreifenden Vergleichbarkeit kommunaler Finanzkennzahlen. Hrsg. Bertelsmann Stiftung. Gütersloh.

Junkernheinrich, M. u. a. (2010): Ausgabenintensität und Gemeindegröße. Finanzwissenschaftliche Analyse am Beispiel der kreisangehörigen Gemeinden in Rheinland-Pfalz. Kaiserslautern.

Junkernheinrich, M./Ziekow, S. u. a. (2010): Begleitende Gesetzesfolgenabschätzung für das erste und zweite Landesgesetz zur Kommunal- und Verwaltungsstrukturreform. Beurteilung der Effizienz von kommunalen Ebenen und angestrebten Reformmaßnahmen durch Analyse der kommunalen Zuschussbedarfe. Kaiserslautern.

Junkernheinrich, M./Boettcher, F./Brand, S./Steinmüller, L./Holler, B. (2011): Neuabgrenzung leistungsfähiger Gemeindegebiete. Ein verwaltungsökonomischer Beitrag zur Kommunal- und Verwaltungsreform von Verbandsgemeinden und verbandsfreien Gemeinden in Rheinland-Pfalz. Gutachten im Auftrag des Ministeriums des Innern und für Sport. Kaiserslautern.

Junkernheinrich, M. (2012): Kommunale Sozialleistungen im Ländervergleich. Ein Beitrag zur finanzpolitischen Berichterstattung. In: Zeitschrift für Staats- und Europawissenschaften, Heft 2/2012. Baden-Baden.

Kuhlmann, S./Richter, P./Schwab, C./Zeitz, D. (2012): Kommunal- und Verwaltungsreform: Optionen zur Neugestaltung der Gemeindeebene in Brandenburg. Speyer. (= Speyerer Forschungsberichte, 270)

Rosenfeld, M./Kluth, W. u.a. (2007): Zur Wirtschaftlichkeit gemeindlicher Verwaltungsstrukturen in Sachsen-Anhalt. Halle.

Tarkan, B. (2009): Die kommunale Gebietsreform der Landkreise in Rheinland-Pfalz – Eine finanzwirtschaftliche Analyse der ökonomischen und fiskalischen Effekte. Lohmar/Köln. (= Forum Finanzwissenschaft und Public Management, Bd. 8).

Wixforth, J. (2008): Kommunalfinanzen in Suburbia. Das Beispiel der Regionen Hamburg und Berlin. Wiesbaden.

Zimmermann, H./Hardt, U./Postlep, R.-D. (1987): Bestimmungsgründe der kommunalen Finanzsituation. Unter besonderer Berücksichtigung der Gemeinden in Ballungsgebieten. Bonn.

Räume im Wandel der Geschichte

Wolfgang Neuser

Physische Räume und ihre Planung stehen in einem engen Zusammenhang mit der Kultur einer Gesellschaft. Historische, gesellschaftliche und physische Räume sind so eng mit einander verknüpft, dass sie in einer Koevolution wechselseitig einander bedingen. Die angemessene Raumplanung kann eine zukunftsfähige Entwicklung der Gesellschaft unterstützen. In der gerade sich entwickelnden Wissensgesellschaft vollzieht sich eine Entwicklung der gesellschaftlichen Räume unter dem weitesten Einsatz informatischer Techniken. Im vorliegenden Beitrag wird aus einer historischen Betrachtung auf Rahmenbedingungen für die Entfaltung der Wissensgesellschaft geschlossen, die die Veränderungen der Gesellschaft umreißen. Als wesentliche Rahmenbedingung für die Wissensgesellschaft erweist sich die funktionale Verdichtung der Gesellschaft.

In diesem Beitrag geht es um ein Konzept, das die Entwicklung beschreibt, die für unsere Kultur bevorsteht und die wir mit Hilfe von, vor allen Dingen informatischen Techniken vollziehen. Es geht darum, mit den Instrumenten der Philosophie Rahmenbedingungen zu formulieren, unter denen künftig die Gesellschaft existieren wird. Das Grundcharakteristikum, das sich in der Entwicklung bereits abzeichnet und die künftige Gesellschaft beschreibt, nenne ich *funktionale Verdichtung*. Diese Entwicklung, so ist meine Vorhersage, wird in naher Zukunft, etwa in 30 bis 40 Jahren, den Typus unserer Gesellschaft radikal ändern. Unter funktionaler Verdichtung verstehe ich eine Grundstruktur der Gesellschaft, die sich unter der Entwicklung, in der wir uns längst befinden, einstellen wird. Wenn man sich mit ein wenig Aufmerksamkeit umsieht, wie gesellschaftliche Normen und etwa Wissenschaften sich und die Gesellschaft verändern, dann wird man sehen: Es gibt nicht nur diese Veränderungen, sondern sie sind auch im öffentlichen Bewusstsein präsent. Man findet dies im Feuilleton oder spezifischen Sektoren wie Wohnungsbau oder Arbeitsorganisationen meist unter dem Stichwort *Wissensgesellschaft*. Die Wissensgesellschaft ist etwa seit den 70er Jahren des 20. Jahrhunderts in das öffentliche Bewusstsein eingezogen, also im Anschluss an eine Epoche, die wir als *Industriegesellschaft* gekennzeichnet haben. Was sind die Rahmenbedingungen, unter denen die künftige Gesellschaft existieren wird? Wie kann man sie vernünftigerweise perspektivisch beschreiben?

Vernünftigerweise sieht man sich zunächst retrospektiv an, wie sich die Gesellschaft in ihren Grundzügen in den letzten 2700 Jahren entwickelt hat. Wenn man daran eine bestimmte Regelhaftigkeit erkennen kann, dann wird man unter der Annahme einer Kontinuität dieser Regelhaftigkeit für die Zukunft darauf schließen können, wie die Entwicklung weiter geht. Das ist natürlich die starke Annahme, dass das, was 2700 Jahre funktioniert hat, auch in den nächsten 500 Jahren ähnlich funktionieren wird. Wir müssen eine lange historische Entwicklung untersuchen, um die Regelhaftigkeiten vergangener Epochen feststellen zu können. Wie sehen diese aus?

Die Regelhaftigkeit, oder die Gesamtheit der Regeln, nach der sich die Gesellschaften unseres abendländischen Kulturkreises entwickelt haben, stellt eine andere Form von Gesetzmäßigkeit dar, als man sie mit Naturgesetzen verbindet. Naturgesetze sind eindeutig determinierte Aussagen, d. h. Aussagen über eindeutig mit wissenschaftlichen Methoden determinierbare Sachverhalte. Sie sind zwar allenfalls statistisch, aber auch dann sind die makroskopischen Parameter eindeutig. Wenn etwa unter der Vorstellung mechanistischer Konzepte ein Ball angestoßen wird, dann kann man genau sagen, wo er weiterlaufen und wo er enden wird, und zwar bevor er sich tatsächlich bewegt. Von solchen Gesetzen wird man vernünftigerweise beim Verlauf von Denkgeschichte nicht sprechen können. Es lassen sich allenfalls Rahmenbedingungen formulieren, d. h. man wird lediglich sagen können, welche Bedingungen wirksam werden und Regelmäßigkeiten darstellen, gegen die sich die künftige Gesellschaft gar nicht wehren kann. Diese Bedingungen sind Rahmenbedingungen für die Entwicklung der Gesellschaft, die gleichsam eingehalten werden.

Dies soll in vier Schritten erläutert werden: Zunächst gilt es zu verstehen, wie sich unsere Kultur in den letzten 2700 Jahren entwickelt hat. Es wird zu fragen sein: Wie hat diese Entwicklung funktioniert? Was hat diese Entwicklung gekennzeichnet? Als Ergebnis dieser Überlegungen wird sich zeigen, dass man Epochen beschreiben und feststellen kann, die jeweils durch bestimmte Spezifika charakterisierbar sind. Die Darstellung dieser Spezifika wäre der zweite Schritt. Im dritten Schritt wird überlegt, inwieweit diese Epochen vergleichbar sind, ob sie immer alle von gleichem Typ sind oder ob sich diese Typen ändern, ob es unterschiedliche Typen gibt. Die Frage ist also, ob sich der Wandel der Gesellschaft in allen diesen Epochen nach gleichen Regeln vollzieht. Wenn ja, dann muss man weiter überlegen, wie die Regeln situiert werden, oder ob eine Gesellschaftsform und damit die Regeln, nach denen sich die Entwicklung vollzieht, zu unterschiedlichen Zeiten unterschiedlich sind. Unterschiedliche Entwicklungen hätten sehr weitreichende Folgen, was die Rahmenbedingungen betrifft. Anhand der Geschichte der Entwicklungsregeln soll schließlich in einem vierten Schritt eine Vorstellung davon zu entwickelt werden, wie für die künftige Gesellschaft die Parameter aussehen könnten, die für die bisherige Entwicklung der Gesellschaft beobachtbar sind, oder genauer: uns interessieren die Entwicklungsregeln für die Kultur- oder die Denkgeschichte im Abendland in den letzten 2700 Jahren.

Wie hat sich die Kultur im Abendland in den letzten 2700 Jahren entwickelt?

Zunächst ist empirisch festzustellen, dass man nicht zu jeder Zeit alles denken kann. Jede Epoche hat Rahmenbedingungen, und innerhalb dieser spezifischen Rahmenbedingungen werden nur solche Weltbilder, Wissenschaften und Alltagskonzept formulierbar, die unter diesen Rahmenbedingungen verstehbar und denkbar sind. Das gilt bis hin zu Handlungskonzepten. Auch Handlungen haben sich in diesen Kontexten spezifischer Rahmenbedingungen entwickelt. Das hat weitreichende Konsequenzen: Außerhalb dieser Rahmenbedingungen, die bei der Entwicklung einer Gesellschaft gelten, gibt es keine Formen von Denken und Handeln, ja keine Wirklichkeit.

Ich möchte das an einem Beispiel zeigen. Die Newtonsche Kraft ist eine äußere Kraft, d. h. eine Kraft, die von außen an einem Körper angreift und nicht innerhalb eines Körpers. Es gibt aber auch mittelalterliche Kraftkonzepte, bei denen die Kraft der Muskelkraft im Körper vergleichbar ist. Die Newtonsche Kraft ist nie im Körper, sondern greift von außen am Körper an. Das Newtonsche Konzept setzt voraus, dass man überhaupt ein Außen verstehen kann. Man muss einen Raumbegriff haben, der zulässt, von einem „Außen von Körpern" zu sprechen. Der aristotelische Raumbegriff, der etwa bis in die Renaissance in unserem Kulturkreis die physische Raumvorstellung wesentlich prägte, lässt das aber gerade nicht zu – und zwar deshalb, weil in der aristotelischen Vorstellung der Raum als die trennende Oberfläche zwischen zwei Körpern gedacht wird. Der Raum wird durch die Grenzfläche zwischen den Körpern und ihrer Umgebung konstituiert: Die Oberfläche der Hand und gleichzeitig die Oberfläche der anschließenden Luft konstituieren den Raum. Hier kann man kein Außen oder kein Zwischen zwischen Körpern denken und deshalb auch nicht formulieren. Der *horror vacui* ergibt sich demnach im Rahmen dieses Raumkonzeptes, weil es keinen (Zwischen-)Raum gibt, der leer sein könnte. Mit dem aristotelischen

Raumbegriff ließ sich das Konzept der Newtonschen äußeren Kraft also vor der Newtonschen Zeit nicht denken.

Newton war in seinem Selbstverständnis eigentlich Theosoph oder Theologe und betrieb die Physik nur nebenher. Er hat sich deshalb auch mit der jüdischen Kabbala des 13. und 14. Jahrhunderts beschäftigt. Dort gibt es in der Lureaschen Kabbala eine Geschichte, die erklären will, wie Gott die Welt geschaffen hat. Gott war anfangs völlig alleine, ohne Schöpfung, und nahm sozusagen den ganzen Raum ein. Er langweilte sich und suchte deshalb die Möglichkeit, sich ein Gegenüber zu schaffen. Aber er sieht, dass es keinen Raum gibt, wo er dieses Gegenüber hinsetzen könnte. Er nimmt ja selbst den ganzen Raum ein. Deshalb zieht sich Gott in das *Zimzum* zusammen. Das ist ein ausdehnungsloser Punkt im Zentrum des Universums. Jetzt hat er den Raum, in den er das Universum schaffen kann. Dieser leere Raum entspricht der Idee von Newtons leerem, absoluten Raum.

Was das Beispiel zeigen soll, ist folgendes: Newtons physikalische Theorie, die seit 1714 grundlegend für die Naturwissenschaften ist (das ist etwa der Zeitpunkt, an dem die *Principia* von Newton, 1687 geschrieben, auf dem Kontinent rezipiert wurde), war nicht denkbar, solange der Raum aristotelisch verstanden wurde. Das Konzept eines leeren absoluten Raumes konnte man 150 Jahre vor Newton nicht denken, weil der aristotelische Raumbegriff nicht zuließ, dass man eine äußere Kraft zwischen den Körpern denkt. Wichtig ist, dass damit auch keinerlei Erfahrungen und Vorhersagen, die aus dem Newtonschen Denken folgen, möglich waren. Es gab diese Wirklichkeit nicht. Der neben dem aristotelischen Raumbegriff damals verfügbare euklidische Raum wird nicht als physikalischer, sondern bloß geometrischer Raum begriffen, der voraussetzt, dass es einen physischen Raum gibt, in den man den geometrischen Raum einbetten kann.

Dieses Beispiel kann man verallgemeinern. Es gilt für jeden Begriff, dass er nur eine begrenzte Wirklichkeit bezeichnet und damit zugleich andere Wirklichkeiten ausgrenzt. Denn Gedanken oder Begriffe beruhen auf Rahmenbedingungen, die diese Begriffe in dem beschränken, was wir denken können. Das gilt auch für die Begriffsgefüge, die für eine Kultur konstitutiv sind.

Nun treten aber auch in den Begriffsgefügen innerhalb der gegebenen Rahmenbedingungen immer wieder bei einzelnen Begriffen Verschiebungen auf. Und es kommt immer wieder vor, dass Begriffe gegen diese grundlegenden kulturellen Konstitutionsbedingungen verändert werden, sogar dagegen verstoßen. Die Denker solcher neuen Begriffe werden von der Gesellschaft nicht selten ausgesondert. Zum Beispiel hat Giordano Bruno, der 1600 verbrannt wurde, ein Konzept vorausgedacht, das in der Renaissance bereits neuzeitliche Gedanken antizipiert, die aber erst 100 Jahre später konsistent formuliert werden konnten, weil erst dann die Denkvoraussetzungen für diese Konzepte erfüllt waren. Dass diejenigen, die Denkfehler im Kontext der alten Voraussetzungen machen, weil sie die Rahmenbedingungen überschreiten, von der Gesellschaft in irgendeiner Weise paralysiert werden, trägt dazu bei, dass das Denken in der Kultur kohärent gehalten wird. Gesellschaften sind wesentlich dadurch geprägt, dass sie bestimmte zugrunde liegende Denkkonzepte als verbindlich voraussetzen, von denen aus sich dann weitere Begrifflichkeiten entwickeln und auf denen weitere Begrifflichkeiten basieren.

Nun gibt es ja auch Entwicklungen, die Epochen übergreifen. Wir können beispielsweise feststellen, dass Newtons Konzept sich aus einer Renaissancekonzeption entwickeln lässt: das Zimzum lässt einen leeren Raum zu. Es gibt jederzeit die Möglichkeit, Begriffe auszudifferenzieren, Theorien zu entwickeln, Begriffe zu reduzieren und neue Gegenstandsbereiche zu erschließen, und immer gibt es dabei Rahmenbedingungen, die uns systematisch erlauben, eine Fülle von Sachverhalten zu denken, und die zugleich ausschließen, andere beliebige Sachverhalte ohne Regelverstoß denken zu können.

Es gibt z. B. in der mittelalterlichen Medizin die Vorstellung, dass *Sympathie* als eine wechselseitige Affinität von Sachverhalten zu denken ist, die Wirkung zwischen den Sachverhalten möglich macht. Diese Vorstellung klingt noch bei Goethe an, wenn er sagt, dass das Auge sonnenhaft sein muss, damit es die Sonne sehen kann. Das ist das mittelalterliche Konzept, demzufolge wir gleichsam Sachverhalte nur dann rezipieren können, wenn das, was rezipiert, auf die Sachverhalte passt. So stellt man sich im Mittelalter vor, dass man etwa, wenn man durch eine Waffe verletzt wird, die Waffe haben muss und sie mit einer Salbe bestreichen muss, damit die Wunde, die sie geschlagen hat, heilt. Diese Vorstellung funktioniert nur unter einer Rahmenbedingung, in der das Konzept der Sympathie allgemeine Gültigkeit hat. Diese Beispiele verdeutlichen eine grundlegende Methode, die Veränderungen von Konzepten in unterschiedlichen Epochen an bestimmten Begriffen und Begriffsgefügen zu untersuchen. Dabei zeigt sich, dass sich Konzepte in bestimmten Epochen auswachsen können, oder auch dass sie verschwinden können, wenn die Grundvorstellung sich ändert. Aber sie können auch in einem neuen Kontext neu gedeutet werden. Wir benutzen beispielsweise das Konzept sympathetischer Wechselwirkung noch immer im Kontext der Newtonschen Vorstellung von Gravitation als wechselseitiger Anziehung von Massen. Auch diese Vorstellung geht auf dieses methodische Prinzip zurück. Dabei deuten wir dies heute als eine Fernwirkung.

Was bildet und was prägt Epochen in unserer Kultur?

Unter der Annahme, dass sich die Entwicklung unserer Kultur in zeitliche Abschnitte, in Epochen unterteilen lässt, wird man fragen, was als eine durchgehende Struktur diese 2700 Jahre unserer abendländischen Kultur prägt? Von 2700 Jahren spreche ich, weil damit der Beginn des griechischen Denkens als der erste rationale Versuch einer Welterklärung angesprochen wird, auf dem in unserem Selbstverständnis unsere Kultur basiert. Fragt man nach diesem Grundbegriff als der durchgehenden Struktur von 2700 Jahren, so stellt man fest, dass dies der Begriff *Wissen* ist. In allen Epochen finden sich unterschiedliche Perspektiven auf das, was *Wissen* heißt, und es sind diese unterschiedlichen Perspektiven, die die Epochen charakterisieren. Wenn man versucht, diese 2700 Jahre in Epochen zu unterteilen, dann wird man drei große Epochen feststellen: Das klassische griechisch-römische Denken, das Mittelalter und die Neuzeit. Das klassische griechisch-römische Denken umfasst die Jahre von etwa 500 vor bis 500 nach unserer Zeitrechnung. Das Mittelalter erstreckt sich von 700 bis 1400 und für die Neuzeit gilt üblicherweise als Gründungsurkunde die *Methodenschrift* von Descartes aus dem Jahr 1644. Das Ende dieser neuzeitlichen Konzeption ist etwa 1830. 1831 stirbt Hegel, der letzte Vertreter, der neuzeitlichen Konzeption eines subjekttheoretisch begründeten Wissens. Dazwischen gibt es immer ein paar hundert Jahre, die ich bislang keiner Epoche zugerechnet habe. Das sind Übergangsphasen – Phasen, in denen die Rahmenbedingungen nicht konsent sind, unter denen man Sachverhalte zu denken hat. In diesen Phasen variieren die Rahmenbedingungen, d. h. sie ändern sich. Es ist nachgerade so, dass in diesen Zwischenzeiten die Änderung der Rahmenbedingungen für das Denken charakteristisch ist. Diese Epochen sind zwischen Antike und Mittelalter die Spätantike, zwischen Mittelalter und Neuzeit die Renaissance und nach 1830 die Moderne. Diese Zwischenphasen sind dadurch gekennzeichnet, dass nicht konsent über Denkmethoden, über den Wissensbegriff, über Normen überhaupt und speziell über Handlungsnormen gesprochen wird, sondern vielmehr über deren Veränderungen. Hingegen sind die klassischen Phasen vorwiegend dadurch charakterisiert, dass es eine konsente Fragestellung gibt, die dann in einigen hundert Jahren exprimiert und ausgearbeitet wird. Dieses Ausarbeiten eines Rahmenkonzepts macht die klassische Beschäftigung einer Kultur und ihrer Erscheinungsformen in den Details aus. Diese klassischen Typen einer Epoche nenne ich *traditionelle Phasen*, weil die Tradition grundlegend ist. Die anderen Phasen, in denen die Akzeleration des Wandels der Denkkonzepte eine Rolle spielen, möchte ich *posttraditionelle* oder *vortraditionelle Phasen* nennen.

Was zeichnet traditionelle und posttraditionelle Phasen aus?

Ein Beispiel für eine traditionelle Phase wäre etwa die Neuzeit. Für die traditionellen Phasen ist charakteristisch, dass Normen wie etwa Verhaltensnormen stabil sind. In der Neuzeit findet man den Umgang der Menschen miteinander in dem formuliert, was die Mitglieder der bürgerlichen Gesellschaft tun und was sie zu tun haben. Dies sind die Regeln, die man aus der schönen Literatur als Umgangsformen in der bürgerlichen Gesellschaft kennt. Im Grunde bilden alle Regeln, die die bürgerliche Gesellschaft bestimmen, die kulturellen Normen der Neuzeit. Das Charakteristische ist, dass diese Normen in der traditionellen Gesellschaft über 300 oder 400 Jahre sich im Wesentlichen nicht wandeln, sondern allenfalls geringfügig variieren. Sie sind über hunderte von Jahren stabil. Zwischen 1600 und 1830 war klar, wie man sich in der bürgerlichen Gesellschaft zu verhalten hat und alle Abweichungen waren nur ganz geringe Varianzen. Dabei ging und geht es nie darum, die Regeln des Verhaltens grundlegend zu ändern, sondern nur darum, Variationen innerhalb der Normen zu formulieren. Dies gilt mutatis mutantis für alle Denkmethoden, für die Wissenschaften, für Weltbilder, ja für alle Regeln des Alltagslebens in der traditionellen Gesellschaft.

Das ist in den posttraditionellen Gesellschaften anders. Jetzt können sich die Verhaltensregeln in kurzen Zeiträumen von jeweils rund 30 bis 40 Jahren posttraditioneller Gesellschaftsentwicklung so gravierend ändern, dass die Menschen zu Beginn ihres Lebens andere Normen als Verhaltensregeln lernen, als sie am Ende ihres Lebens erfüllen sollen. In den 60er oder 70er Jahren des 20. Jahrhunderts gibt es einen Film mit Hildegard Knef mit dem Titel *Die Sünderin*, in dem man maximal eine Sekunde den nackten Rücken der Knef sehen kann. Dieser Film war von der freiwilligen Selbstkontrolle der Filmindustrie ab 18 Jahren freigegeben. Wer als katholischer Bürger den Film besuchte, konnte jedoch exkommuniziert werden. Heute kann jeder Dreijährige alle Akte der menschlichen Fortpflanzung im Nachmittagsprogramm des Fernsehens sehen; da hat sich offensichtlich etwas geändert. Die historischen Normen, die hier aufgestellt worden sind und die vor 30 Jahren noch galten, die gelten heute nicht mehr. Sie sind aus dem Normenkodex verschwunden. Das ist typisch für eine posttraditionelle Gesellschaft. Wenn man in einer posttraditionellen Phase einen erfolgreichen Film drehen will, dann rate ich, wie folgt vorzugehen: Man überlege: Welche Norm hat noch nie jemand gebrochen? Dann überlege man, wie man sie am augenfälligsten brechen könnte und dreht darüber einen Film. Dieser Film wird ein großer finanzieller Erfolg, weil alle sehen wollen, wie man auch diese Norm noch ändern kann.

So etwas ist in traditionellen Gesellschaften nicht erfolgreich. In traditionellen Gesellschaften hat man festgefügte Vorstellungen, die nicht korrigiert werden sollen. In traditionellen Phasen wird ein bestimmtes Generalthema oder ein bestimmter Generalbegriff expliziert, der unter den Bedingungen des in der Epoche vertretenen Wissensbegriffs steht. Das wird etwa für die Neuzeit am Subjektbegriff deutlich.

Das, was die Neuzeit charakterisiert, ist die Frage, wie Wissen begründet werden kann unter der Antwort, dass Wissen im Subjekt begründet wird – ein Kernsatz aus der cartesischen Philosophie. Descartes sagt, wenn man Wissen begründen will, dann muss man das Gewusste aus dem (empirischen) Subjekt unter Bedingungen eines Skeptizismus herleiten. Wenn nur unter dieser Voraussetzung durch die subjekttheoretische Begründung von Wissen ausgewiesen wird, was Wissen ist, dann ist es ganz wichtig, dass das Subjekt frei ist. Wäre es nicht frei und stände es unter fremden Bedingungen, dann könnte das Subjekt diesen Ausweis für Wissen niemals erbringen. Die Annahme der „Freiheit des Subjektes“ ist also eine Konsequenz der subjekttheoretischen Begründung von Wissen in der Neuzeit. Im Mittelalter hätte man dies nicht nachvollziehen können, soweit man überhaupt eine Vorstellung von der Freiheit des Subjektes formuliert hätte, und zwar deshalb, weil wahres Wissen nach der mittelalterlichen Vorstellung von Gott gegeben ist und Gott keinerlei Beschränkungen unterliegen darf – auch nicht der, dass die menschlichen Subjekte frei sein müssten. Nach den Vorstellungen des Mittelalters wird in irgendeiner Weise Wissen von Gott übermittelt, und es ist völlig egal, ob das Individuum frei ist oder nicht. Die Freiheit des Individuums spielt erst am Ende des Mittelalters eine Rolle, aber das ist dann gleichsam schon der Vorschein auf die Neuzeit oder auf die beginnende Renaissance. Systematisch in den Konzepten des Mittelalters spielt die Vorstellung von Freiheit des Individuums keine Rolle.

Auch hier wird wieder die Bedingung deutlich, dass man nicht jederzeit alles denken kann, und das, was man denken kann, unter den Rahmenbedingungen der entsprechenden Epoche steht. Was charakterisiert nun die unterschiedlichen Epochen? Wie vollziehen sich Übergänge unter ihnen? Diese Fragen müssen beantwortet werden, wenn man wissen will, wie die künftige anschließende Epoche aussieht. Gegenwärtig spricht vieles dafür, dass wir am Ende einer posttraditionellen Phase angelangt sind, in der die Akzeleration des Wandels eine zunehmend geringere Rolle spielt und man davon ausgehen darf, dass sich in nicht allzu ferner Zeit eine traditionelle Phase einstellen wird. Was charakterisiert diese traditionellen Phasen in der Vergangenheit?

Der Grundbegriff, der die 2700 Jahre unserer Kultur überspannt und der immer nur in den unterschiedlichen Zeitphasen in den 2700 Jahren auf unterschiedliche Weise exprimiert und entfaltet wird, ist – wie schon erwähnt – die Vorstellung von Wissen. Die erste traditionelle Phase, die klassisch-griechisch-römische Phase, hat sich das Problem gestellt: Wie kann man Welt überhaupt rational verstehen? In der vorausgehenden Phase, der mythische Phase, wurden die Ereignisse, die auf dieser Welt passieren, im Wesentlichen auf anthropomorphes Verhalten der Götter zurückgeführt: Zeus z. B. wird von seiner Frau geärgert und entlädt seinen Ärger an der Erde, es kommt zum Gewitter oder Vulkanausbruch. Dieses Erklärungskonzept ist keine wirklich erfolgreiche Grundlage, um Vorhersagen für Ereignisse in der Welt zu formulieren, und für den Blick in die Zukunft sind dann Orakel zuständig. Um 700 vor unserer Zeitrechnung beginnen die ersten Versuche, aus dem mythischen Denken auszubrechen und zu versuchen, Methoden zu finden, nach denen man Vorhersagen für die natürliche Welt rational formulieren kann. Es geht dann ab etwa 300 vor unserer Zeitrechnung darum zu formulieren, was *Wissen* ist.

Man kann die klassisch griechischen Antworten darauf modellieren und erhält dann fünf Grundmodelle in der Antike und viele Varianten, die sich alle auf die fünf Grundmodelle zurückführen lassen. Dies sind: Platons Ideenvorstellung, Aristoteles' analytisches Konzept, die skeptische Kritik, die epikuräische Selbstgenügsamkeit und die Weltharmonie der Stoa. Diese fünf Modelle beschreiben in disjunkten Konzepten, was man unternehmen muss, wenn man Wissen zur rationalen Welterklärung erwerben will.

In der Antike wird nie die Frage gestellt, wie man die einzelnen Konzepte begründen kann, vielmehr beschreibt man, wie die Rationalität innerhalb eines jeden Konzeptes unter den dort gegebenen Bedingungen funktioniert. Zwar wird gefordert, dass die Konzepte in sich konsistent sein sollen, aber eine übergeordnete Begründung dieser Methoden und eine Begründung dafür, dass diese und keine anderen Methoden den rationalen Zugriff auf Welt ermöglichen, werden nicht angestrebt. Zwischen 300 vor und 200 nach unserer Zeitrechnung sind die Menschen voll damit ausgelastet zu überlegen, welche Methoden rationaler Rekonstruktion von Welt es überhaupt geben kann. Um 300 ist die Antwort klar: Es gibt diese fünf Grundkonzepte und Varianten dazu, und es ist klar, man findet kein weiteres Grundkonzept mehr. Das wird empirisch klar, weil die Varianten, die vorgeschlagen wurden, sich auf eines dieser Konzepte zurückführen lassen.

Damit beginnt eine posttraditionelle Phase, die Spätantike. Man fragt nun, ob man sich Wissen nicht völlig anders vorstellen könne, eben nicht mehr als die Frage nach einer rationalen Rekonstruktion von Welt sondern etwa als einen vernünftigen Aufbau von Sprache und vieles mehr. So findet man in der Spätantike einen akzelerierenden Wandel an Konzepten, deren Ziel nicht mehr das Finden eines rationalen Konzeptes von Welt ist. Am Ende der Spätantike ist klar, es hat niemand innerhalb von 300/400 Jahren ein anderes Konzept angeboten, es gibt kein anderes. Jetzt fragt man zunehmend, welche dieser fünf Konzepte denn das richtige sei, welches man denn für die Beschreibung von Welt wählen sollte? Jetzt ist die Frage nicht mehr, wie man Wissen formulieren kann, sondern die Frage ist, wie man Wissen begründen kann. Dies eröffnet eine neue Epoche, die dadurch geprägt ist, dass die Frage, wie man Wissen begründen kann, beantwortet wird: das Mittelalter.

Das Mittelalter hat sich auf die Variante eingelassen, dass es eine dem Wissenden externe Begründung für Wissen geben muss, die in Gott liegt. Gott weiß alles. Man muss dann die Frage beantworten, wie Gott sein Wissen auf die Denkenden überträgt und sie so zu Wissenden macht. Es muss ein nachvollziehbares rationales Verfahren dafür geben, sonst ist kein Begründungszusammenhang denkbar. Es folgen sechs unterschiedliche Antworten (von Eriugena, Meister Eckhart, Nikolaus von Cues, Thomas von Aquin, Duns Scotus und Ockham), die man in zwei Klassen unterscheiden kann. Diese Klassen lehnen sich je an das platonische und das aristotelische Konzept an, wobei die erste versucht, in Anlehnung an das platonische Konzept, die Differenz zwischen Gott und den Menschen durch Kontemplation zu „überspringen". Die aristotelisch angelehnte Klasse versucht, argumentativ die irdischen Kategorien transzendental auszudeuten. Die Grundfrage, mit der man fast jeden klassischen mittelalterlichen Text verstehen kann, ist dann: Wie kann man die Beziehung zwischen Gott und dem Menschen in der externen Begründung von Wissen denken? Natürlich ist der Sprung zwischen Gott und Mensch kategorial und fundamental. Gott ist von völlig anderem Typ als der Mensch, da ist kein kontinuierlicher Übergang denkbar. Deshalb ist die Frage, wie man diesen Hiatus, diesen Sprung, diese Differenz überwinden kann. Wie ist es zu verstehen, das Gott den Menschen Wissen zukommen lassen kann? Das ist die Frage des Mittelalters. Am Ende des Mittelalters ist klar, man hat sechs Konzepte in zwei Klassen, die die Verbindung zwischen Gott als dem Garanten der Wahrheit und dem Menschen als dem Empfänger von Wissen erklären. Damit wird eine externe Begründung von Wissen erklärbar. In der Folge wird vor allen Dingen ein Problem, das mit diesen Erklärungskonzepten zusammenhängt, deutlich. Diese mittelalterlichen Konzepte haben nämlich alle das fundamentale Problem, dass sie sich nicht selbst begründen können. Sie können sich deshalb nicht selbst begründen, weil man immer einen Vermittler braucht, der Gott sein Ohr geliehen hat und der den anderen dann die Wahrheit mitteilt. Durch dieses

Konstrukt wird die Begründung für das Wissen nicht durchgängig nachvollziehbar. Mit dem Beginn der Neuzeit wird deshalb ein anderes Begründungskonzept vorgelegt, nämlich das einer subjekttheoretischen Begründung von Wissen, einer intrinsischen Begründung von Wissen im Wissenden.

Zum Beispiel prüfen wir unsere Studierenden noch nach diesem Prinzip. In einer Prüfung müssen die Studierenden die Antworten aus sich selbst generieren. Nirgendwo sonst her. Obwohl alle Ihr Bluetooth in der Tasche haben und wissen, dass über das Bluetooth alles Wissenswerte korrekt abrufbar ist. Aber die Studierenden müssen das Gewusste aus sich generieren, und zwar deshalb, weil es die Grundannahme der Neuzeit ist, dass Wissen sich im Subjekt konstituiert. Das Subjekt verfügt über kritische skeptische Verfahren, die ihm erlauben, Wissen von Nichtwissen zu unterscheiden, aber dieses Konzept einer subjekttheoretischen Begründung von Wissen in einem empirischen Subjekt ist nicht konsistent. Es ist klar, dass man nicht sagen kann, dass das Wissen in einem Einzelnen, in einem empirischen Subjekt konstituiert wird. Wenn es nämlich so wäre, dass Wissen im empirischen Subjekt konstituiert würde, dann hätte jeder seine eigene Welt. Es muss etwas geben, das jenseits des einzelnen empirischen Subjekts alle Subjekte in einer gemeinsamen Struktur umfasst. Dies ist die Idee Kants. Kant interpretiert das Subjekt nicht als ein empirisches Subjekt, sondern als das Prinzip von Denken überhaupt. An diesem Subjekt haben alle teil. Dann wird die innere Begründung in einer inneren Instanz im Subjekt dadurch vollzogen, dass man beschreibt, wie dieses Prinzip des Denkens funktioniert. Kant nennt dieses Subjekt das *transzendentale Subjekt*. Die Leistung des transzendentalen Subjekts basiert auf der Vernunft. Alle partizipieren an der Vernunft, die die Grundleistung ist, aus der das Prinzip zu denken sich ableiten lässt. Aber auch das hat mindestens ein Problem, wie zu Beginn der posttraditionellen Phase seit 1830/40 entdeckt wird, nämlich dass die Vernunft, entgegen Kants Annahme, ganz offensichtlich nicht als eine anthropologische Konstante ausgewiesen werden kann. Kant sagt, die Menschen, die Engel und Gott hätten alle in gleicher Weise Teil an der Vernunft. Die Kritiker der Neuzeit sagen dagegen, dass die Bedeutung von Vernunft kulturell geprägt sei und somit etwas Regionales und Lokales sei. „Vernunft" ist danach unter historischen Bedingungen entstanden und hat sich kulturell entwickelt. *Vernunft* ist eben kein Begriff, der ähnliche Charakteristika oder eine ähnliche Fundierung hätte wie der Begriff *Wissen* selbst, d. h. wie die Vorstellung vom Wissen selbst.

Nietzsche wäre als ein Kritiker an Kant zu nennen, der Vernunft als die wohlfeile Idee der bürgerlichen Gesellschaft brandmarkt, die sich eine Welt so erklärt, dass diese Welt dem Bürgertum nützlich ist. Die Vernunft ist kulturabhängig. Kants Position wird seit der Mitte des 19. Jahrhunderts nicht mehr uneingeschränkt geteilt. Schopenhauer und Kierkegaard sind hier neben Nietzsche und vielen anderen zu nennen. Für Schopenhauer besteht eine grundlegende Fähigkeit des Menschen bei der Auseinandersetzung mit der Welt in der willentlichen Entscheidung für diese Auseinandersetzung. Der grundlegende Trieb, der diese willentliche Entscheidung in Vollzug setzt, ist die Macht. Für Kierkegaard sind die Existenz und die Existenzweisen entscheidend für den Zugang zur Welt. Weitere Kritiker – und man könnte alle bedeutenden Philosophen ab 1840 nennen – haben den Vernunftbegriff hinterfragt. Selbst die, die, wie die Neukantianer am Ende des 19. Jahrhunderts, noch einmal Kants Konzept vornehmen, akzeptieren die Kritik am Kantschen Vernunftbegriff und fragen, ob man den Vernunftbegriff, der ja unzutreffend von Kant gedacht wird, durch etwas anderes ersetzen könne, wie z. B. durch ein grundlegendes Konzept von Geschichte oder Kultur oder Logik oder Psychologie oder Mathematik. Die übrigen Philosophen räumen in zunehmendem Maß ein, dass das Konzept einer internen Begründung des Wissens durch das Subjekt unhaltbar ist.

Ein Beispiel dafür, wie die Vorstellung vom denkenden Subjekt als Begründung für das Wissen tatsächlich prägend für alle anderen Gegenstandsbereiche der Kultur wurde, ist das Aufkommen der Naturwissenschaften in der Neuzeit: Wenn man Wissen nur aus dem Subjekt heraus als eine intrinsische Struktur des Subjektes ausweisen kann und dies emphatisch interpretiert, kann man qua Voraussetzung all das, was außerhalb des Subjektes ist, nicht verstehen. Der kritische Punkt in der Neuzeit ist also, wie wir Natur verstehen können. Die Natur wird plötzlich zu einem kritischen Punkt des Grundansatzes der Neuzeit, der das ganze Projekt gefährdet, wenn man keine systematische Erklärung für das Verstehen der Natur findet. Die Folge ist, dass man sich darauf konzentriert, im Detail Wissen über die Natur auszuweisen. Die Naturwissenschaften sind damit geboren.

Was prägt die Grundstruktur der künftigen Gesellschaft?

Die Idee dieses Kapitels war, dass wir tatsächlich eine Regularität in der Entwicklung der letzten 2700 Jahre unserer Kultur feststellen können. Sie besteht darin, dass wir traditionelle Phasen haben, in denen Methoden, Normen und Gegenstände der Wissenschaft und des Alltags im Denken relativ stabil sind. In solchen Phasen gibt es eine Grundfragestellung, die 300 bis 400 Jahre diskutiert wird und die ausmacht, was Kultur in dieser Zeit heißt. Es gibt Phasen zwischen diesen traditionellen Phasen, in denen das Vertrauen in den Konsens verloren gegangen ist und für die charakteristisch ist, dass man methodenunabhängig, oder methodenunorientiert, d. h. ohne an Methoden orientiert zu sein, versucht, unterschiedliche Argumentationsstrategien auszuprobieren. Der Wandel von in der traditionellen Phase konsenten Vorstellungen wird beschleunigt. Das ist in unserer Kulturgeschichte bislang dreimal nach 300 bis 400 Jahren wieder auf eine traditionelle Phase hinausgelaufen. Die Epoche und die Gesellschaftsstruktur, in der wir leben, ist klarerweise dadurch geprägt, dass die subjekttheoretische Begründung von Wissen nicht mehr vollumfänglich als Orientierung fungiert, sondern dass der uneingeschränkte Glauben an die subjekttheoretische Begründung von Wissen verloren gegangen ist. Allenfalls nutzt man die Erinnerung an die subjekttheoretische Begründung in wenigen einzelnen Bereichen, in denen man noch kein neues Konzept hat. Deutlich wird auch, dass die Akzeleration des Wandels in posttraditionellen Phasen entscheidend ist. Derzeit nimmt in unserer posttraditionellen Phase die Akzeleration des Wandels wieder ab und geht gleichsam einem Ende entgegen. Was man absehen kann, ist, dass sich nun offensichtlich Rahmenbedingungen etablieren, unter denen die künftige Gesellschaft sich entwickeln könnte. Entscheidend für diese Rahmenbedingung muss die Frage sein, wie man nun Wissen begründet. Die externe Begründung ist abgearbeitet, aber nicht gescheitert, weil ja unsere Kultur auf diesen Überlegungen früherer Epochen immer aufbaut. Das Gleiche gilt auch für den Versuch einer internen subjekttheoretischen Begründung von Wissen, die zu viele Inkonsistenzen hat. Es muss also um Wissen gehen, und es muss letztlich darum gehen zu entscheiden, welche Begründungsstruktur denn nun gilt. Wie wollen wir Wissen als valide ausweisen? Wann wollen wir sagen, dass etwas, dass wir an Information oder Daten haben, tatsächlich Wissen repräsentiert? Was ist das Kriterium, das die Validierung bewirkt? Augenfällig ist, dass wir Wissen oder die Inhalte, die unser Wissen darstellt, in einem neuen technischen Medium ablegen, dem Internet. Wir haben neue technische Voraussetzungen dafür, Wissen in viel größerem Umfang als zuvor kumulieren zu können und es so viel leichter zugänglich formulieren, präsentieren und präsent haben zu können.

Ich habe einmal 13 Jahre lang jeden Monat 3 Tage in der Bibliothek zugebracht, um die Sekundärliteratur zu Hegels Naturphilosophie von 1817 bis 1986 zu bibliographieren. Diese Bibliographie gilt als vollständig. Wenn man heute eine vergleichbare Bibliographie erstellen will, dann ist das nach einer halben Stunde erledigt. Durch Recherchen im Web, die möglicherweise auch noch mit größerer Sicherheit, als ich sie hatte, vollständig sind, lässt sich gleichsam instantan die dokumentierte Datenflut darstellen. Die Texte sind dann freilich noch nicht gelesen. Ich hatte sie damals parallel zur Recherche gelesen. Das ist aber schon der einzige Unterschied. Das Wissen steht jetzt jedenfalls in viel kürzerer Zeit und viel vollständiger und kontrollierbarer vollständig zur Verfügung. Wenn man von Wissen aber sagt, dass es in dem Web repräsentiert ist, dann muss man die Wissensbegründung neu denken. Wissensbegründung funktioniert dann nicht etwa dadurch, dass diejenigen, die das Web mit Daten speisen, im kantschen Sinne kritisch denken können. Vielmehr basiert das Wissen im Web darauf, dass es Strukturen gibt, die das eingegebene Wissen oder dessen Inhalte konsolidieren. Nur nach diesen, noch zu benennenden Regeln konsolidierte Sachverhalte gelten in Internetzeiten als Wissen.

Ein Verfahren der Wissenskonsolidierung knüpft an die Verfahren an, nach denen die Datenbanken aufgebaut werden. Die Informatiker nennen solche Datenbankstrukturen *Ontologien*, die sie entwickeln. Ontologien meinen Strukturen, die Gegenstandsbereiche so erfassen und Gegenstände so verknüpfen, dass sie in Datenbanken erfasst werden können. Das hat mit dem philosophischen Begriff „Ontologie" aus dem 17. Jahrhundert freilich nichts zu tun. Diese informatischen Ontologien sollen – und das ist wohl die Idee der Informatiker gewesen – das, was ist, erfassen. Solche Datenbankstrukturen benutzt man z. B., wenn Mediziner Krankheiten in Datenbanken oder in Expertensystemen erfassen wollen. Solche Strukturen erlauben z. B. auch, Datenbanken für unterschiedliche Bereiche der Wirklichkeit anhand passender Schnittstellen zu vernetzen. Durch diese Vernetzung wird neues Wissen generiert. Dieses Wissen gab es vorher nicht. Wenn man eine Datenbank für Krankheitssymptome hat und die Ursachen für diese Symptome kennt und eine andere Datenbank mit Personendatendaten und den Symptomen, unter denen diese Personen gelegentlich leiden, dann kann man, wenn man die Datenbanken verknüpft, folgern, welche Krankheit diese Personen haben und, unter Umständen, welche Lebensumstände diese bewirkt haben. Früher war das so nicht möglich. Das ist interessant für Versicherungen oder für Personalabteilungen. Man kann plötzlich Wissen automatisch dadurch generieren, dass es diese Ontologien gibt.

Diese Ontologien unterscheiden sich von herkömmlichen Begriffen wesentlich dadurch, dass Verknüpfungen von Datenbanken entscheidbar sein müssen. Wenn informatische Ontologien verknüpft werden, dann muss es so sein, dass die Verknüpfung selbst wieder in einer Datenbank verzeichenbar ist. D. h. die Verknüpfung muss entscheidbare endliche Strukturen generieren. Das ist bei Begriffen anders. Wenn man Begriffe von einem Sachverhalt hat, dann kann der Begriff durchaus ungenau benutzt werden und dadurch Verbindungen von ungenauen Begriffen erhalten, die neue Sachverhalte formulieren, die dann mehr oder weniger vage festgelegt sind. Wenn man solche Strukturen bei den Datenbanken hat, funktionieren die Datenbanken im Sinne der Ontologien nicht mehr. Die Datenbanken müssen eindeutig entscheidbare Verknüpfungen formulieren und erfassen.

Diese Strukturen von Datenbanken, die auf der Basis solcher Ontologien bestehen, haben zur Folge, dass wir zum Schluss, wenn wir gleichsam alle oder fast alle Gegenstandsbereiche unseres Lebens in solche Ontologien erfasst haben, keinen Raum mehr für Unbestimmtheiten haben. Wir legen das Leben, das möglich ist, auf diese Weise fest.

In einer schlechten und rudimentären Form kann man das z. B. ahnen, wenn man abends nach Dienstschluss versucht, an einer Universität anzurufen. Man weiß, der Mitarbeiter X ist im Augenblick in dem Fachbereich Y tätig, und man will ihn erreichen, ohne seine Telefonnummer zu kennen. Dann erreicht man zunächst bei Anruf ein Voicesystem, das Vorgaben macht, bei denen man zwischen Verwaltung, Dekanaten und Lehrstühlen auswählen kann. Alles andere fällt aus dem Muster heraus. Das ist eine typische Struktur einer solchen Datenbank. Es gibt bestimmte Muster, und die legen fest, was man können darf. Aber wir müssen uns vorstellen, dass dann, wenn diese informatischen Techniken alle Lebensbereiche erfasst haben, diese Techniken die Grundstrukturen darstellen, in denen wir denken können. Dies mag heute noch ärgern, weil wir eine Erinnerung an die vergangene ungeregelte posttraditionelle Phase haben. Aber schon zwei Generationen später kennt man das gar nicht anders. Dann weiß man, wenn man in der Universität anrufen will, dass man nicht den Namen des Mitarbeiters wissen muss, sondern den Namen des Lehrstuhlinhabers, damit man über den Lehrstuhl den gewünschten Gesprächspartner erreicht. Für diese Menschen ist dies kein Problem mehr, ähnlich wie die Frage nach der Freiheit des Subjektes für einen mittelalterlichen Menschen kein Problem war – möglicherweise wird im Mittelalter das Problem um die Freiheit des Individuums gar nicht verstanden.

Auf Grund der heutigen technischen und informatischen Vorgaben wird es so etwas wie ein Grundmuster als Rahmenbedingung geben, innerhalb dessen wir uns im Leben bewegen können. Dieses Grundmuster hat etwas zur Folge, das ich *funktionale Verdichtung* nenne. Es gibt dann eine Verdichtung der Lebensräume, die aber unter funktionalen Gesichtspunkten stattfindet. Man spricht heute etwa von „räumlichen Verdichtungen" in der Stadtplanung. Weil man möglichst wenig Grundflächen belegen will, werden etwa die Häuser sehr hoch und eng aneinander gebaut und die Zimmer sehr geschickt und klein geplant. Das ist eine räumliche Verdichtung. Von diesem Typ wird die Verdichtung in künftigen Strukturen nicht sein, sondern sie wird funktional sein, und der Vorteil wird sein, dass man sehr viel mehr Menschen sehr viel besser versorgen können wird. Für alle Epochen, die ich anfangs skizziert habe, kann man zeigen, dass der Übergang in die neue traditionelle Phase jeweils zur Folge hatte, dass man mehr Menschen unter besseren Lebensbedingungen auf dieser Erde versorgen konnte. Eine funktionale Verdichtung führt zu einer höheren Planbarkeit und zu weniger Verlust in der Gesellschaft und damit dazu, dass mehr Menschen gut leben können. Aus diesen Überlegungen kann man ableiten, dass es Rahmenbedingungen gibt, die festlegen, wie man unsere Welt in Zukunft denken kann. Damit schaffen wir eine Welt, die diesen Strukturen entspricht. Diese Rahmenbedingungen sind variierbar, aber sie sind längst nicht so schnell variierbar wie in der posttraditionellen Phase, sondern vielleicht signifikant in drei oder vier Generationen. Die Rahmenbedingungen sind im Wesentlichen stabil und sie werden vorgeben, wie das Leben funktioniert.

In diesem Beitrag bin ich in der Argumentationsmethode dem gefolgt, was gute Wissenschaft ausmacht: Ich habe eine Vorhersage versucht. Begründete Vorhersagen zu machen, ist überhaupt die Idee von Wissenschaft. Diese Vorhersage habe ich aufgrund der starken Annahme einer Kontinuität getroffen, dass es morgen genauso weitergeht wie in den letzten 2700 Jahren. 2700 Jahre ist die Entwicklung nach diesen Regeln verlaufen, warum nicht auch jetzt in Zukunft? Daraus habe ich dann versucht, die Rahmenbedingungen für die künftige traditionelle Epoche zu benennen und ein grundlegendes Charakteristikum der künftigen Gesellschaft beschrieben, die funktionale Verdichtung.

Autorenverzeichnis

Dipl.-Ing. Claudia Bolte, Wissenschaftliche Mitarbeiterin am Lehrstuhl Regionalentwicklung und Raumordnung, Fachbereich Raum- und Umweltplanung, Technische Universität Kaiserslautern

Akad. Dir. apl. Prof. Dr.-Ing. Hans-Jörg Domhard, Wissenschaftlicher Mitarbeiter am Lehrstuhl Regionalentwicklung und Raumordnung, Fachbereich Raum- und Umweltplanung, Technische Universität Kaiserslautern

Dipl.-Ing. Lukas Esper, Wissenschaftlicher Mitarbeiter am Lehrstuhl Stadtplanung, Fachbereich Raum- und Umweltplanung, Technische Universität Kaiserslautern

Dipl.-Ing. MSc Jan-Philipp Exner, Wissenschaftlicher Mitarbeiter am Fachgebiet Computergestützte Planungs- und Entwurfsmethoden, Fachbereich Raum- und Umweltplanung, Fachbereich Raum- und Umweltplanung, Technische Universität Kaiserslautern

Dipl.-Soz. Pia Gerhards, Wissenschaftliche Mitarbeiterin am Lehrgebiet Stadtsoziologie, Fachbereich Raum- und Umweltplanung, Technische Universität Kaiserslautern

Jun.-Prof. Dr. rer. nat. Sascha Henninger, Juniorprofessur und Leiter der Lehr- und Forschungseinheit Physische Geographie, Fachbereich Raum- und Umweltplanung, Technische Universität Kaiserslautern

Dipl.-Ing. Stefan Höffken, Wissenschaftlicher Mitarbeiter am Fachgebiet Computergestützte Planungs- und Entwurfsmethoden, Fachbereich Raum- und Umweltplanung, Technische Universität Kaiserslautern

Univ.-Prof. Dr. rer. oec. Martin Junkernheinrich, Inhaber des Lehrstuhls Stadt-, Regional- und Umweltökonomie, Fachbereich Raum- und Umweltplanung, Technische Universität Kaiserslautern

Dipl.-Ing. Micha Kronibus, Wissenschaftlicher Mitarbeiter am Lehrstuhl Regionalentwicklung und Raumordnung, Fachbereich Raum- und Umweltplanung, Technische Universität Kaiserslautern

Univ.-Prof. Dr. phil. Dipl.-Phys. Wolfgang Neuser, Leiter des Fachgebiets Philosophie, Fachbereich Sozialwissenschaften, Technische Universität Kaiserslautern

Univ.-Prof. Dr.-Ing. habil. Karina M. Pallagst, Leiterin des Lehr- und Forschungsgebietes Internationale Planungssysteme, Fachbereich Raum- und Umweltplanung, Technische Universität Kaiserslautern

Dr.-Ing. Christoph Scheck, ehemaliger Wissenschaftlicher Mitarbeiter am Lehrstuhl Regionalentwicklung und Raumordnung, Fachbereich Raum- und Umweltplanung, Technische Universität Kaiserslautern

Univ.-Prof. Dr. Annette Spellerberg, Leiterin des Lehrgebiets Stadtsoziologie, Fachbereich Raum- und Umweltplanung, Technische Universität Kaiserslautern

Univ.-Prof. Dr.-Ing. Gerhard Steinebach, Inhaber des Lehrstuhls Stadtplanung, Fachbereich Raum- und Umweltplanung, Technische Universität Kaiserslautern

Prof. Dr.-Ing. Bernd Streich, Leiter des Fachgebietes Computergestützte Planungs- und Entwurfsmethoden, Fachbereich Raum- und Umweltplanung, Technische Universität Kaiserslautern

Univ.-Prof. Dr. habil. Gabi Troeger-Weiß, Inhaberin des Lehrstuhls für Regionalentwicklung und Raumordnung, Fachbereich Raum- und Umweltplanung, Technische Universität Kaiserslautern

Dipl.-Ing. Cordula Uhlig, Wissenschaftliche Mitarbeiterin am Lehrstuhl Stadtplanung, Fachbereich Raum- und Umweltplanung, Technische Universität Kaiserslautern

Dr. Tobias Woll, ehemaliger Wissenschaftlicher Mitarbeiter am Lehrgebiet Stadtsoziologie, Fachbereich Raum- und Umweltplanung, Technische Universität Kaiserslautern

Dr.-Ing. Peter Zeile, Wissenschaftlicher Mitarbeiter am Fachgebiet Computergestützte Planungs- und Entwurfsmethoden, Fachbereich Raum- und Umweltplanung, Technische Universität Kaiserslautern

Dr.-Ing. Karl Ziegler, Wissenschaftlicher Mitarbeiter am Fachgebiet Landschafts- und Freiraumentwicklung, Fachbereich Raum- und Umweltplanung, Technische Universität Kaiserslautern

The manufacturer's authorised representative in the EU is Springer Nature Customer Service Centre GmbH, Europaplatz 3, 69115 Heidelberg, Germany. If you have any concerns regarding our products, please contact ProductSafety@springernature.com

Printed and bound by CPI Group (UK) Ltd, Croydon, CR0 4YY

27/04/2026

02097642-0001